LES JEUNES FILLES

LES JEUNES FILLES

ENQUÊTE

de la *Revue Hebdomadaire*

Préface de Fᴇʀɴᴀɴᴅ LAUDET

Cécile de Gueydon.	**R. Jane.**
Françoise de Beaumont.	**P...**
Marie-Thérèse Forest.	—
Jacqueline de Baulat.	**X...**
	Germaine Vitet.
—	
	—
Marguerite Morand.	**A...**
Madeleine Pluzanski.	**Fernande Ledru.**
A. Bonnet.	
	—
—	
	Madeleine Gabalda.
Mathilde Deromps.	**Anne-Marie Bernard.**
Renée Klein.	
	—
—	
	Germaine Olmer.
Lucie Caffaret.	**X...**
Suzanne Labatut.	
	—
—	
	R. du Tilleul.
	X...

PARIS

BLOUD ET GAY, ÉDITEURS

7, PLACE SAINT-SULPICE, 7

—

1914

Tous droits réservés.

PRÉFACE

La Revue hebdomadaire ouvrait, au printemps de 1912, une enquête sur les idées de la jeunesse contemporaine et s'adressait aux jeunes gens. En 1913, encouragée par le succès de cette consultation, elle questionnait à leur tour les jeunes filles, et leurs réponses ont été si appréciées par le public, si flatteusement commentées par la presse française et étrangère, qu'elles ont paru devoir être réunies dans ce livre.

En m'adressant à ces jeunes filles, je me suis efforcé d'éviter de donner à cette enquête le moindre caractère tendancieux. J'ai cherché des collaboratrices dans tous les milieux, dans toutes les professions, dans toutes les régions; naturellement, je ne les ai pas choisies au hasard; j'ai été à bonne source pour obtenir le concours de celles qui étaient *le plus susceptibles d'avoir des idées générales et de savoir les exprimer, et il est arrivé que cette élite, avec des points de départ différents, a souvent suivi la même route. Dans le seul dessein d'assurer une certaine unité à l'enquête, j'avais simplement demandé à ces jeunes filles de nous dire comment elles entrevoyaient la vie dans laquelle elles entraient, et comment, suivant leur situation ou leur profession, elles entendaient exercer leur activité; je les invitais aussi à nous exposer leurs idées sociales et morales.*

En publiant les réponses de ces collaboratrices occasionnelles, il m'est agréable de rendre hommage à leur valeur et à leur sincérité, et, à une heure où le pays qui se transforme fait tant de confiance à la jeunesse, de marquer que les jeunes filles, comme les jeunes gens, donnent l'impression d'être avides d'action et brûlantes de dépenser leur énergie. « Avec quelle ardeur, quelle bonne foi, quel élan de confiante jeunesse, a dit M. Louis Barthou à la réunion annuelle de la Revue hebdomadaire, *les sœurs françaises de* Colette Baudoche *ont répondu à l'appel de la* Revue hebdomadaire... *La jeunesse de France nous a livré le secret de son âme, passionnée et réfléchie, ardente et prudente,* consciente de la lourde mission que lui assigne la destinée. Elle ne veut ni oublier ni abdiquer. Les blasphèmes impies et les provocations criminelles ne l'ont pas empoisonnée de leur souffle empesté. Elle veut que la France vive, non une France amoindrie, humiliée et déchue, mais une France grande, fière et forte, digne de son histoire, de son passé, de tout son passé, et de son nom, le plus glorieux que, depuis Athènes et Rome, ait connu la civilisation humaine ! »

.˙.

Les jeunes filles que la fortune a comblées de ses dons s'insurgent contre une vie qui serait inutile. Elles aiment leur temps et n'ont ni le loisir ni le goût de se lamenter ; la politique semble leur être indifférente, et, seule, l'action sociale appelle leurs sympathies. Elles mettent plus de poésie dans l'effort que dans la contemplation ; elles parlent d'être gardiennes de joie, marchandes de bonheur, glaneuses de tout ce qui se perd, autant des biens créés que des forces morales inemployées. Elles manifestent le besoin de se donner. C'est leur manière d'exprimer leur christianisme, car elles sont religieuses comme leurs mères, mais avec un caractère moins mystique, de même qu'elles aiment comme elles leur foyer, mais avec des goûts moins sédentaires. Peut-être seront-elles plus heureuses, car elles sont plus positives, elles voient la vie telle qu'elle est et n'attendent que le bonheur qu'elles veulent se faire et... se faire vite.

*
* *

Quant aux jeunes filles qui ont pris une carrière dont le choix a été commandé par les circonstances autant que par de simples raisons pratiques, je veux parler de celles qui sont laborieuses, — ce qui ne veut pas dire que les autres ne le soient pas, mais que celles-là sont obligées de l'être, — on verra comment elles se sont rencontrées souvent avec celles qui n'ont pas connu les mêmes difficultés d'existence.

Toutes sont imprégnées d'un fort sentiment social, elles poursuivent un but et le poursuivent avec belle humeur.

Ce but, c'est de conquérir et d'assurer leur indépendance, de s'imposer une tâche dont la pratique leur donne à la fois l'aisance, la joie du métier et aussi la satisfaction du devoir accompli, car on reconnaîtra que chacune de leurs confidences a un reflet de beauté morale. Loin d'être individualistes, elles ont un grand souci de vie sociale. Sans parler de celles qui se consacrent spécialement aux œuvres pour faire régner plus de justice et de charité et qui immolent au bien d'autrui leurs caprices ou leurs fantaisies, la plupart, en regardant la vie, comprennent qu'il y a des douleurs physiques et morales hors de l'atteinte des gouvernements; elles veulent les chercher et les apaiser, et conjurer autant que faire se peut les iniquités fatales de la nature et de la société. Si elles sont médecins, elles rêvent de soulager les souffrants; si elles sont professeurs, elles brûlent de l'ardeur de transmettre à leurs élèves, en l'accroissant, l'héritage de science des siècles passés; si elles sont artistes, d'exalter la vie en entretenant le culte de la beauté; si elles sont simples employées, d'aider, d'encourager les débutantes. Aussi quelle belle humeur leur donne cette manière de concevoir la vie, même lorsque le présent est médiocre et le but éloigné. « Ma profession est la plus belle du monde!... » dit l'une; les autres ne sont pas moins affirmatives : « En avançant dans le chemin tracé, j'ai compris

quelle belle vie je m'étais réservée... Je brûle
de communiquer ma vie aux autres... Enfin,
on est fonctionnaire !... Il y a aujourd'hui
de la belle besogne pour les jeunes... La vendeuse gagne gentiment sa vie, elle éprouve
de la joie à vendre les objets qu'elle aurait
aimé à acheter... » Autant de cris du cœur
qui honorent les diverses professions qui
les ont inspirés et que compléteront ces réflexions d'une pauvre ouvrière et d'une béné-
dictine cloîtrée : « J'aime mon métier, car
il permet de créer, de réaliser des merveilles... » « La sécurité dans la paix et la
simplification de notre être produisent en
nous la joie... La joie est aussi nécessaire
à la croissance de l'âme que le soleil l'est à
la plante. »

La famille reste pour ces jeunes filles vaillantes et généreuses le foyer tiède et doux et
parfois lointain dont l'on ne s'est séparé
qu'avec douleur ; la pensée d'en fonder un à
leur tour est pour la plupart d'entre elles un
cher espoir et pour quelques autres, pour un
trop grand nombre, hélas ! une crainte, celle
d'une misère trop grande ou d'une mésal-
liance morale. Pour plusieurs le mariage
n'est plus la question vitale, certaines femmes
se sentant aujourd'hui assez fortes pour se

suffire à elles-mêmes et préférant traverser la vie toutes seules plutôt que de contracter une union où ne les entraîneraient ni leur cœur, ni leur esprit. Problème douloureux qui fut de tous les temps, mais qui est peut-être plus aigu à notre époque où la démocratie transforme les sociétés.

Heureusement, comme nous l'avons déjà dit, et ainsi qu'il semble résulter de ces confessions, cette génération est positive; si elle entrevoit les obstacles qui barrent la route de la vie, elle va au-devant d'eux avec volonté, avec bonne volonté et n'entend pas qu'on la décourage. D'autre part, elle n'est pas rationaliste, bien au contraire, et chez celles dont la foi ne garde plus l'espérance ou qui n'ont pas le loisir de discuter leurs doutes, il y a du moins, comme dirait William James, « un foyer d'énergie personnelle », où se rallument de claires visions, où apparaît l'évidence d'une loi unique et d'une justice suprême, où s'alimentent à coup sûr tous les généreux sentiments qui débordent dans cette enquête et qui provoquent, entre autres, cette touchante confidence d'une collaboratrice du groupe scientifique : « Je voudrais soulager les souffrances que je trouverai sur mon chemin et que j'irai chercher si elles ne viennent à moi, heureuse si, au moment de la mort, regardant dans ma vie, je vois un peu de bien. »

Au lendemain de cette enquête, M. Henri Joly, membre de l'Institut, dans un article du Figaro [1], a bien voulu féliciter en ces termes la Revue hebdomadaire de son initiative :

« L'une de ces jeunes filles, qui paraît sou« haiter beaucoup mieux que ce qu'elle ob« tient des autres et d'elle-même, a un mot
« qui domine toutes ces consultations et en
« résume l'esprit :

« C'est peut-être parce que nous lui de« mandons trop que nous estimons ne pas en
« retirer assez. » Elle dit cela de son œuvre
« propre. Toutes auraient pu le dire de leur
« profession ou de leur art, ou de leur vo« cation, de la vie enfin. Sans doute, il ne
« faut pas exiger ni espérer ce qu'il est im« possible d'obtenir; mais enfin, ces jeunes
« filles demandent beaucoup avec lucidité,
« avec résolution, sans passion, mais non
« sans amour. Ces symptômes sont excel« lents.

« Un dernier mot. On vient de nous pré« senter et de nous faire entendre une élite.

1. 12 octobre 1913.

« *Or, toute élite est indubitablement supé-*
« *rieure à l'ensemble dont elle sort et dont*
« *elle s'éloigne. Est-ce une raison pour pen-*
« *ser qu'elle n'en donne aucune idée ? Ce*
« *serait vrai si elle se séparait et s'isolait ;*
« *mais alors elle ne serait plus une élite, car*
« *il lui en manquerait le plus précieux et le*
« *plus noble caractère.*

« *L'élite est donc au-dessus du nombre,*
« *mais elle l'attire peu à peu. Et d'ailleurs,*
« *si elle est au-dessus de lui, c'est qu'elle a*
« *puisé d'abord en lui quelques-unes de ses*
« *aspirations qu'elle a su mieux cultiver et*
« *mieux diriger. C'est pourquoi nous pou-*
« *vons accepter avec quelque espérance ce*
« *mot d'un protestant genevois : « Le sort*
« *de la religion en France — disons le sort*
« *de la France — est entre les mains des*
« *mères de famille. » Or, nous venons d'écou-*
« *ter des jeunes filles qui méritent bien qu'un*
« *tel sort soit en effet remis entre leurs*
« *mains. »*

Nous ne saurions mieux conclure.

FERNAND LAUDET.

LES JEUNES FILLES

ENQUÊTE DE LA *REVUE HEBDOMADAIRE*

LE MONDE

I

MONSIEUR LE DIRECTEUR,

« J'ai peu connu la vie et j'ai beaucoup rêvé », dit mélancoliquement une héroïne de Musset le jour de ses fiançailles !

Cette phrase nous inspire une profonde pitié !... Nous entrons dans la vie, nous autres, en croyant la connaître. Nous n'avons pas de passé, c'est vrai ; mais nous vivons beaucoup dans le présent, nous le saisissons, il nous captive, il nous passionne, et nous laisse peu de temps pour rêver à l'avenir. La vie pour nous, c'est l'effort ; c'est l'action, c'est la possession « d'Aujourd'hui » plus que l'attente de « Demain » ! Nous n'avons pas des tempéraments mélancoliques et ne recherchons pas la volupté de la tristesse. A part les grandes douleurs, les terribles épreuves, devant lesquelles, respectueusement émues, nous nous inclinons, il nous semble qu'il est aussi facile qu'indispensable d'avoir des âmes joyeuses, des âmes ensoleillées. Nous voulons vivre tout de suite, nous n'admettons pas la possibilité d'attendre quelques années pour nous connaître nousmêmes, remplir un rôle, respecter des devoirs. Rêver l'amour, rêver le bonheur, rêver l'action, puis... mourir peut-être ! Mourir jeune, mourir les mains vides, mourir « sans connaître la vie, mais en ayant beaucoup rêvé » ne suffit pas à notre ambition. Nous voulons réaliser notre énergie, prouver que nous existons, et, comme notre époque nous facilite merveilleusement l'essor que nous voulons prendre, nous nous pardonnerions difficilement de n'être pas nées dans le siècle où nous vivons !...

On s'est beaucoup occupé de nous depuis quelques années ; des journalistes, des conférenciers, des romanciers nous ont comparées à nos mères, à nos grand'mères, ont essayé de nous définir. Les uns nous transforment en de fort vilaines petites personnes, coquettes, hardies, ambitieuses, finissant toujours par épouser un vieux monsieur très riche. Je veux tout de suite affirmer que je ne connais pas les modèles de ce genre de portraits. D'autres auteurs, dans des satires mordantes, prouvent que nous sommes brimées et malheureuses lorsque nous sommes « bien élevées ». Je passe ceux qui critiquent nos progrès en science, en littérature, en flirt, en tennis et en patinage, pour mentionner, enfin, cet académicien à qui, par le gracieux intermédiaire de sa nièce Françoise, nous devons de si bons conseils !... Tant d'esprit, tant de talent, tant de morale dépensés en notre honneur, ne nous laissent point insensibles. Tous ces livres, publiés à notre sujet, sont lus par nos parents, par leurs amis, commentés, analysés, jugés, admirés ou blâmés devant nous. Dans les discussions, on passe vite des généralités aux cas particuliers; nous devenons un objet d'étude, un terme de comparaison; enfin, pour tout dire d'un mot, une des choses qui nous frappe le plus dans la société moderne, c'est la place qu'on nous y donne. Avec les crimes sensationnels, la politique extérieure, les ennuis de domestiques et la guerre des Balkans, nous sommes devenues le « sujet de conversation » le plus répandu, parce qu'il fournit le plus d'opinions toutes faites, d'idées déjà classées ou exprimées. Nous sommes flattées, certes, de captiver ainsi l'opinion publique et petit à petit, par une sorte d'agréable suggestion, nous finissons par trouver très justifiée l'importance qu'on nous attribue. Nous analysant avec complaisance, nous subissons le mal du siècle : « la pose vis-à-vis de soi-même ! » Puis, très convaincues de notre supériorité, nous affirmons des principes, des idées arrêtées et nous jugeons sévèrement, entre nous, ceux de nos contemporains qui ne partagent pas nos manières de voir.

Nous avons la hantise de notre personnalité. Notre personnalité !... C'est le *leitmotiv* de nos conversations : « Il faut avoir sa personnalité. » C'est une sorte de mot d'ordre auquel nous obéissons. A vrai dire, il ne s'agit pas, en général, de connaître le fond des choses, de parvenir, après de laborieux et persévérants efforts, à posséder une science, un talent, qui nous élèvent au-dessus d'une honnête médiocrité, et notre amour-propre est peut-être plus engagé dans l'affaire que notre volonté.

Nous nous serions certes insurgées il y a quelques années, si Émile Faguet était venu nous dire : « A seize ans, personne n'est une personne ! » Avec quelle commisération étonnée l'aurions-nous considéré ! Le pauvre homme ! Comme il est en retard !... Autrefois, peut-être, mais aujourd'hui !... Ne sait-il pas qu'à douze ans, nous comparions (sans les avoir lues du reste) l'*Iliade* et l'*Odyssée ;* que les professeurs de la Sorbonne nous font des cours d'histoire et de littérature ; que... je n'en finirais pas !...

Il faut reconnaître que dans nos études, tout nous intéressait, et comme on nous parlait un peu de tout, nos prétentions à une sorte d'universalité devenaient excusables. Ne pas avoir d'opinion, voire même d'opinion passionnée, nous eût profondément humiliées. Juste ou fausse, quel que fût le sujet traité devant nous, nous avions une opinion et, à peine émise, nous la défendions avec entêtement.

L'admiration facile de nos parents, de nos amis, devant les progrès réalisés dans les programmes et les méthodes de l'enseignement, nous rendait très fières de nos professeurs, de la science qu'ils nous inculquaient, de nous-mêmes enfin. Les conférences que nous entendons, depuis notre sortie du couvent, la foule de connaissances que nous acquérons par des lectures hâtives, jointes aux souvenirs que nous conservons de nos années d'études, nous permettent de parler avec assurance d'une quantité de choses mal assimilées.

Dès que nous « entrons dans le monde », puisque c'est l'expression consacrée, nous faisons volontiers parade de notre érudition, nous recherchons les discussions, et parmi les jeunes gens, ceux qui savent causer nous plaisent autant que ceux qui savent danser. Malgré nos prétentions, en somme, nous ne faisons pas trop mentir le vieil adage français : « Il faut qu'une femme ait des clartés de tout. » Notre science est plus superficielle que profonde.

Jusqu'à l'âge de dix-huit ans, notre vie est minutieusement réglée, nous n'avons pas une minute à perdre; on respecte notre travail et nous passons d'une leçon à une autre leçon. Tout d'un coup, notre vie change : n'ayant plus de devoirs nettement définis, nous restons quelque temps désorientées et déconcertées, un peu grisées parfois. Nous pourrions, si bon nous semblait, négliger les occupations sérieuses; on se contenterait peut-être d'en sourire. Si nous nous laissions aller, nous deviendrions facilement futiles, coquettes et vaines; c'est alors que nous réagissons et l'indépendance qu'on nous reproche vient souvent du désir de coordonner les différentes parties de notre existence, d'appliquer les idées reçues pendant notre éducation. Nos parents, indulgents lorsqu'il s'agit de nos plaisirs, s'inquiètent si nous voulons donner, dans nos journées, une part prédominante à la peinture, à la musique, et quand il s'agit de littérature, c'est bien plus grave encore ! Ils n'admettent que « l'art d'agrément »; cette conception du travail irrite notre ambition et pourtant, dans notre rôle d'amateur désintéressé, nous dépassons rarement un talent léger, même lorsque nous sommes bien douées. Dans le fond, nous ne sommes pas des féministes très convaincues. Je me rappelle qu'un jour de pluie, au couvent, nous avions organisé une conférence contradictoire sur ce grave sujet du féminisme; une maîtresse assitait aux débats, sans y prendre sa part : « Oui, s'écriait une de mes compagnes, je préfère la femme rêvée par Chrysale à la femme avocat, la femme qui reprise les chaussettes de son mari à celle qui déserte son foyer! — Comment pouvez-vous dire pareille chose? ripostait l'avocat du diable; la femme n'est pas inférieure à l'homme, elle a le droit de développer sa personnalité, de chercher d'autres joies dans la vie que celles du mariage, de poursuivre le succès, la gloire même... Je vous le dis, je vous l'affirme, l'heure de la femme a sonné ! »

En entendant cette dernière phrase, nous sommes restées muettes d'admiration; se précipitant sur le tableau noir, une amie de l'orateur y grava à la craie, pour que nous les comprenions mieux, ces mots mémorables : « L'heure de la femme a sonné ! » Elle dessina même une petite cloche en guise de signature.

Une autre cloche sonna, c'était la fin de la récréation : « Effacez vos bêtises, je vous prie », nous dit la maîtresse en désignant le tableau noir, et, sans protester, nous avons effacé; puis en silence et en rangs, nous nous sommes rendues à notre leçon d'ouvrage manuel. Comme jadis nous jouions « au loup », ce jour-là nous avions joué aux féministes, et cela nous amusait. Mais nous savions bien que nous n'irions jamais les rejoindre, ces jeunes Russes, qui, suivant l'expression de

Nietzsche, sont « conscientes d'elles-mêmes et confiantes en elles », ces intellectuelles farouches, qui vivent leur vie au quartier Latin et passent les mêmes examens que nos frères. Nous savions bien que nous n'irions pas les rejoindre, ces Anglaises qui défilent dans les rues en faisant porter par les hommes les drapeaux trop lourds pour elles, et qui réclament à cors et à cris le droit de voter. Nous savions bien qu'une cloche sonne toujours à la fin des récréations et que, sans murmurer, quand l'heure serait venue, nous irions paisiblement à notre devoir, à nous, fût-il médiocre et prosaïque.

Nous ne nous révoltons pas contre l'autorité de nos parents; nous allongeons bien un brin la corde de notre laisse, mais nous ne voulons pas la rompre, à Dieu ne plaise!... Nous considérons l'obéissance comme une soumission respectueuse de notre esprit devant une expérience et un jugement que nous ne possédons pas encore entièrement, non comme une docilité passive et irraisonnée. Nous demandons qu'on nous concède une certaine initiative, on ne nous la refuse pas; nous comprenons que cette concession libérale, étant une marque de confiance, nous oblige à une loyauté plus scrupuleuse, un respect de nous-mêmes plus délicat. « Je suis lié, mais je suis libre », disait saint Paul. Nous, c'est le contraire; plus nous sommes libres, plus nous sommes liées : nous sommes les prisonnières sur parole des traditions de nos familles.

« Être libre, d'après le Père Lacordaire, c'est se posséder soi-même. » Si nous voulons nous posséder, c'est pour mieux nous donner. Nous donner à nos familles d'abord, leur donner notre tendresse, notre gaieté, notre jeunesse, tout le bonheur que nous leur devons et dont nous savons apprécier la valeur. Nous essayons aussi parfois de leur offrir quelques conseils; je dois avouer que cette sollicitude irréfléchie est le plus souvent méconnue ! Quelle est celle d'entre nous, qui tentant d'éclairer sa mère, dans un cas plus ou moins difficile, n'a pas entendu cette réponse déconcertante : « C'est vraiment malheureux, ma pauvre enfant, que je n'aie pas attendu que tu sois là pour venir au monde. »

Nous avons relativement plus de succès auprès de nos frères. Ils ont si souvent besoin de nous, les misérables ! Nous pleurons lorsqu'on les gronde et toute notre diplomatie n'est pas inutile quand il s'agit de leur obtenir une faveur. Plus qu'autrefois nous sommes leurs camarades, nous participons à leurs jeux, et de saines fatigues supportées ensemble produisent de robustes et confiantes amitiés qui nous permettent au besoin de leur faire un peu de morale. Quel triomphe !

Notre époque, ai-je dit, nous captive et nous passionne. Nous n'assistons pas indifférentes à la rapide et vertigineuse évolution de la science; nous admirons sa vulgarisation, ses applications dans l'industrie, nous nous intéressons aux graves problèmes sociaux auxquels nos contemporains tentent d'apporter une solution. Conflit entre le Capital et le Travail, dualité du Patron et de l'Ouvrier, inégalité des conditions, situation du peuple qui souffre et se plaint alors que nous menons une existence large et facile, toutes ces choses nous émeuvent et nous inquiètent. Nous comprenons que chacun doit donner à la société une part de soi-

même; que le travail est une loi divine à laquelle
nul être ici-bas n'a le droit de se soustraire. Il n'y
a pas, dans une société bien comprise, le lot de
ceux qui jouissent et le lot de ceux qui peinent;
chacun a reçu sa part de labeur. Ceux qui sont intelligents, instruits, éclairés, guident et dirigent l'effort de ceux qui gagnent leur pain à la sueur de
leur front. Nous comprenons qu'un lien moral,
produit par l'acceptation de devoirs réciproques,
doit unir toutes les parties de notre organisme social. D'un côté la justice, la bonté, l'apport intellectuel, de l'autre la confiance, le respect et l'obéissance. Nous comprenons, surtout, que, nous aussi,
nous devons nous mêler à la vie de notre temps,
et qu'à cette heure grave, où, dit-on, tous ceux
qui savent tenir une plume doivent écrire; tous
ceux qui ont un verbe, parler; tous ceux qui possèdent une influence, l'exercer; nous comprenons que
personne n'a le droit d'être volontairement inutile.
Nous appuyant sur cette pensée de Coppée : « Ah !
si les malheureux savaient mieux aimer, quelle aurore de paix et de bénédiction se lèverait sur le
monde », nous sommes attirées par le peuple qui
souffre, qui nous ignore, ou qui nous méconnaît;
nous allons à lui et nous lui donnons tout notre
cœur, tout notre zèle, tout ce qu'il y a de meilleur
en nous, nous le lui donnons dans la faible mesure
de nos moyens. Nous lui demandons ses petits enfants et nous essayons de leur apprendre le catéchisme, c'est-à-dire le seul enseignement moral
qui puisse les aider à supporter leur pénible existence. Je crois qu'ils nous aiment bien, ces petits;
ils nous manifestent naïvement leur reconnaissance
et, plus tard, ils se souviendront peut-être que des

dames, qui n'étaient pas payées, allaient les instruire et leur raconter des histoires pour « l'amour du Bon Dieu » !

A côté du catéchisme, il y a les cours de la Croix-Rouge, le dispensaire ; c'est en soignant les corps qu'on atteint parfois les âmes. Les œuvres qui sollicitent notre concours ne manquent ni à Paris, ni en province ; toutes sont intéressantes, utiles, fructueuses. On nous reproche de mêler un peu de snobisme à l'exercice de nos devoirs charitables ; on trouve que nous en parlons trop, au bal, au skating, au palais de glace ; que nous menons tout de front avec une désinvolture étonnante.

On trouve que nous ferions mieux de « filer notre quenouille et de garder la maison ». On a peut-être raison, je ne discute pas ces critiques, je dis seulement où notre élan nous mène de préférence.

De nos aspirations féministes, nous gardons le respect admiratif de la femme qui cherche dans le travail un moyen honorable de gagner sa vie. Nous défendons hautement les jeunes filles qui se créent une situation, et toute initiative destinée à faciliter, à élargir leur existence nous est immédiatement sympathique. Nous désirons qu'on les protège de tous les dangers dont nous sommes préservées et en songeant qu'elles sont seules, abandonnées, nous éprouvons une grande pitié pour elles. Est-ce de la solidarité ?... Non, c'est de la charité, dans le vrai sens du mot « aimer ».

La philosophie est, pour moi, une science très compliquée à laquelle je ne comprends pas grand'chose. Je trouve presque un peu superflu qu'il faille toute une page, parfois même tout un chapitre, pour m'expliquer que je pense, alors que, sans explications, je me rends parfaitement compte de ce phénomène. Sans doute, je suis vaguement au courant des principaux systèmes philosophiques, mais des tout à fait principaux, de ceux que tout le monde connaît. Lorsque je lis des livres de philosophie, il y a nombre de termes que je ne comprends pas, au sujet desquels je suis obligée d'interroger mon père. Plusieurs de mes amies prétendent qu'elles sont moins ignorantes ; je veux bien les croire, car elles suivent des cours à l'Institut catholique, à la Sorbonne, etc... Nous fréquentons assidûment un ouvroir « cercles d'études » et tout en travaillant pour les pauvres, nous discutons sur un sujet donné. Il paraît que nous philosophons quelquefois ; pour ma part, je philosophe comme M. Jourdain faisait de la prose, car ce que nous disons est si simple, si net, c'est si peu de l'abstraction ou de la quintessence, qu'il me semble impossible qu'on puisse nous accuser de philosopher vraiment. Du reste, nous ne nous sentons pas en sûreté sur ce terrain mal connu et, pour ne pas nous laisser séduire par des idées fausses, nous regagnons vite un domaine familier. Nous évitons, de propos délibéré, tous les philosophes qui prétendent expliquer en dehors de la révélation divine et du dogme catholique les mystères de la création ; nous les évitons, non pour faire comme l'autruche et nous mettre la tête sous l'aile, mais parce que nous avons conscience de notre faiblesse et que nous ne voulons marcher que bien armées contre les ennemis de nos idées.

Nous désirons connaître le plus et le mieux possible notre religion. Nous avons appris l'histoire de l'Église comme on apprend l'histoire de

France; nous avons étudié le règne de chaque pape, le généreux effort des moines et des saints à travers les siècles. Nous avons étudié toutes les hérésies et un cours d'apologétique nous a démontré la supériorité de la morale chrétienne sur celle des autres religions. Chrétiennes convaincues, nous voulons être capables de défendre nos croyances, de répondre aux objections possibles. Notre amour de la vérité agit forcément sur notre vie intérieure d'abord, puis sur notre conception de la vie extérieure.

Nous sommes pieuses sincèrement, ardemment; nous ne considérons pas nos devoirs religieux comme une série de pratiques, plus ou moins conventionnelles, sèches et arides; toutes les traces de jansénisme qui subsistaient chez nos mères semblent avoir disparu. On s'étonne parfois de nous voir allier la dévotion à la vie mondaine; mais suivant la direction qui nous est donnée par des autorités qualifiées, nous pensons avoir une claire et large conception du bien et du mal.

« Il n'y a que deux façons de concevoir la morale, a dit Brunetière, la païenne et la chrétienne. » C'est là notre opinion. Tous ceux qui sont uniquement préoccupés de leurs intérêts ou de leurs plaisirs, fussent-ils baptisés, sont païens. Newman écrivait : « A quoi bon être chrétiens, si nous n'en sommes pas meilleurs pour autant ? Quelle raison avons-nous de croire nos vies bien différentes de ce qu'elles seraient si nous étions païens ? » Nous inspirant de cette logique, nous désirons animer notre existence d'un esprit chrétien. Nous voulons par la dignité de notre caractère, jointe à la bonté, l'indulgence, l'amabilité, voire même à l'entrain joyeux dans les plaisirs permis, faire aimer en nous la beauté de notre foi.

Le mariage, nous le considérons comme un grand sacrement, et c'est avec une émotion respectueuse que nous envisageons les devoirs auxquels librement nous nous astreindrons un jour. Nous nous laisserons difficilement imposer le compagnon de notre existence ; nous désirons avant tout qu'il partage notre idéal, qu'il ait la même foi et que sans faux amour-propre il la manifeste avec nous. Nous désirons aussi qu'il ait une carrière ou tout au moins une occupation. Les théories féministes ne nous ont pas atteintes au point de nous laisser ignorer qu'une femme qui n'aurait pas pour son mari une estime presque admirative serait bien près de le mépriser. Or nous serions très malheureuses de ne pouvoir apprécier nos maris autant que nous voulons les aimer.

Je causais l'année dernière avec une petite amie de quatre ans, et machinalement, ne sachant que lui dire, je lui ai demandé : « Que feras-tu quand tu seras grande ? » Elle m'a regardée avec un air choqué, scandalisé comme si je lui posais une question extraordinaire, puis elle m'a dit sur un ton qui n'admettait pas de réplique : « Quelle bêtise ! Je serai maman !... » Cette réponse m'a profondément émue. Chez un petit garçon, j'aurais trouvé le germe de bien des vocations : soldat, marin, peintre, ingénieur, etc... Mais une petite fille ne pouvait concevoir que l'unique ambition d'être « maman » !

Et nous qui sommes peut-être sur le seuil du mariage, pouvons-nous demander à l'avenir une

joie plus belle, plus sainte, plus complète ? Non,
tout ce que nous possédons de vie, de santé, d'intelligence, d'ardeur, d'enthousiasme, nous sentons que nous ne serions pas complètes si nous ne
le transmettions pas à d'autres êtres ; des êtres qui
n'existent pas, mais que, dans quelques années,
nous serrerons dans nos bras ; des êtres qui pos-
séderont à leur tour une âme immortelle, avec ses
facultés, ses aspirations, ses mérites et ses faiblesses ; des êtres qui, grâce à nous, vivront !
Nous nous préparons à remplir notre tâche d'éducatrice. Ils seront beaux, nos fils, ils seront
braves, généreux ; nos filles seront aimantes et
loyales !...

Nous voulons des enfants, beaucoup d'enfants
parce que nous savons que la France nous en demande et que, chrétiennes ferventes, nous avons
aussi la religion de la patrie.

Nous sommes fières du passé de notre race,
nous éprouvons le désir impérieux d'être fières
aussi de son présent et d'aider à préparer la gloire
de son avenir. Qu'un régiment défile dans la rue,
qu'un discours prononcé à la Chambre venge une
atteinte portée à notre honneur national, des deux
mains nous applaudissons. Le seul nom de certaines pièces actuelles : *Alsace*, *Cœur de Française*, *Servir*, nous séduit et nous enthousiasme.

Lorsqu'on parle devant nous des probabilités
d'une guerre européenne, certes, nous sommes
douloureusement émues ; nos pères, nos frères,
peut-être nos fiancés partiraient ; leurs vies seraient menacées ; mais c'est pour la France qu'ils
risqueraient tout ! Aussi serions-nous fières de
nos soldats. Nous ne demanderions qu'une chose,

c'est qu'on nous permette d'aller les rejoindre, là-bas, sur la frontière ; de partager leurs dangers, de personnifier, auprès des blessés, la France, la douce France aux mains adroites et charitables, au cœur généreux, à la voix caressante, la voix qui sut bercer et qui sait encore endormir et consoler.

Et si l'un d'eux, très cher, revenait chez nous cruellement atteint par une balle ennemie, comme la mère de l'amiral Bouvet, devant le cercueil de son fils, nous voudrions dire à nos serviteurs : « Ouvrez les portes à deux battants ! jamais autant d'honneur n'était entré dans notre maison !... »

CÉCILE DE GUEYDON.

Paris, ce 15 mars 1913.

II

La Revue hebdomadaire a eu l'heureuse idée d'interroger l'an dernier la jeunesse de France, sur ses idées, ses aspirations, ses goûts, son idéal. Les jeunes gens ont répondu, et devant l'étranger qui nous dénigre toujours, nous avons senti une grande fierté devant tant de forces généreuses, d'énergies toutes prêtes, et d'ardeurs à servir notre pays.

Après ces belles réponses des jeunes gens, *la Revue hebdomadaire* continue son enquête sur la jeunesse, en s'adressant cette fois aux jeunes filles. Nous n'avons pas — du moins beaucoup d'entre nous — pour donner de l'intérêt à nos réponses, une belle carrière qui fait le fond de la vie, à laquelle on s'est consacré et pour laquelle on se dévoue. En dehors de ces professions que certaines exercent, notre carrière à toutes, c'est d'être des femmes de France, dans toute la noblesse du terme, de garder intacts, dans nos foyers et dans notre pays, les idées, les traditions, l'idéal français ; de le transmettre, cet idéal, à ceux qui nous suivront ; d'élever et de former les âmes de nos enfants en leur faisant aimer tout ce qui fait la beauté et l'honneur de notre race, de préparer ainsi la France de demain.

Voilà notre rôle, voilà la belle tâche qui nous est échue en partage ; voilà la grande cause que nous servons.

Nous qui n'avons encore qu'une si mince expérience, oserons-nous porter un jugement sur le monde, et affirmer des théories ? Ce serait peut-être bien téméraire. Cependant, chacune de nous se fait une idée de la vie, de ses devoirs, construit des plans d'avenir. Or, cette conception de l'existence qui dort inconsciemment au fond de nous-mêmes, il est bon parfois de la préciser nettement, car se connaissant mieux, on sait ce qu'on peut attendre de ses forces. Les soldats expérimentent leurs armes avant le combat. Avant d'entrer dans la bataille de la vie, nous aussi, regarderons bien en face le but et nos armes ; puis nous marcherons bravement.

On a donné beaucoup de définitions de la vie ; les philosophes, les gens d'esprit, se sont ingéniés à condenser en quelques mots la formule de « ce grand drame aux cent actes divers ». Les uns en font

un présent fort triste qu'on a reçu sans l'avoir
demandé, les autres une aubaine heureuse dont il
faut profiter le plus possible, d'autres encore une
énigme pénible, dans l'engrenage de laquelle nous
sommes pris sans y rien comprendre.

Il me semble que la vie n'est rien de tout cela ;
ni une partie de plaisir, ni une journée de deuil,
ni un malheur incompréhensible : c'est une mission magnifique que Dieu nous a fait l'honneur
de nous accorder, comme à tous ceux qui par leur
seule volonté devirent ensuite des saints et des
héros. C'est le même don que nous avons reçu. A
nous de savoir employer cette suite de jours,
peut-être longue, peut-être courte, les uns illumi-
nés de joie, les autres sacrés par la souffrance,
tous bénis par le travail. A nous d'user comme il
nous plaira de notre fière liberté.

Jusque vers seize ou dix-sept ans, l'on vit dans
une quiétude facile, absorbée par les études, n'ayant
guère le temps de penser aux grandes questions
qui s'imposent à tout esprit réfléchi. Si l'on a eu
le bonheur d'être élevée dans une famille qui nous
cachait les laideurs et les tristesses de la vie, on
a gardé tard ses illusions d'enfant toujours prête
à tout idéaliser.

Peu à peu cependant la vie apparaît dans sa
réalité à la fois belle et laide, gaie et triste, facile
et dure. Autour de soi, on devine des peines
cachées, des injustices révoltantes, des malheurs
navrants, des dévouements obscurs, des courages
ignorés. L'existence s'est montrée enfin telle qu'elle
est, et devant ses cruautés, d'après l'éducation
reçue, les croyances et la sensibilité de chacune,
on comprend, on juge, on acquiert des principes

fondamentaux et durables, on se forme enfin une idée de la vie, conforme à sa nature et à ses aspirations personnelles.

En regardant autour de soi, on comprend que la justice n'est pas de ce monde, que les bons ne sont pas toujours récompensés ; on devine que les êtres, courageux dans la souffrance, ont une beauté morale que les heureux ne peuvent égaler, qu'il y a quelque chose de plus magnifique et de plus enviable que le bonheur : le sacrifice de soi à des êtres ou à une cause que l'on aime.

Rien au monde, ni le succès, ni les honneurs, ni la richesse n'égalent la beauté sublime du dévouement. C'est le Christ qui nous l'a dit lui-même : « Nul ne peut aimer davantage que celui qui donne sa vie pour ceux qu'il aime. »

La vie se présente à nos yeux, malgré ses tristesses et ses déceptions, comme une route montante qu'il s'agit de gravir bravement jusqu'au soir, un soir sur lequel luit une grande espérance. Nous comprenons aussi l'existence comme un combat, le combat perpétuel du bien contre le mal, des belles causes contre les mauvaises, de l'enthousiasme contre l'indifférence, de l'homme contre lui-même. « La vie n'est pas faite pour être vécue, écrit M. René Bazin, mais pour être vaincue. »

Nous sommes tous les ouvriers de la grandeur française. Nous savons aussi que notre existence a une portée supérieure, puisque nous croyons à une autre vie où chacun de nos actes aura sa sanction définitive et où toutes nos espérances seront enfin réalisées.

Nous avons besoin de tendresses plus fortes que

le tombeau et les promesses divines nous rassurent puisqu'elles nous disent, selon la belle parole de l'abbé Pereyve : « La mort peut briser bien des joies, bien des projets, bien des espérances, mais elle ne peut rompre les liens qui unissent une âme immortelle à ceux qu'elle aime immortellement. »

L'important n'est pas de chercher à réussir dans le sens vulgaire du mot, c'est-à-dire à gagner de l'argent pour jouir davantage de l'existence, de courir après son bonheur personnel, mais c'est d'avoir un idéal et de se dévouer pour lui.

« Une belle vie, c'est un rêve de jeunesse réalisé dans l'âge mûr », écrivait Vigny. Quel est le rêve de beaucoup de jeunes filles françaises ? Je crois qu'il est contenu dans ce beau mot, entendu au sens militaire, c'est-à-dire au sens actif : « Servir », parce que « servir » veut dire apporter son courage, ses forces, et tout son cœur à une cause, payer de sa personne, vouloir sa part de lutte, de souffrance et d'honneur.

Nous redirons les vers de Déroulède :

> Voici que maintenant les femmes de la France
> Se lèvent réclamant, superbes d'espérance,
> Leur part de sacrifice et leur droit au péril.

Les causes que nous voulons « servir » leurs noms tiennent dans une ligne, c'est ce que nous avons de plus cher au monde, ce qui fait l'intérêt et la beauté de la vie : Dieu, France, famille, charité, art.

Ce sont les piliers de notre vie morale, c'est pour ces noms qu'on a accompli ce qu'il y a de plus noble sur la terre. Combien d'être humains sont morts avec joie pour ce qu'ils représentent!

Ces mots-là sonnent comme des clairons et à leur appel vibrant nous sentons s'éveiller en nous des énergies, des vaillances insoupçonnées, des puissances de renoncement qui nous étonnent. Tout ce qu'il y a de meilleur dans l'humanité les a servis, et à notre tour, enrôlées par la magnifique résonance de ces syllabes magiques, nous apportons nos jeunes forces à les servir.

Maintenant comment « servir » ? Pour les femmes, leur mission est surtout une mission du cœur. « Veut-on savoir ce qui fait une nation, disait l'abbé Pereyve, c'est le cœur des femmes. » Fidèles gardiennes dans leur foyer de ces grands sentiments qui réchauffent l'âme : la foi, le patriotisme, la pitié, les femmes protègent la flamme sacrée de l'enthousiasme contre le dénigrement et l'ironie. Elles savent admirer, bien plus que le succès, l'effort désintéressé, même s'il est malheureux.

.

Pour servir Dieu, nous arrivons à une heure bien plus émouvante que celles où règne la paix religieuse. Nous avons à défendre la religion au moment où elle est attaquée : c'est un honneur. Nous apportons notre bonne volonté à l'œuvre de la France chrétienne, et en travaillant à faire renaître le sentiment religieux dans les âmes, nous travaillons aussi pour notre pays, car « croix et drapeau » ces deux mots sont inséparables.

Sans le sentiment religieux il est bien rare que l'homme conserve une âme élevée; si nous ne croyons rien, si nous n'attendons rien au delà de la vie, toutes nos aspirations vers l'infini ne sont que des désirs stériles et notre existence sans espérance, une bien triste impasse. Nous sommes bien faibles; qui nous donnera la force d'agir et de pardonner, si ce n'est une aide divine ?

Des philosophes modernes ont cru pouvoir fonder une morale nouvelle sur les seules forces naturelles de l'homme. Leur théorie du « surhomme » n'a jamais donné de héros ou de saints. Ceux qui cherchent un idéal le veulent divin et je crois que si le « surhomme » existe, il ne peut être que chrétien : « Nous avons besoin d'un poème qui se fasse croire, d'une étoile fixe au ciel (1). » La religion répond en effet à un besoin intime de nos âmes; il y a en nous une soif inextinguible d'immuable et d'infini que le divin seul peut contenter : « Un appétit de choses éternelles qui est la plus sûre garantie de notre destinée d'outretombe (2). » La religion est le souverain remède qui console ici-bas, des séparations, des déceptions, des injustices, des adieux : « Viens à moi, dit l'Église, si tu veux trouver la dalle où asseoir tes jours, et inscrire ton épitaphe (3). » Sans un secours divin, l'homme ne peut être complet : « Ceux qui n'ont pas au moins le tourment religieux, écrit M. Bazin, ignorent la moitié de la vie et la plus belle, la moitié de l'amour et de la pitié. »

Si la religion est l'aliment le plus pressant que réclament les cœurs affamés d'éternel, combien elle

(1) Maurice BARRÈS.
(2) Paul BOURGET.
(3) BARRÈS, *la Colline inspirée.*

est plus utile encore à ceux qui souffrent de l'injustice de la vie et dont l'existence entière n'est que travail, peines et dures privations ? Nous devons faire connaître la religion à ceux-là, car elle leur fera accepter leur tâche sans révolte, et elle adoucira des situations qui sans amour seraient inacceptables : « Souffrir sans aimer, écrivait l'abbé Pereyve, c'est le dernier des supplices, mais souffrir en aimant et pour ce qu'on aime, c'est joie et triomphe. » C'est surtout aux enfants qu'on a le plus de joie à enseigner la religion, car chez ces petites âmes toutes neuves, fraîches et spontanées, la foi est simple et la bonne volonté bien touchante. Je crois qu'il y a peu d'œuvres plus utiles que les catéchismes et les patronages; elles sont aussi nécessaires aux riches qu'aux pauvres, car elles mettent en rapport ces deux parties de la France qui s'ignorent trop : les classes élevées et le peuple. En établissant des relations entre eux, les haines s'atténuent. Combien l'on est heureux, de s'en aller contribuer à ces œuvres, dans les quartiers pauvres : la tâche n'est pas rude, car c'est une grande joie que de travailler à faire chrétiens et patriotes les petits d'aujourd'hui qui seront la France de demain.

⁂

Comment je comprends l'idée de patrie ? Je crois que nulle génération n'a aimé avec plus de ferveur notre France.

Nous l'aimons pour la beauté de sa terre et la douceur de son ciel, pour toutes les œuvres d'art créées au cours des siècles par son génie, pour son histoire pleine de faits glorieux et touchants, pour ses hauts faits militaires, pour son charme attachant qui l'a fait appeler jadis par ses chevaliers : « La douce France ». Nous l'aimons pour la finesse, la sensibilité délicate, la vaillance hardie et généreuse de ses fils; nous l'aimons pour le désintéressement, le goût de justice, de bonté et d'héroïsme de sa race; parce qu'elle est la terre bénie qui a toujours gardé pour elle l'originalité du dévouement et du sacrifice. Elle est le pays de chevalerie, toujours épris d'idéal.

Sans doute, notre pays a pu pâtir de marcher toujours vers un beau rêve : « Mais ce qui fait la gloire des peuples, ce sont leurs folies héroïques plutôt que leur sagesse (1). » Et nulle nation n'en n'a fait davantage que la France au cours des siècles : son histoire le prouve. Nous aimons passionnément notre France pour ces raisons, que Michelet a exprimées :

« Si l'on voulait entasser ce que chaque nation a dépensé de sang, d'or et d'efforts de toutes sortes pour les choses désintéressées qui ne devaient profiter qu'au monde, la pyramide de la France irait jusqu'au ciel, et la vôtre, ô nations, toutes tant que vous êtes, la vôtre irait aux genoux d'un enfant. »

Ce n'est pas la France qui aurait jamais prononcé le mot déshonorant de la Prusse : « La force prime le droit »; chez nous, le droit primera toujours la force brutale.

C'est pourquoi nous aimons passionnément l'ar-

(1) Comte Albert DE MUN.

mée; elle garde les fières traditions de l'honneur « à la française ». Nous admirons aujourd'hui la bravoure allègre, le courage endurant, les faits d'armes glorieux de nos aviateurs et de nos officiers au Maroc. Tous les cœurs frémissent d'un frisson sacré, chaque fois qu'un jeune héros tombe là-bas sur la terre africaine.

Et que l'on ne vienne pas nous dire : à quoi servent ces hécatombes ? Nous répondrons avec Barrès : « A quoi servent tous ces jeunes hommes ? A montrer au monde que nos réserves d'héroïsme ne sont pas près d'être taries. Quel usage faisons-nous avec nos guerriers idéalistes ? et que construisons-nous avec nos sacrifices perpétuels ? Notre histoire peut paraître une rêverie éternelle; mais que c'est fier cette ardeur à mourir chez les enfants de notre race, cet immense gaspillage de vies, et, chez des êtres à ce point sensibles, cette folie de l'immolation! »

.·.

Famille, foyer, ces mots sont l'apanage même de la femme. C'est à elle que revient l'honneur de maintenir beau, doux, joyeux, illuminé, le nid où s'adoucissent toutes les peines, où s'oublient toutes les fatigues. Que de bien une femme peut faire dans sa maison, en gardant sa jeunesse de cœur, ses enthousiasmes juvéniles, sa croyance au beau et au bien, sa sensibilité profonde, ses vives affections. C'est elle qui veille sur les trésors sacrés : la foi, le patriotisme, l'amour, le désintéressement. Elle conserve le goût des lettres et de l'art français, de tout ce qui élève l'esprit. Elle est enfin la pitié toujours prête à répondre à toutes les souffrances.

Quelle douce fierté que d'être, à la maison, le réconfort, l'appui dans les heures dures, l'aide dans les épreuves, celle qui par tendresse sait faire tous les sacrifices, celle qui aime bien plus dans la peine que dans le bonheur.

A ce foyer, l'autre moitié de la mission féminine, c'est l'éducation, mot qui renferme tant de patience, de travail et d'espoir. Mais quel honneur que de former pour la France ses hommes de demain ! « Il n'y a point de mères trop maternelles, écrivait M. René Bazin, pourvu qu'elles le soient à la grande façon qui est d'aimer les âmes d'abord ; presque tous les hommes qui ont eu une vie de dévouement ont rapporté combien avait été grande pour eux la tendresse de leur mère ; les héros leur ont pris, à elle, la première notion de religion et le premier conseil de sacrifice. »

Il faut faire aux petits une enfance aimée, douce, joyeuse, car lorsqu'ils seront grands et que la vie leur sera dure — hélas ! elle l'est presque toujours — ces souvenirs rayonnants viendront les ranimer et les empêcher peut-être de sombrer dans le désespoir. Les enfants sont capables d'une grande générosité ; il suffit de les guider. Nous baserons l'éducation de nos fils sur une religion saine, solide, sans respect humain ; nous scellerons dans leur cœur l'amour de la France, de la chère et « douce France ».

Nous ne cultiverons donc pas que leur intelligence : « Science sans conscience n'est que ruine de l'âme. » Nous leur apprendrons que dans la vie, il est bien plus grand de faire le bien sans espoir de récompense.

Il faut avoir le courage de diriger ses enfants vers ces carrières magnifiques qui font l'honneur d'une vie, mais qui exigent parfois un grand sacrifice de la part des parents ; dût le cœur de ceux-ci en saigner, ils doivent souhaiter voir leurs noms s'ajouter aux listes glorieuses de la France. Les vocations d'officier, de marin, de prêtre sont les grandes voies qui conduisent à la sainteté et à l'héroïsme.

Nous apprendrons à nos enfants qu'il faut être fier de servir les causes attaquées et que dans la vie :

On n'abdique pas l'honneur d'être une cible...

Nous donnerons à nos fils, comme devise, les dernières et magnifiques paroles de Guizot mourant à ses petits-enfants :

« Servez le pays, la tâche est rude parfois, mais servez-le bien. »

.·.

Il est à la mode de beaucoup parler de féminisme ; parfaitement juste, quand il signifie accès au travail, le féminisme, lorsqu'il prétend conférer des droits politiques aux femmes, ne mérite que cette belle réponse de Barrès : « Les femmes d'aujourd'hui, avec une agitation charmante et légère, se jettent dans toutes les directions et veulent étendre leur empire : elles ne trouveront jamais rien qui les porte plus haut que d'allumer la flamme de toutes les vertus dans l'âme de leurs fils. »

Quant aux idées des femmes au point de vue social, je crois que toutes leurs théories peuvent se résumer dans ce seul mot : charité.

Ce don merveilleux d'aimer à consoler toutes les souffrances, les femmes peuvent l'employer de mille manières, car dans la vie les occasions ne manquent pas. Il y a tant d'œuvres utiles auxquelles participer !

Mais la meilleure charité, c'est de payer de sa personne, de ne pas avoir peur de s'attrister ; il faut avoir le courage d'aller aux pauvres, aux enfants, aux malades, à toutes les misères et à toutes les tristesses.

Ne l'oublions pas, au fond de tout cœur de femme sommeille une sœur de Charité. Notre devise sera : il faut être trop bon pour l'être quelquefois assez. Mieux vaut pâtir par excès de générosité, que d'avoir un seul jour, par méfiance d'être dupe, refusé d'écouter la prière d'un désespéré.

Soyons, comme l'a écrit M. Bazin : « Ces êtres consolateurs par qui le monde peut supporter sa peine. »

Un foyer serait incomplet si l'on n'y parlait jamais de beaux livres, de musique, de peinture, de poésie. « L'homme ne doit pas vivre seulement de ce qui est humain, le mortel de ce qui meurt ; il est beau de vivre de ce qui est éternel (1). » Nous cultiverons ce qui nous élève au-dessus des médiocrités de l'existence courante. Une femme n'a pas besoin d'être savante, mais il me semble qu'elle demeure incomplète si elle n'a pas l'âme ouverte à toutes les nobles et pures émotions de l'art, l'art, ce sublime supplément à la vie, comme « l'honneur est le magnifique supplément aux lois (2) ».

Nous veillerons chez nous et autour de nous, sur les trésors de notre art national, tout de clarté, de finesse, d'élégance, de charme, de mesure et de sincérité, « le seul, depuis l'antiquité, qui unisse la beauté de l'idée avec la musique des mots (3) ».

Nous admirons et ferons admirer le génie des grands artistes, écrivains, musiciens, poètes et surtout ceux que la souffrance a sacrés, ceux qui ont su avec de la douleur faire de la beauté. L'art n'est pas fait de science mais d'émotion. « Les grands artistes immobilisent la beauté changeante du monde (3). » Et leur œuvre, bien souvent est une leçon de courage.

La splendide production artistique qui a fleuri au cours des siècles sur la terre de France a porté jusqu'au bout du monde la renommée du génie de notre race. Et cette longue liste n'est pas près d'être close : nous admirons dans un Albert de Mun une grande noblesse de vie jointe à une magnifique ardeur patriotique, dans un Lacordaire, un Henri Perreyve cette généreuse manière de

(1) ARISTOTE.
(2) Paul BOURGET.
(3) Henry BORDEAUX.

vivre leur foi qui répond merveilleusement à nos aspirations spiritualistes.

Nous admirons dans un Barrès un de ceux qui font le plus d'honneur à nos lettres devant l'étranger, et dans un Henry Bordeaux le vaillant défenseur de la famille française.

Si notre génération a toujours le culte de nos grands classiques, d'un Corneille, d'un Racine, si elle aime un Daudet pour toutes les qualités de finesse et d'émotion qu'elle lui trouve, elle sait aussi faire la place qui convient à une œuvre pleine de feu, de panache et d'esprit comme *Cyrano de Bergerac*. Enfin nous admirons profondément dans un Déroulède, cette noblesse de toute une vie consacrée à la patrie ; dans ses immortels *Chants du soldat* nous avons appris la fierté d'être Français, même dans la défaite. Parmi les maîtres les plus vénérés et les plus aimés de la jeunesse française, il faut citer, dans cette pléiade de noms glorieux : M. René Bazin. Il a élevé le genre du roman psychologique à la hauteur de ces grandes questions qui s'imposent à toute âme sincère : la religion, la patrie, la terre, la douleur et l'utilité du dévouement. A un délicat talent de paysagiste, à un sens très réel de la vie, il joint cette préoccupation de glorifier le dévouement qui domine son œuvre et la rend si émouvante. Pour bien nous faire sentir toute la grandeur du sacrifice volontairement consenti, Bazin nous montre, non des gens insensibles qui triomphent facilement d'eux-mêmes, mais des êtres qui souffrent en se renonçant. Il nous fait voir la lutte magnifique entre le devoir et les tendresses humaines. On peut dire des plus beaux livres de M. René Bazin qu'ils sont *les Poèmes de l'adieu*, mais d'un adieu très tendre et très vaillant. De plus, c'est un besoin de nos cœurs d'aimer ceux que nous admirons : cette joie, M. Bazin nous la donne, car au sentiment d'intérêt et d'estime pour l'œuvre, se joint la sympathie et l'admiration pour l'auteur. Il accroît notre patrimoine national en édifiant une œuvre qui est celle d'un grand artiste, d'un grand chrétien et d'un grand Français.

** **

« Qu'espérons-nous de l'avenir ? » D'abord beaucoup de gloire pour notre cher pays. Tout comme les jeunes gens de notre génération, nous espérons voir l'accroissement de la grandeur française, l'heure si attendue de la revanche, l'Alsace et la Lorraine rendues à leur vraie patrie. Ayant eu la joie d'assister au réveil patriotique de notre pays, nous espérons voir la France reprendre sa place glorieuse dans le monde et retrouver enfin le temps « où il ne se tirait pas un coup de canon en Europe, sans la permission de la France ».

Tous, jeunes gens et jeunes filles, nous sommes de cette jeunesse qui offre joyeusement ses forces et son dévouement au pays.

« Aux heures d'angoisse, écrivait M. René Bazin, qu'est-ce que les femmes peuvent faire de plus beau ? — Continuer de prier pour les hommes. »

Mais nous nous souviendrons qu'à la bonne volonté, il faut le complément de l'action; notre devise sera : *Fac et Spera.*

Et si la vie nous est peut-être bien dure, rappelons-nous encore ces mots de Bazin : « Les cœurs qui sont malheureux et qui sont braves, ce sont les grands cœurs. »

＊＊

Donner sa force, son temps, son courage, sa vie, et tout son cœur, à temps et à contre-temps, être trop bon, trop généreux, trouver la vie belle, cultiver l'enthousiasme et le dévouement, ce sont les âmes ainsi faites qui sauveront notre pays de l'apathie destructrice.

Oui, l'œuvre des femmes d'aujourd'hui est de préparer la France de demain : nous passerons le flambeau à ceux qui nous suivront et cet idéal qui fait l'honneur de notre pays, nous le transmettrons intact à ceux qui viendront après nous, car ainsi que le dit Barrès : « Les générations passent au tombeau, un même rythme enchanteur au cœur : ainsi s'atteste une France éternelle. »

FRANÇOISE DE BEAUMONT.

Bordeaux, 15 mars 1913.

III

Monsieur,

Vous n'avez pas voulu nous oublier dans votre enquête sur la jeunesse féminine. Vous proposant d'interroger les doctoresses, les professeurs, les ouvrières, les artistes, enfin toutes les *agissantes*, vous nous demandez aussi à nous, qui pouvons sembler des *inutiles*, comment nous envisageons l'exercice de notre activité, — si toutefois nous exerçons quelque activité.

Laissez-moi, monsieur, vous dire tout d'abord que nous n'avons aucunement conscience de la faiblesse de notre activité. Nous ne la sentons pas amoindrie, pour n'être pas consacrée à une cause unique ou à une situation officielle.

Nous croyons à notre rôle, convaincues que la plus modeste existence a une influence bonne ou mauvaise, mais jamais indifférente.

Nous aimons la vie : « Être pleinement », voilà notre but. Nous pensons le poursuivre en cherchant aujourd'hui à être en toute vérité des *jeunes filles*. Ce titre, possédé seul, nous suffit. Jeunes et femmes, ne sommes-nous pas les gardiennes de la joie, de la confiance, de l'enthousiasme, de la foi même ? Nous en savons quelques-unes qui sont le seul livre religieux regardé par ceux qui les entourent.

Cependant, n'ayant pas fait choix d'une profession définitive, notre vie de jeune fille nous semble une préparation, une préface. Mais nous désirons que les chapitres futurs soient bien du même livre ; nous ne voulons pas changer le titre déjà inscrit, renoncer à tout ce qui a fait le charme et l'intérêt de notre jeunesse.

Qu'attendons-nous de l'existence ? Ce que tout le monde en attend, un peu de bonheur ; et nous l'attendons sous sa forme la plus simple et la plus profonde. Nous admirons la science, la philosophie, la politique, la littérature, mais nous ne comptons pas sur elles pour remplir notre vie. « Un foyer », l'espoir des meilleures joies données et reçues, voilà le fond des désirs de toute jeune fille. Joyeusement résignées à demeurer inconnues, il ne pourrait cependant y avoir pour nous de pensée plus attristante que celle de notre inutilité. Mais (est-ce notre imagination, que l'on accuse parfois d'être trop habile?), en attendant de donner plus d'unité à notre dévouement, nous nous trouvons très facilement des raisons d'être. Nous dit-on qu'un mot a encouragé? Nous le croyons. Voyons-nous un sourire sur les lèvres du malade que nous visitons, nous sommes heureuses de n'avoir pas perdu notre journée.

Qu'espérons-nous encore de la vie? Le succès de nos plus chères idées, la réalisation, pour notre pays, de nos plus profondes espérances. Nous savons — on nous le répète si souvent! — que tout ne sera pas changé demain, mais nous voulons que quelque chose soit changé. Parmi tant de graines jetées, quelques-unes germeront. Les semeurs auront été si nombreux qu'il sera impossible de découvrir les mains qui auront trouvé le bon grain et la bonne terre. Peut-être aurons-nous eu quelque part à cette grande œuvre anonyme. Si notre ambition paraît trop grande encore, notre sympathie pour les idées nouvelles n'aura-t-elle pas du moins eu souvent le rôle fructifiant du soleil?

Nous rêvons, nous aussi, de nous établir *marchandes de bonheur*. Nos souhaits embrassent toute l'humanité, mais c'est vers nos proches que nous allons surtout.

A la campagne, particulièrement, nous cherchons à rendre à nos rapports de voisinage toute leur joyeuse signification. Malgré toutes les différences possibles, nous avons toujours un bien commun indéniable : le même pays, le même coin de terre, et cette communauté facilite beaucoup les relations.

Pour remplir pleinement son *devoir de voisine*, une certaine connaissance des personnes est nécessaire. Il ne faut ignorer ni leurs conditions d'existence, ni leurs désirs, pour leur venir en aide. Mais dès que l'on possède cette science élémentaire, on peut sans crainte aller se chauffer à tous les feux du village. On s'entretient du temps, sujet peu banal ici, puisqu'il est souvent agent de vie ou de mort. On parle des récoltes, des étables, de l'histoire du pays, des grands-parents, des enfants, mais il faut se garder d'être indiscret. Cette réserve affectueuse, utile au moins dans certains pays, saura ne pas se faire prendre pour de l'indifférence. Ce sera souvent après une grande douleur, au moment d'une forte émotion que les paysans vous dévoileront le plus intime et le meilleur d'eux-mêmes.

Faut-il le dire ? Ce que je crois le plus nuisible à ces conversations, c'est d'y laisser deviner l'esprit d'apostolat. Si nos hôtes sentent que nous sommes chez eux par devoir, nous sommes perdues. Et si nous devions réellement faire un effort pour entrer chez eux, nous serions incapables de le cacher à ces simples, si habiles à deviner le cœur qui leur parle. Pour franchir utilement le seuil d'une chaumière, il faut réellement aimer et estimer ceux qu'elle abrite. Et comment ne pas être pénétrés de reconnaissance en présence de ces paysans à qui nous devons le pain qui nous nourrit chaque

jour et la meilleure part des solides traditions françaises. N'est-ce pas ces admirables inconnus qui
sont la vie et la force du monde ?

Ces entretiens deviennent charmants et désirés
de part et d'autre, dès qu'un intérêt commun a été
découvert. Tel bon vieux ne se lassera pas de vous
parler du temps où il n'y avait que deux hommes
dans le village, qui savaient lire. Un autre s'intéressera avec vous aux progrès agricoles. Une
paysanne partagera votre culte pour les fleurs, et
bientôt passe-roses et giroflées établiront entre le
château et la ferme la plus jolie et la moins fragile chaîne.

Il faudrait toujours aimer les fleurs ! Elles méritent bien notre affection, et puis elles donnent
au pauvre la possibilité de nous remercier, de
transformer l'aumône en cadeaux que des amis
échangent. Ne sont-elles pas aussi de merveilleuses
éducatrices ? Nous voudrions développer cet amour
des fleurs et de toute la nature chez les tout petits. Lui devant bien des joies, ils lui devraient
encore l'adoucissement de leur caractère et le respect de la vie : on verrait moins d'enfants déni-
cher les nids, maltraiter les animaux, faire sur
eux l'apprentissage de la cruauté qu'ils exerceront
plus tard sur les hommes.

Dans les provinces demeurées chrétiennes, la
communauté des sentiments religieux facilite
l'union des cœurs. Ceux qui ont prié ensemble
devant le même autel, pour les mêmes besoins, ne
peuvent se retrouver indifférents les uns aux
autres à la sortie de l'église. Ah ! le porche de
l'église ! il me semble qu'il a dû et devrait être
encore le centre de la vie sociale du village. Je ne

me figure pas un bourg sans porche et sans clo-
cher; rien ne serait plus triste qu'un village dont
les membres ne se retrouveraient jamais réunis.

Il y a quelques années encore, le passé lui-
même semblait prendre part à ce rendez-vous pa-
roissial qui avait lieu dans le cimetière. Le champ
des morts a été éloigné, et je sais que dans trop
de provinces, l'église, à son tour, ne groupe plus
de fidèles. Mais elle occupe toujours le centre du
village, montrant ce qu'elle rêve de réaliser encore.
Sa flèche n'a pas cessé de s'élever pour nous parler d'espoir, ses bras de s'étendre pour nous exprimer son désir de nous posséder tous unis dans
son sein.

Pour nous, Bretons, le dimanche établit encore
une autre égalité : celle du repos. Ce jour-là il
n'y a plus ni ouvriers, ni patrons. Il n'y a que
des hommes qui ont droit au repos, aux joies de la
famille et de l'amitié et que relient les mêmes devoirs. Les visages sont aussi joyeux que les vêtements. C'est pour profiter de cet épanouissement,
sans méfiance aucune, que nous aimons alors nous
mêler à la foule.

Dans toutes les cérémonies religieuses nous
pourrions relever ce rôle social de confiance et
d'union. Nous devrions, par exemple, toujours
être présentes aux processions des Rogations.
Dévotion, poésie, tout nous y appelle. A certaines
heures où la misère semble toute proche, nous
sentons particulièrement la gravité de cet acte :
s'unir pour demander les biens de la terre. Cet
été une procession avait été réclamée dans cette
pensée. Songeant que Dieu fit tomber la manne
dans le désert pour apaiser les plaintes du peuple,

nous redisions sans crainte : « Donnez-nous notre pain, celui du ciel, mais aussi celui de la terre. Quand il manque, la tentation est si près de nous, si difficile à repousser. » Nous frôlions tous les blés courbés tristement, leur disant d'espérer. De toutes les chaumières, des paysans sortaient, chapeau bas, pour se joindre à notre bande suppliante, et il y avait une telle harmonie entre eux et leurs champs qu'on eût dit que ces derniers eux-mêmes étaient en marche pour demander leur grâce. La procession terminée, c'est le retour avec ceux du voisinage. Il est à peine jour. La brume suffirait-elle à voiler les inégalités de classe ? Les conversations sont d'une spontanéité, d'une franchise parfaites. A chaque maison où s'arrête l'une de vos compagnes de route, on veut vous retenir à déjeuner, et si vous acceptez, vous voilà tout de suite au courant des craintes et espérances de vos hôtes. On vous fait part des nouvelles de toute la famille, parfois même on vous conte les événements de l'au-delà, les paroles des âmes errantes qu'on ne répète « qu'à ceux qui comprennent ». L'intérêt vrai que vous avez porté aux champs vous a valu cette confiance. Votre affection a été, avec raison, mesurée à celle que vous avez témoignée aux moissons. Aucune action sociale ne nous parait plus « nôtre » que ces simples rapports avec ceux qui nous entourent. Nous ne les considérons pas, à proprement parler, comme une *œuvre*, mais comme une orientation charitable de notre activité journalière.

La vie des nôtres, de nos amis, de ceux qui travaillent et souffrent près de nous, tient une grande place dans notre vie.

Il nous sera quelquefois donné de consoler ou d'apaiser une douleur, et de remettre à ceux qui ont faim, plus et mieux que l'aumône, le pain qu'ils aimeront avoir gagné !

Notre désir serait d'avoir du travail pour tous, et que tous puissent facilement vivre de ce travail.

A ceux qui ne peuvent être employés au labeur de la ferme, nous cherchons à procurer de l'ouvrage, mais autant que possible une besogne individuelle, sans établir d'ateliers qui pourraient créer un esprit opposé à celui des champs. Nous voudrions simplement utiliser les habitudes et les produits du pays.

Mgr Baunard disait qu'il y aurait de quoi faire bien des heureux avec la joie qui se perd. Au point de vue du bien-être, de la modeste aisance, du moins, ne pourrait-on pas répéter la même chose ? Répondons-nous pleinement à l'ordre évangélique : *Recueillez les miettes pour qu'elles ne se perdent pas.*

Ce qu'il se perd de pensées et de désirs qui n'attendent qu'un encouragement ou une aide pour devenir actes utiles !

Ce qu'il se perd d'activité ! Ces pauvres vieux qui ne peuvent plus travailler à la terre pourraient encore, dans le calme de leur intérieur, employer leurs mains, dérober un peu de temps à la déprimante constatation de leur inutilité. Mais, sans prétendre apprendre une industrie nouvelle à ceux qui sont si près du grand repos, il faut que nous sachions tirer parti de leur modeste savoir.

Ce qu'il se perd de biens créés pour nous ! Toutes ces fleurs médicinales, par exemple, que nous pourrions faire recueillir par les enfants, formant ainsi une force de ces deux faiblesses ! Et tant d'autres plantes auxquelles nous ne songeons pas à demander le pourquoi bienfaisant de leur vie !

Ce qu'il se perd enfin de bonnes volontés de toute sorte !

Nous n'avons pas seulement confiance en l'avenir, nous croyons qu'aujourd'hui, sans changement retentissant, nous pouvons faire un peu mieux. Ni temps, ni gens, ni choses ne sont nos ennemis. Nous sommes persuadées, au contraire, qu'à tous nous pouvons demander davantage, avec l'assurance de recevoir davantage.

Cet optimisme *actuel* et *pratique* me semble devoir être celui de toutes les jeunes filles. Mais, chaque pays et chaque caractère individuel en feront varier l'application.

C'est dans notre foi religieuse qu'il trouve son plus puissant appui.

Toutes, ou presque toutes, nous aimons à nous dire profondément chrétiennes. Souvent, ne nous croit-on pas simplement religieuses par atavisme ou éducation ? Nous le sommes peut-être un peu, et il n'est pas humiliant d'avoir subi les raisons du cœur, d'avoir jugé et aimé une doctrine pour avoir regardé ses représentants près de nous. Cependant, l'erreur nous a souvent approchées d'assez près, pour que nous ayons déjà eu un choix à faire. L'étude, les événements, les années ont enraciné en nous une foi raisonnée et vivante. Nous lui soumettons tout, ou, plus justement, elle illumine tout ce que nous touchons.

Nous la regardons moins comme une doctrine

qui demande de nous certains actes, à heures fixes,
que comme un principe de vie quotidienne.

Par rapport au travail intellectuel, nos idées di-
vergent peut-être davantage. En général, cependant, il n'est pas pour nous le fond de la vie, mais
son heureux accompagnement.

Ne préparant aucune licence, aucun programme
ne nous enserre. Nous nous permettons de n'étudier que ce que nous aimons, et cet amour apporte
parfois une grande activité au travail choisi. Mathématiques, sciences, philosophie, en général
nous attirent peu. Mais puisque nous ne pouvons
être ici de quelque secours, pourquoi regretter
ce qui ne pourrait embellir notre existence? Il ne
nous serait que trop rarement possible d'approfondir suffisamment les grandes questions pour
en attendre les beaux élans de Galilée, ou de ce savant qui s'écria : « Oui, il y a un Dieu ! » après
avoir examiné les yeux d'un oiseau. Le chant de
cet oiseau, plus facilement que sa constitution physique, nous arrachera ce cri. Aussi nous livrons-
nous plus volontiers aux arts, aux lettres, à l'histoire,
à l'étude de la nature.

Et ce choix est encore trop général : il faut se
limiter toujours. Nous nous attachons à une époque,
à une contrée, à quelques noms, parfois même à
quelques mots qui deviennent le centre de toute
activité intellectuelle.

Pour nous qui n'aurons jamais de vie officielle,
le travail ne peut être fait en vue du public, même
d'un public de salon. Nous ne prenons que très ex-
ceptionnellement part à une discussion littéraire
ou artistique. Mais nous voulons savoir écouter,
n'être ni ennuyeuses, ni ennuyées. Qu'on ne se

croie pas réduit à médire de son prochain pour être mieux compris de nous, voilà qui nous serait agréable.

Nos lectures, nos visites aux musées, ont aussi l'avantage certain de nous épanouir.

N'étant pas obligées d'analyser notre admiration en vue d'un examen ou d'une publication, toute la puissance de cette admiration, qui ne s'épanche pas au dehors, creuse notre âme, la féconde comme une source de joie.

Ajoutons que l'étude est un repos, un lieu où nous nous unifions, en oubliant toute l'agitation qui nous entoure.

Cette culture modérée ne nous rend nullement pénible la vie de tous les jours, la vie en dehors des salons littéraires. Elle nous fait au contraire trouver un certain charme aux moindres choses, nous rend habiles à recueillir les parcelles de beauté et d'intelligence répandues si abondamment autour de nous

Sous ce rapport, nos séjours à la campagne, au lieu de nous paraître tristes, sont des époques de grandes satisfactions. Les *idées* viennent moins nous y trouver en bandes folles qu'en amies isolées. Elles prennent le temps de nous donner tout ce qu'elles possèdent. Et de cette intimité, certaines natures peuvent espérer plus de profit que des plus brillantes fêtes de l'esprit.

L'étude, qui n'est le plus souvent pour nous qu'une lecture réfléchie et comparée, ne peut que gagner à se poursuivre dans le calme. En vivant moins d'emprunts, le jugement ne se développera-t-il pas aussi davantage ?

Littérature, musique, peinture nous intéres-

saient ; la nature n'en est-elle pas l'inspiratrice ?
Nous ne pouvons longtemps pleurer les musées
perdus en présence des œuvres de Dieu. A lui
seul le moindre paysage nous est toute une galerie. Il met tant de coquetterie à ne jamais nous
apparaître dans la même tenue ! Perrault voyait
ses fées vêtues de robes *couleur du temps*. Nous
n'avons pas encore pu définir la couleur qui a fait
rêver notre enfance. Nuages ou *couleur du temps*,
ces mots ne sont-ils pas synonymes d'insaisissable ?

Vraiment a-t-on pu parler des privations esthétiques à la campagne, tandis que nous ne jouissons plus seulement des rayons épars du beau,
mais de son harmonie complète ?

Beauté de la voix du vent, des oiseaux, de la
feuille qui tombe ou du silence ; beauté des formes
des monts, de l'humble tremble et du vol des cor-
beaux ; beauté de la brume mystérieuse et de
l'éclat de l'ajonc ; beauté des parfums de la terre
humide et des fleurs ; beauté de l'air qui nous frôle.

La nature seule peut ainsi satisfaire simultanément tous nos sens épris de beauté.

MARIE-THÉRÈSE FOREST.

Ce 2 avril, parc de Bodelio (Morbihan).

IV

Une jeune fille habitant un très grand centre
m'écrivait récemment : « Comment pouvez-vous
vivre toute l'année à la campagne ? On y bâille,

les journées sont incolores, le cadre toujours le même, c'est la fin de tout. Je frémis en y songeant... »

Cette compassion m'a laissée fort indifférente. C'est affaire aux esprits légers de critiquer ce qu'ils ignorent. Ma très jeune expérience m'a dûment avertie sur ce point.

Le mot campagne, pour la plupart des jeunes filles, évoque une idée de claustration, d'emprisonnement, un visage de vieille femme revêche dont la présence seule crée de l'ennui. Les plus conciliantes consentent à imaginer une existence à la Robinson. J'ai rompu bien des lances avec quelques-unes d'entre elles pour établir la note vraie. J'avoue que j'ai fait bien peu d'adeptes. Mais mon don quichottisme, si don quichottisme il y a, est resté irréductible.

Pour bien parler de la campagne, il faut l'aimer, la comprendre, en deviner l'âme mystérieuse et calme, si vivante pourtant, si multiple. La tâche alors devient aisée. On est prolixe pour parler de ce qu'on aime. Les mots viennent spontanément sans qu'on les cherche, pour décrire ces réveils annoncés par le classique chant du coq, ou ces premières lueurs d'aube caressant timidement la terre, débarrassée enfin de son manteau de nuit. C'est mieux qu'une description. C'est un peu le prélude d'une symphonie en majeur ou en mineur, dont la plume devient l'instrument, qu'elle exprime à sa manière, et où l'on perçoit, selon la saison, l'allegro joyeux des faneurs, ou l'andante pensif du laboureur qui peine.

A la campagne, tout élève et purifie en nous cet être moral que tant de frivolités dépriment dans les milieux mondains, où la vie s'éparpille, s'émiette, créant au fond plus d'ennui que de réels plaisirs. A l'encontre de ses sœurs parisiennes ou autres, plus brillantes et plus fêtées, la jeune fille rurale se recueille, et ce recueillement n'a rien d'austère en soi. C'est une paix exquise. Il n'est pas besoin d'avoir souffert ou d'avoir lutté pour se laisser gagner par elle. Si jeune qu'on soit, on s'y abandonne, on s'y confie, comme à une amie qui vient à vous à travers les champs et les bois. Grâce à elle, on admire pleinement la beauté des choses, beauté agreste, neuve, immaculée en quelque sorte, et qu'aucun alliage ne vient déflorer. C'était sans doute dans une heure de cette paix incomparable que Mme de Sévigné, loin de la cour, parlait des « cieux de cristal » et des feuilles « aux teintes d'aurore ». Nous a-t-on appris à traiter la marquise de sentimentale? Je ne le crois pas. Elle jugeait sainement. Et si on surprend en elle cette jolie note d'extase, c'est que le décor en valait la peine, et qu'elle avait des yeux pour voir. Peut-on railler une jeune campagnarde de faire de même?

Au milieu de nos larges et paisibles horizons, on se sent meilleur. Les petites jalousies, les bavardages si futiles parfois entre jeunes filles, la question chiffon discutée parfois jusqu'à l'outrance, deviennent un peu des non-valeurs. On s'étonne d'y avoir ajouté tant d'importance à certains jours, et tout cela s'estompe singulièrement, comme choses vues ou entendues à distance. On pense plus noblement et plus fièrement. Le sentiment, ici, a toute son ampleur. On est comme l'oiseau hors de la cage prenant hardiment son envol dans l'allégresse des matins... C'est peut-être la réelle supériorité de l'existence campagnarde sur toute autre, plus diverse mais, en dépit de l'apparence, plus bornée. Et lorsque Albert de La Ferronnays a écrit : « Le cœur vit dix fois plus à la campagne qu'en ville », on lui sait gré d'avoir compris que l'épanouissement de nos facultés trouve aux champs une vitalité meilleure que celle qui lui est créée dans des centres choisis, où le convenu reste quand même le grand tyran. Cette vérité, Beethoven ne l'affirme-t-il pas dans le frais poème de la *Symphonie pastorale*, et depuis les naïves enluminures de Pol de Limbourg jusqu'aux peintres de Barbizon, c'est toujours la muse champêtre qui demeure l'inspiratrice.

Il est donc très simple qu'en semblable compagnie, la jeune fille rurale se plaise infiniment. Elle ne se sent point isolée comme beaucoup de compagnes le supposent. Elle goûte un peu la joie des avares qui possèdent un trésor pour eux tout seuls. Elle a ses bons livres qui ne lui apprennent pas le pédantisme ou la littérature de surface, qui n'en font point une intellectuelle pure ou une femme enfant affranchie de toute domination mais plutôt une âme saine jouissant de pages qui lui semblent écrites pour elle. La palette de Loti, dans certaines œuvres choisies, lui rendra ces coloris merveilleux qu'elle a appris à admirer dans la splendeur d'une journée automnale ou dans la grâce indécise du printemps. Elle lira *les Oberlé*, tout imprégnés de la senteur vivifiante des forêts d'Alsace, l'exquise *Robe de laine* d'Henry Bordeaux, un des meilleurs plaidoyers du siècle en faveur de la vie rurale ; et Chateaubriand, et Lamartine, et Eugénie de Guérin, la grande sœur aînée qui se raconte si délicieusement. Elle sait apprécier leurs moindres nuances, leur compréhension si vive de tout ce qu'elle aime. Rien ne distrait son attention. Elle est loin du bruit, du cinématographe de la rue, à l'encontre du pauvre citadin, à court de temps, qui le plus souvent n'admire le ciel qu'entre les cheminées de la maison d'en face !... Où sont les joies du regard illimité qui s'en va jusqu'où bon lui semble, à perte de vue, et que d'agrément dans ce « doux nonchaloir » qui n'est pas de la paresse, mais le plaisir de goûter tranquillement l'heure qui passe, et de la sentir bien à soi.

Le sentiment de la présence de Dieu naît de lui-même en contemplant nos paysages. Chaque brin d'herbe résume un chef-d'œuvre, chaque bourgeon est le renouveau d'un miracle. Le long des champs ou des vignes en floraison, on songe inconsciemment aux paraboles : Parabole du Semeur, Parabole du Vigneron, Cantique des trois Enfants, Épître de la Visitation : « La voix de la tourterelle s'est fait entendre, le temps de tailler la vigne est venu... » On comprend pourquoi Jésus aimait à parler aux simples de ces images de la terre qui leur étaient familières, comme l'aspect d'un visage contemplé journellement. Et Jésus lui aussi se penchait sur ce visage.

Dans l'église du bourg, les cérémonies sont plus touchantes qu'ailleurs, en raison de leur rusticité même, si l'on peut s'exprimer ainsi. Les chants sont plus ou moins aigres, plus ou moins faux, il y a des soprani qui détonnent ; quelques voix fraîches, mieux exercées, corrigent l'ensemble ; l'harmonium s'essouffle un peu au *Magnificat*, et les roses en papier avivent trop crûment les guirlandes de buis qui festonnent le sanctuaire lézardé. Mais quelle bonne volonté transfigure ces détails ! La robe somptueuse des mages n'ajoutait rien à la beauté tout intérieure de la crèche... On se sent groupés dans la vieille église si accueillante. C'est bien la paroisse qui s'y retrouve, en dépit de la chaleur ou du gel, du long trajet à faire par les chemins défoncés, et s'il y a un regret à exprimer, c'est que l'on entend de moins en moins le cliquetis des sabots sur les dalles, et que les vieux gardent seuls le monopole des usages d'autrefois. Oh ! les retours de la messe de minuit, où une procession d'ombres falotes sillonne la route à la lueur des lanternes, combien de fois les a-t-on décrits, mais comme il fait bon les vivre ! Dans les grandes cités, à la même heure, la lumière électrique illumine nos cathédrales. L'antithèse de Bethléem et des rutilantes ampoules choque peut-être certains, mais la masse admire, et n'a cure de l'étoile qui éclairait les bergers... Ici, tout est simple et tout est vrai. Le printemps venu, lorsque les premières campanules apparaissent, ce sont les litanies qui s'égrènent, aux processions des Rogations, par les sentiers emperlés et diamantés, presque à l'aube, avec le chant des oiseaux pour répons... Et, plus tard, avec les brumes, c'est la Toussaint qui sonne, les petits cimetières que l'on pare, les aïeules abritant sous leurs tabliers de chétives couronnes, qu'elles déposeront avec de maternelles précautions sur des tombes informes où l'on ne connaît ni rang, ni symétrie, et dont l'herbe trop drue a été fauchée la veille. On s'agenouille, on

se souvient, on prie tout bas sous le beau ciel de
Dieu, sans crainte d'être heurté par une foule indifférente. C'est bien une fête de recueillement et
de silence, sur laquelle l'ombre du soir s'épand par
degrés, tandis que du couchant empourpré encore,
les dernières lueurs roses se projettent, dorant
comme une espérance la pointe effilée des ifs...

Au lendemain de ces jours, les occupations ordinaires reprennent leur cours quotidien. La campagne permet à la jeune fille rurale de s'initier à
la vie ménagère. Sans revenir au temps où la reine
Berthe filait, elle met un peu, selon la vulgaire
expression, la main à la pâte, se mouvant à l'aise
dans la vaste cuisine où toute une famille s'abrite-
rait sous le manteau de la cheminée. Vienne
l'époque des gelées et des marmelades, du fameux
confit d'oies grasses, mets national de Gascogne,
la jeune fille surveillera, et au besoin aidera. Elle
s'intéressera même à certain personnage très important, dont le poids excite entre voisins des rivalités proverbiales. Elle a son cahier de recettes,
ses milles petits secrets de cordon bleu dont elle
est jalouse. C'est à elle que revient la confection
du plum-cake ou du mousseline qui lui vaudra les
éloges de ses amis. Et si tout est doré à point, la
jeune artiste, un tantinet orgueilleuse, se croira
presque une émule de Vatel. De temps en temps,
elle rangera dans les vastes armoires les piles de
linge azuré qui fleurent encore l'odeur de la prai-
rie et du plein air. On lui confie sérieusement le
trousseau de clefs, et peut-être s'assied-elle le soir
devant sa petite table, pour annoter son livre de
raison... Cela ne l'empêchera pas de reprendre sa
couture ou son déchiffrage interrompu. Elle

n'adopte pas à la lettre les raisonnements de Chrysale : elle en prend seulement l'esprit, éprouvant un attrait réel, non à jouer à la fermière, mais à s'initier pratiquement à la transformation des choses. Voir s'épanouir les premières jacinthes, pincer ses chrysanthèmes, faire ses boutures, c'est le travail favori, et les bouquets si joliment nuancés faits de ces mêmes fleurs qu'elle a semées ou plantées, ne sont-ils pas la fraîche parure du « home » que la jeune fille se plaît à embaumer et à embellir ? Aux matins d'avril, elle se hâte, anxieuse, vers le verger, redoutant les premières gelées si pernicieuses pour les bourgeons frileux qui deviendront bientôt la floraison blanche et rose, si exquise dans les paysages japonais. Et, un peu plus tard, quand la saison avance, elle surveille les progrès des semis, toute joyeuse quand les frêles pointes vertes, sortant de terre, lui prouvent que rats et loches n'ont pas livré bataille pour dévorer le petit grain, germe de tant d'espérances. Il y a aussi l'inspection de la basse-cour, bruyante, caquetante, ensoleillée. Quel plaisir de distribuer le maïs roux aux nombreux volatiles, poulets, poussins, pigeons irisés, jeunes pintades pareilles à des perdrix grises... Combien ce monde de bestioles déborde de mouvement, de joie, de couleur ! Bien des spectacles payés très cher ne valent pas une once de cette tranche de vie, pour emprunter le langage moderne.

A la campagne, la prose elle-même devient poésie. On n'est pas en quête d'inédit, de distractions rares. Les longues courses à travers bois ou sur les belles routes qui se dévident comme un ruban, charment la jeune fille restée vraiment jeune, et ajoutent aux bienfaits de l'hygiène la joie des yeux. On se lasse de bien des tableaux, mais celui d'une nature qui, d'heure en heure, de jour en jour revêt une robe nouvelle, provoque toujours un sentiment de curiosité admirative et passionnée. On prend une âme différente selon la saison, on a une âme de printemps, une âme d'été. On éprouve comme une tendresse pour ces myriades de fleurs, annonciatrices de journées plus tièdes, toutes plus fines, plus variées, plus jolies les unes que les autres. Elles ne rappellent en rien la beauté de la royale orchidée, ces humbles fleurs des champs, mais leur parfum est si pur, leur fraîcheur si grande, que l'on se demande si une fée les a baisées en passant.

Peut-on dire aussi que l'on a l'âme des jours de pluie ? Il fait si bon, derrière les vitres closes, s'appliquer à une broderie que l'on rêve de finir : chemin de table qui rehaussera le service à thé, coussin destiné à une amie, jolie chose floue qui semble neiger entre les doigts. Les minutes s'écoulent ; l'ennui n'est pas venu. C'est un importun que l'on ignore. La pensée vagabonde, et si, au dehors, tout se noie en grisaille, l'imagination a des ailes ; la jeune fille conserve dans un coin de l'âme, bien abrité et bien clos, tout le bleu du ciel.

Quand viendra l'hiver, tel un roi s'avançant avec sa suite de flocons blancs, de glaces et de givre, la jeune campagnarde ne se claustrera pas. Tout au contraire, elle aimera cette bise froide qui colore les joues comme des pommes d'api, teinte un peu fruste dont souriraient nos élégantes. Elle n'en a cure ; elle se sent vivre, et cela vaut mieux. Elle trotte par le chemin qui semble parsemé de sucre candi ; chacun de ses pas y laisse une trace noire rappelant des « queues d'hermine sur un manteau blanc ». Et de retour au logis, quel bien-être de retrouver la grande cheminée aux flammes claires, où l'on n'a pas marchandé les bûches qui s'effritent peu à peu en énormes tisons d'or mille fois plus beaux que des gemmes. On se rassemble en famille autour du foyer. Les jours sont courts ; la lampe vient d'être allumée, la lueur filtre, un peu rose, à travers la dentelle d'un abat-jour empire. Mille souvenirs flottent, comme d'invisibles lutins, dans cette vaste chambre où l'on a vécu tout petit. Le frère aîné raconte une histoire de chasse, une poursuite de lièvre, une envolée de palombes ; la petite sœur taquine le loulou d'Alsace qui réclame sa part de feu, et la mère lit à haute voix quelque page intéressante qu'elle a mise en réserve dans la journée. Il en était ainsi dans le vieux temps, quand le châtelain lisait, à la veillée, *Amadis des Gaules*, et que les gentes damoiselles brodaient. La chambre familiale a sa survie ; elle demeure encore la ruche d'abeilles où chacun active son intelligence ou ses doigts.

Si la campagne n'offre que de calmes plaisirs, il faut compter parmi les meilleurs ces visites d'amis, prolongées jusqu'au coucher du soleil, même au delà, le premier rayon de lune ayant parfois la bonhomie de vous rappeler à l'ordre. On réédite La Fontaine et ses musardises. Dans nos vieilles provinces, les relations revêtent aisément ce caractère jovial et familier qu'Henri IV prisait si fort chez les Gascons de son temps. Certains coins privilégiés sont à l'abri de cette contagion affolante, qui s'appelle le vie de château. La jeune fille, élevée dans la simplicité du terroir, au milieu de voisins qui l'ont connue « pas plus haute que ça », se sent partout chez elle. Chaque demeure encadre en quelque sorte telle époque de son enfance, tel petit fait, gravé dans la mémoire des anciens, et ses espiègleries qu'on lui raconte, entrevues dans le recul des années, sont autant d'images qu'elle retrouve intactes, dans ce vieux salon, dans les allées de ce parc aux mêmes ramures et aux mêmes parfums... Pas n'est besoin d'étiquettes lorsque les vacances ramènent un à un les amis que leurs études appellent au loin. On a été un peu comme la vestale qui a eu la garde du feu sacré ; des impressions qui n'ont pas subi d'atteintes extérieures, et ces réunions de jeunes apportant chacun leur contingent nouveau, donnent matière à des controverses ardentes terminées par l'inévitable tennis. On se quitte en se donnant rendez-vous au prochain marché, à la prochaine foire du canton. On subit l'attirance du petit centre qui devient un lieu de réunion. Chacun y pense à part soi, la semaine durant. On est un peu à la merci de l'attelage ou de la pluie, et l'on ne serait nullement surpris d'entendre dire, comme autrefois : « Nous allons aux Mystères ».

Et chaque jour apporte ainsi son agrément ou sa tâche, sans que l'un ou l'autre soit puéril. Les plus simples choses, auréolées de dévouement et de belle humeur, symbolisent le verre d'eau de l'Évangile. Ce don de soi est une prérogative chère à toute âme quelque peu vaillante, et si certaines paroisses, n'ayant ni patronage ni école libre, ne permettent pas de s'occuper activement, dans le

sens chrétien, il y a toujours une influence morale à exercer, un exemple à donner, ce qui est
aussi une manière d'apostolat. La jeune fille rurale y est astreinte plus que d'autres, parce qu'elle
est quelqu'un dans ce coin de terre, où tous la
connaissent, peuvent l'apprécier et la discuter.
On s'enquiert des peines, on donne un conseil, on
écoute les doléances contées avec cette franchise
qui fait image, dans un langage mi-patois, mi-
français. C'est de la saveur quand même ; et avec
tout son cœur, on se rapproche de ces humbles, si
grands par ailleurs, malgré la rudesse apparente
de l'écorce. Là aussi, il faut comprendre, deviner,
et surtout aimer...

En résumant ces impressions, ces occupations,
tout cet ensemble à la fois pittoresque et familial,
où évolue la jeune fille rurale, quels seront ses
rêves, son idéal?... Comment envisagera-t-elle son
existence à venir au seuil de ses vingt ans si pleins
de promesses et d'espérances? Si elle admire les
progrès réalisés par le siècle auquel elle appar-
tient, si elle en conçoit quelque fierté, tout en dé-
plorant les doctrines malsaines contre lesquelles
on l'a justement prémunie, la jeune fille rurale
garde le culte intime de la petite patrie. Elle lui
reste indulgente; ses laideurs, ses défauts, son
retard sur une civilisation vers laquelle tout converge, ce sont presque des défauts qu'elle aime,
ou tout au moins qu'elle accepte d'un cœur léger.
Éprise de cette nature où on ne lui mesure ni l'air,
ni l'espace, ni la liberté, cette jeune fille rêvera
d'un foyer où elle retrouvera comme transposé
celui dans lequel elle a vécu. Elle désirera par-
dessus tout être l'épouse, l'associée dans le vrai

sens du mot, d'un homme qui vivra à la campagne, ne dépendant que de lui seul, dans un domaine plus ou moins vaste qu'il aura aimé depuis toujours. Ils feront ensemble du vrai socialisme, initiés aux besoins de la population qui les entoure, ne se croyant pas quittes, en payant, de se désintéresser du travail de l'ouvrier. Par le fait de son éducation, elle envisage ces choses sous un tout autre aspect que la jeune fille mondaine ; elle appelle devoir ce que l'autre nomme utopie. Il y a une barrière entre elles, et ceci n'implique pas que la rurale, exclusive dans ses goûts, n'ait pas le désir de rien connaître en dehors de son royaume. Larges sont ses envolées, profonde son attirance vers les voyages, les chefs-d'œuvre de l'art, les belles paroles où s'affirme l'âme française et la culture de nos maîtres. Mais elle sait se créer ces jouissances intérieures qui défient tout ennui. Ce n'est pas une blasée, c'est une admiratrice du beau, sous quelque forme qu'il se présente ; elle le dit naïvement et hautement. Et si la destinée l'oblige à vivre une vie où elle devra s'extérioriser, elle conservera toujours le rêve du vieux logis, de la belle et bonne nature, qui est, peut-être, une des rares amies qui ne trompent pas...

JACQUELINE DE BAULAT.

Ce 20 mars 1913, château de Saint-Laurent (Gers).

L'ENSEIGNEMENT

I

Il est difficile de réduire à quelques motifs simples l'ensemble de sentiments et de réflexions qui conduisent à une profession déterminée. Une atmosphère, des influences multiples et contradictoires, des aspirations qui n'arrivent pas à la pleine conscience, voilà les sources de notre vocation.

Au moment où nous commencions nos études, beaucoup de lycées étaient déjà bien établis, ils avaient comme une tradition. Ouverts depuis une vingtaine d'années, on aurait pu croire que pendant des siècles de jeunes générations s'y étaient succédé. Nos études nous plaisaient ; il faut bien le dire, tout ce que nous avons appris par la suite ne nous a pas aussi profondément transformées, n'a pas eu en nous le même retentissement. Un monde s'ouvrait à nous, un horizon au delà de la vie journalière souvent mesquine et difficile. Aucun scepticisme ne pesait sur nous, le savoir nous paraissait illimité et aussi nos forces. Les spécialisations qui sont venues par la suite nous apporter tant d'hésitations et de regrets n'existaient pas.

Quelques professeurs hommes venaient encore dans les grandes classes, mais nous avions malicieusement découvert qu'ils étaient là plutôt comme ornements que comme instruments. Presque tous les cours étaient déjà faits par des femmes, quelques-uns de ces cours étaient excellents. Ainsi nous avons été en contact dans notre enfance et notre première jeunesse avec des femmes instruites, distinguées, parfaitement dévouées. Elles n'avaient aucune de ces bizarreries qu'on prête aux femmes qui ont fait des études.

C'est à leur influence que j'attribue la plupart de nos vocations. Dans la nécessité où nous étions de choisir un métier pour vivre, nous en avions un sous les yeux, dont nous connaissions, il nous le semblait du moins, tous les détails ; il nous paraissait respectable et bienfaisant ; heureuses d'apprendre, nous pensions qu'on devait être tout aussi heureux d'enseigner. Ces professeurs, qui avaient gardé le meilleur souvenir de leurs récentes études, et de Sèvres en particulier, poussaient les mieux douées d'entre nous à s'y préparer ; il semblait qu'on dût passer sans difficulté du lycée à Sèvres, de Sèvres au lycée, et notre plus cher désir était de revenir professeurs dans le lycée que nous aurions quitté élèves.

Pourtant, même dans nos esprits jeunes, les choses ne se passèrent pas aussi simplement ; des raisons plus troubles et plus hardies intervinrent.

A côté de l'effroi qu'inspiraient le droit ou la médecine, l'enseignement offrait toute sécurité ; ni l'opinion ni nos familles n'y étaient hostiles, cependant elles avaient sur nos études des idées tout à fait étroites. Qu'un homme se consacre à des recherches, on l'admire : une femme, on la tourne en ridicule ; ce qui dans un cas est curiosité, patience, désintéressement, dans l'autre est pédantisme et monstruosité ; on acceptait nos études comme un moyen. On ne comprenait pas qu'elles fussent un but. Or, à nos yeux, elles étaient, elles sont peut-être encore le principal ; nous jugions, nous jugeons encore qu'en cette matière aucune distinction ne doit être faite entre la femme et l'homme ; si le désir et la capacité de savoir est égale, égal est le droit à apprendre. Certes les études ne sont pas le tout de la vie, des existences admirables en ont été exemptes ; à part de rares exceptions, aucune activité ne peut sans s'amoindrir s'y limiter. Nous le savions, mais ce qui nous révoltait, c'était d'une part cet utilitarisme intellectuel, d'autre part cette différence radicale, essentielle établie entre eux et nous. Au fond de presque toutes nos vocations il y eut, il y a encore une protestation contre cette inégalité ; en entrant dans l'enseignement, nous faisions ce que nous pouvions alors pour revendiquer notre droit à une culture désintéressée et indéfinie.

Nous avions conscience d'une autre hardiesse. Presque toutes nous étions à peu près contraintes par la nécessité à prendre un métier ; or ce phénomène psychologique curieux se produisit que, tout en obéissant à la nécessité et le sachant, nous avons eu conscience de faire acte de liberté et d'indépendance, de rompre avec une tradition, de nous mettre volontairement en hostilité avec certaines idées. Autour de nous régnait encore le vieil idéal bourgeois; la femme reste au foyer, elle doit être protégée, aidée, secourue. Tandis que tout homme prend une position, la femme, dès qu'elle en prend une, sort de la règle. Nous sortîmes allégrement de la règle et nous eûmes l'impression d'avoir conquis notre indépendance. J'entends que ce mot va donner lieu à des malentendus, je définirai donc cette indépendance : ne plus dépendre matériellement des autres, fût-ce même de nos plus proches parents, ne pas être forcées par la gêne ou même la misère à des mariages où le besoin nous enlèverait tout libre choix. On nous reproche par là de rompre le lien de famille, d'aspirer à une vie égoïste et sans obligations. Je voudrais que ceux qui nous font ces reproches connussent quelques faits qui nous en lavent. Ils verraient qu'en entrant à Sèvres certaines se réjouissent d'alléger les dépenses d'un maigre budget, que d'autres qui en sortent assument des charges très lourdes, que plusieurs au lieu d'accepter des postes brillants retournent dans la petite ville où leur famille est restée. Pour beaucoup d'entre nous la famille qui nous éleva reste le centre de notre vie morale, la source toujours abondante de toutes sortes d'énergies et de vertus, le milieu de prédilection vers lequel aux heures difficiles nous nous tournons pour trouver des modèles conformes à notre nature, de patience, de courage et d'abnégation. Si quelques-unes, peu nombreuses d'ailleurs, ne se marient pas, la cause n'en est ni l'égoïsme ni un dédain qui serait ridicule, mais une claire vision de ce que doit être la famille et une décision bien arrêtée de n'en fonder une que lorsque les conditions indispensables seront réalisées. Nous ne désirons pas qu'aucun des liens familiaux d'estime ou d'amour soit rompu; seulement il nous déplaît d'être constamment faibles, incapables, soutenues; nous trouvons plus de plaisir à aider qu'à être aidées. Notre goût d'indépendance n'est pas l'expression d'un égoïsme mais d'une conscience plus nette de nos forces et de notre dignité.

Notre vocation a donc été en un sens docile et traditionnelle; nous avons pris une carrière déjà frayée parce qu'on la pratiquait sous nos yeux, parce que nos prédécesseurs et même nos familles nous y poussaient, mais nous y avons introduit des intentions personnelles, elle a été l'affirmation de notre indépendance et de notre droit à une culture plus complète.

Cette culture, c'est à Sèvres que nous l'avons reçue, que nous nous la sommes donnée. Trois ans de calme, de labeur, de concentration sur nous-mêmes; la plus complète liberté au point de vue intellectuel, moral, religieux; des livres, un parc; un milieu formé de professeurs fort distingués pour la plupart, d'élèves de toutes provenances, de toutes opinions politiques ou sociales, mais dont un bon nombre s'accordaient dans un grand désir de science et de discipline intellectuelle; un milieu français enfin où, sans doute, nous n'avions pas l'expérience des races et les contacts intellectuels hétéroclites que donne la Sorbonne actuelle, mais où tout le monde savait le français et connaissait assez bien notre littérature classique ou moderne et notre histoire pour que ce commerce d'esprits qu'est la conversation française avec ses nuances, ses allusions, ses finesses pût s'établir; voilà ce que pour nous fut Sèvres.

Ce ne fut pas ce qu'est la Sorbonne pour les étudiants libres ; il était impossible de s'y spécialiser complètement, il y manquait cette admirable abondance de cours qui fait que n'importe quel esprit trouve à la Sorbonne ce qui lui convient, mais nous y trouvions un centre beaucoup plus complet. Entre nous et Sèvres se créaient non seulement des rapports intellectuels mais d'indestructibles liens de toutes sortes. Nous attendions beaucoup de notre école ; Sèvres ne fut pas pour nous une déception.

Au moment de donner cet enseignement auquel encore jeunes nous nous étions destinées, les anciennes raisons subsistent plus conscientes et plus fortes, mais quelques réflexions sont venues s'y ajouter.

Par des études plus spéciales, plus détaillées, nous nous sommes rendu compte de l'abîme qui existe entre apprendre et enseigner et que, même au point de vue intellectuel, l'enseignement demande des sacrifices. Répéter constamment le rudiment, être forcée d'employer des manuels et des œuvres de seconde et troisième main, faire un si grand nombre de cours qu'aucun ne peut sortir d'un travail vraiment personnel, tout ceci nous paraît douloureux ; nous sentons qu'on doit contracter par ces obligations une rapidité funeste, une facilité déplorable à se contenter de peu. Devant ce danger, nous avons pris une résolution, c'est de défendre jalousement contre la profession une petite part de notre vie qui sera nôtre et que nous emploierons à ne pas déchoir intellectuellement.

Mais si le souci d'une plus ample culture nous

amène à poser des limites dans notre vie à notre profession, plus souvent aussi, il nous ramène vers cette profession avec une impatience accrue. Sans doute nos études nous satisfont, mais enfin elles créent des moments de découragement; les bibliographies de bibliographies nout effraient, les détails de l'histoire nous paraissent peu sûrs, l'érudition nécessaire à l'explication du plus petit texte nous écrase, parfois un doute se glisse en nous sur la valeur de nos travaux; il nous semble que nous nous y livrerons avec plus de sécurité quand nous aurons déjà accompli quelque action utile de la valeur de laquelle nous ne puissions douter. Le goût de l'action s'éveille en nous, d'une utilité sociale, le désir de servir une œuvre qui ne nous soit pas particulière. Ceci me paraît expliquer l'empressement avec lequel certaines de nous quittent les études pour l'enseignement.

Ce n'est pas que nous nous fassions des illusions sur son efficacité; nous voyons bien qu'il n'atteint souvent que la surface, qu'il n'agit que si l'éducation de la famille et du milieu concourent à notre œuvre, que toujours peu d'esprits en profitent mais, dans des limites étroites, nous sommes sûres de son action. Cela suffit.

Cet enseignement nous pose à l'avance de nombreux problèmes de méthode relatifs à des matières déterminées mais, dominant tous ces problèmes qui ne peuvent être résolus que dans le detail et par la pratique, deux grandes questions se posent.

La première se rapporte aux études. C'est la plus facile à résoudre.

Tandis que l'enseignement des jeunes gens les achemine sans difficultés vers l'enseignement su-

périeur et vers toutes sortes de carrières, on a
considéré quelque temps que le nôtre devait être
exclusivement une culture, on nous en a même
félicitées. Je veux d'abord dire de toutes mes
forces que cette culture, nous y tenons par-dessus
tout, que nous ne pouvons pas être soupçonnées
de vouloir la négliger et la sacrifier. Notre vocation
même en témoigne; nous serions heureuses que
les jeunes filles de nos lycées ne poursuivissent
aucune carrière pratique, heureuses de pouvoir
nous employer uniquement à les cultiver. L'absence
des langues anciennes dans nos programmes ne
constitue pas une lacune sans remède, nous
croyons à la valeur d'une culture purement moderne, surtout maintenant que des professeurs de
langues vivantes tout a fait remarquables colla-
borent avec nous. Mais si nous voulons que cet
enseignement soit avant tout une culture, aujour-
d'hui, par la force des choses, il n'en conduit pas
moins à une quantité de professions et il y conduit
mal. Actuellement, des femmes de tout âge préparent trop tard et avec toutes sortes de difficultés
le fameux, le magique baccalauréat qui ouvre toutes
les portes et qui est seul à les ouvrir.

Cet état de choses doit changer. Puisqu'en réalité le nombre des femmes qui travaillent s'accroît,
chaque jour, ce serait une cruelle plaisanterie de
proposer à nos jeunes filles une culture de luxe et
à leurs frères un moyen de subsister. Sans difficulté
les études de nos lycées peuvent se hausser jusqu'aux baccalauréats, leur valeur de culture n'en
sera pas diminuée, et si cette transformation nous
demande un peu plus d'efforts, nous sommes disposées à le fournir. La seconde question est beau-

coup plus inquiétante et compliquée; c'est un problème d'éducation.

L'éducation qu'on donne aujourd'hui aux jeunes filles dans la plupart des milieux ne nous satisfait pas; nous sommes tout a fait d'accord avec les adversaires du féminisme sur ce point que les femmes sont mal élevées, c'est-à-dire inaptes à se tirer d'affaire, à se défendre, à se faire respecter. On les maintient volontairement dans une sorte d'enfance, on leur demande avant tout de plaire, on les protège tant contre le dehors qu'elles ne le connaissent pas et ne savent pas s'y conduire, on les surveille et on les dirige au point qu'elles n'ont pas le sentiment d'être responsables d'elles-mêmes. Toute cette éducation naît de l'ancienne conception que la femme est un être inférieur qui ne porte pas son but et sa destinée en elle-même, qui est faite pour plaire à son mari et le servir. Cette conception, il nous est impossible de l'accepter. Nous voulons bien admettre qu'aucun être n'est absolument sa fin à lui-même, que la famille, la société ont des droits sur nous; mais ceci nous paraît tout aussi vrai de l'homme que de la femme. Chaque être peut avoir trois destinées à remplir, sociale, familiale, individuelle; suivant les époques, l'une de ces destinées a primé les autres, mais c'est une souveraine injustice de supprimer complètement pour la femme la destinée individuelle. Nous donnerons à la jeune fille une éducation plus virile pour transformer l'opinion qu'elle a d'elle-même; nous lui enseignerons que tout ce qui est vertu pour lui est vertu pour elle, mais que si elle a les mêmes devoirs, elle a les mêmes droits; qu'elle n'est pas libre, qu'elle est subordonnée à toutes sortes de groupes, mais qu'elle a, elle aussi, une destinée individuelle qui ne doit être sacrifiée à rien.

Une telle éducation ne doit pas être redoutée, il serait ridicule de l'accuser de tendances masculines ; par cela même que nous voulons préparer la jeune fille à la vie, nous tenons compte non seulement des conditions nouvelles, mais des conditions anciennes, mais des conditions anciennes et éternelles. Nous savons que la femme, par sa nature, a plus de sacrifices que l'homme à faire à l'espèce, qu'elle sera toujours plus attachée au foyer ; nous sommes les premières à apprécier ce qui se fait actuellement pour la préparer à ses fonctions de mère et de ménagère ; nous sommes heureuses de voir se fonder partout des écoles ménagères, des cours de médecine facile, des conférences d'hygiène. Il ne s'agit de modifier rien de naturel et d'essentiel, mais de détruire quelques faiblesses que l'éducation dans un but trop étroit développait à dessein. La femme ne serait plus l'éternelle mineure dont l'homme s'inquiète comme d'un enfant ; elle serait sa compagne égale et dévouée. Nous pensons que l'homme comme la femme a tout à y gagner.

A cette œuvre sociale qui nous paraît la plus grande de l'époque actuelle, nous sommes disposées à travailler ; mais pour que notre œuvre réussisse, deux conditions nous paraissent nécessaires.

La première, la moins importante en elle-même, c'est que par la loi certains droits nous soient accordés, parce que plus notre éducation sera virile, plus l'inégalité paraîtra injuste et douloureuse.

La deuxième, tout à fait essentielle, c'est qu'on

cesse d'inculquer aux jeunes gens ce ridicule orgueil masculin, ce mépris indistinct de la moitié de l'humanité; c'est qu'une transformation s'accomplisse dans l'opinion des hommes sur les femmes; qu'ils deviennent, à mesure qu'elles s'élèveront, plus justes pour elles. Nous savons que les hommes ne sont pas incapables de cette réforme, et que quelques-uns d'entre eux, des plus intelligents et des meilleurs, ont fait plus que nous ne ferons nous-mêmes pour hâter ces transformations que nous désirons.

MARGUERITE MORAND,

Agrégée des Lettres, ancienne élève de Sèvres.

II

A Monsieur le Directeur de la Revue hebdomadaire.

MONSIEUR,

« Que pensez-vous de votre profession ? » me demandez-vous. A coup sûr, voilà une question intéressante, mais bien vaste, et à laquelle j'hésite d'autant plus à répondre que je me sens plus pénétrée de ma responsabilité : être une « representative woman », affirmer, sans en avoir reçu le mandat, les aspirations et les convictions des jeunes membres de l'Enseignement libre... Mais, puisqu'il faut parler, je voudrais le faire en disant très simplement tout ce que je pense, et sans jamais perdre de vue que je ne suis pas une isolée : je répéterai ce qui se dit autour de moi, je raconterai ce qu'on y désire ou, mieux encore, ce qu'on y fait. Si, d'aventure, il s'en trouvait parmi vous — dirai-je mes collègues ? non, je préfère le vieux terme fraternel, mes « compagnes de travail » — qui jugeassent que je dépasse leur pensée, que je les entraîne trop loin, jusque dans le royaume d'Utopie, je leur répondrai que nous ne sommes pas obligées de nous en tenir à ce qui est, si le présent est médiocre, et qu'il nous faut viser très haut, ne pas craindre « les longs espoirs et les vastes pensées », pour préparer le bonheur de demain. Ce ne sont pas les forces et le courage qui nous manquent, mais d'être fidèles à une invincible espérance.

Donc, à cette question : « Que pensez-vous de votre profession ? » je réponds, monsieur, en « jeune » qui ne recule pas devant une énorme naïveté : « Ma profession, c'est la plus belle du monde, du moins la plus belle que je puisse concevoir. » Mais, pour qu'on ne s'y méprenne pas, pour qu'on ne puisse m'accuser de laisser volontairement dans l'ombre un côté des choses, je voudrais montrer que j'en sais toutes les difficultés, les aspects fastidieux, le fardeau de chaque jour ou les longs ennuis. Nous connaissons toutes ce qu'on pourrait appeler les « heures noires » d'une vie consacrée à l'enseignement. Qu'elles tiennent à notre tempérament de femmes vite épuisées par l'effort intellectuel, ou qu'elles résultent des conditions mêmes de notre travail, nous savons que des impressions de fatigue, de dépression mentale et morale ne manquent guère de se renouveler souvent. Les professeurs les meilleurs ont leurs jours d'impuissance, heureux encore quand ils sont seuls à s'en apercevoir et que leur insuccès personnel n'entraîne pas celui de leurs élèves ! Les meilleurs élèves ont leurs heures d'ingratitude plus ou moins consciente, et les pires nous lassent par leur capacité d'inattention. La vie du *pédagogue* (pour reprendre ce terme odieux mais expressif) exige un perpétuel effort de tenue morale et intellectuelle, qui pèse parfois comme une contrainte. Et cette contrainte, chez la femme professeur, n'est que le résultat et l'expression de sa vie isolée, presque toujours en marge de la famille et de la société. Nos instincts maternels se dupent à aimer les enfants des autres ; enfermées dans notre tâche, nous perdons le contact avec les intérêts et les passions de notre temps, et celui-ci nous fait sentir que nous lui devenons étrangères.

Mais, si ces côtés sombres sont ceux de toute vie consacrée à l'enseignement, qu'elle soit même celle d'une « princesse de sciences », il est un ordre de difficultés spécial à l'Enseignement libre. Osons le regarder en face.

Personne ne songe à nier que la vie matérielle dans l'Enseignement libre, soit en général bien précaire. Beaucoup de nos maisons sont d'hier et se débattent parmi les difficultés inhérentes aux débuts de toutes les entreprises, voire des meilleures. Combien d'années un grand lycée, étayé de toutes les ressources de l'État, met-il à équilibrer son budget, si même il y parvient jamais ? Nos modestes maisons, sans crédit, sans mécène omnipotent, parent à grand'peine au plus pressant : assurer aux jeunes maîtresses les traitements qui leur permettront une vie indépendante, jamais une vie large. Elles sont encore l'exception, les écoles qui peuvent viser plus haut et assurer une retraite honorable aux professeurs usés à leur service. Médiocrement rétribuées, les maîtresses de l'Enseignement libre sont cependant appelées à beaucoup se dépenser. Les ressources limitées font que le personnel est peu nombreux et très chargé, que le principe de la division du travail est presque inconnu. Il n'est pas rare de voir une même maîtresse chargée des enseignements les plus variés, depuis la classe d'arithmétique des petites jusqu'à une suppléance de littérature au cours du brevet supérieur, entre temps veillant à l'économat et accumulant les leçons de piano. Déplorable système, où l'on se surmène pour donner un peu de tout et, où, naturellement, on fait tout mal.

Mais, précisément, ces imperfections sont celles d'une profession qui s'organise. Nous n'avons d'autre raison d'être que le départ des congrégations religieuses, dont les admirables traditions suffisaient et à leur propre œuvre éducative et aux rares maisons libres subsistant à côté d'elles. Un pareil vide ne se comble pas en dix ans. L'opinion catholique, qui devrait nous être un si précieux appui, fait-elle toujours sur ce point ce qu'elle devrait ? Le comité qui a installé dans une maison neuve deux ou trois institutrices libres a déjà fait une bonne œuvre : se rend-il toujours compte que ces jeunes filles n'ont plus la *Maison mère* pour les appuyer de son prestige, les soutenir dans leurs travaux, et qu'il leur faut cependant la preuve discrète et cordiale qu'elles sont suivies et encouragées ? Toutes les familles respectent-elles, comme il le faudrait, devant les enfants, l'institutrice laïcisée et rétribuée qui tient, en cachant ses regrets, la place des religieuses vénérées ?

Les voilà donc, les principales difficultés de ma profession. Sans vouloir les enfler, il serait inutile de les amoindrir. Des illusions sur l'avenir ou une heureuse habitude d'irréflexion sont-elles vraiment nécessaires aux gens de cœur qui tentent une entreprise ardue ? Ces difficultés, d'ailleurs, ne posent pas des problèmes insolubles ; tout notre effort doit tendre à les résoudre. Et si quelques-unes devaient subsister comme condition nécessaire de notre travail, qu'importe ? Elles sont la rançon d'une si noble tâche ! La Némésis antique n'est plus là pour menacer les hommes trop heureux d'un tribut vengeur, mais la loi de notre activité reste la même : rien de grand ne se fait sans peine, et si jamais l'Enseignement libre devenait trop prospère, c'est alors qu'il faudrait s'inquiéter de son sort. Heureusement, ce péril est loin ! Nous en sommes à nous débattre dans une crise de croissance ; c'est la meilleure preuve que nous grandissons.

*
* *

Tout labeur s'allège devant la grandeur et la beauté de notre rôle. Nous ne nous en ferons jamais une assez haute idée. Il nous est bon cependant de retremper nos énergies, en cherchant à motiver l'intuition très nette que nous avons toutes eue, un jour ou l'autre, de la valeur de ce nom « institutrice ». Ces enfants qui nous passent entre les mains, c'est une génération nouvelle qui vient recevoir de nous sa forme et une partie de ses destinées. Comme la trop intelligente Catherine II, mais avec un respect qu'elle n'a pas connu, nous pouvons dire que la matière de notre travail, c'est de la matière humaine, autrement difficile à manier mais autrement attachante que toute autre argile. Nous sentons tout le poids de la délégation qui nous est faite par la société, la famille et Dieu même de leurs droits sur l'enfant : droit de régler son activité sans l'affaiblir, de former sa sensibilité sans la heurter, d'éveiller son esprit mais d'en contrôler les démarches, de le préparer à courir après lui avoir transmis le flambeau de la tradition.

Ce sont là vérités si incontestables qu'il semble puéril de s'y arrêter et naïf de les redire, quand tant de voix éloquentes les ont proclamées. Mais l'exercice même de notre profession nous les rappelle si souvent qu'il nous donne l'illusion de les découvrir. L'idée n'en revient jamais dans notre esprit sans renouveler en nous de sincères émotions. Nous sommes à nos débuts, mais nous ne pouvons croire que, même après une longue carrière, on soit jamais blasée sur elle; nous ne nous permettrions pas d'ailleurs de le devenir. Comment ne pas être émue et même troublée, si l'on réfléchit à la portée de son enseignement : « Tremblement, terreur ! » disait Bossuet. Je le dirais aussi à l'idée que, dans ma sphère très modeste, avec l'aide du tableau noir et de la craie, je ne suis chargée de rien moins que de dispenser à des esprits neufs l'héritage de science des siècles passés. Qui de nous n'a pas connu le respect un peu frémissant avec lequel on ouvre pour la première fois, devant une classe attentive, un chef-d'œuvre classique ; on apporte à de jeunes esprit curieux les éclaircissements définitifs sur une question d'histoire; on les fait passer à nouveau par la série de raisonnements qui aboutit à l'expérience de génie ? Et que dire de l'enseignement religieux ? de la transmission même strictement matérielle (et elle ne l'est jamais tout à fait) de ces mots sacrés, de ces notions qui, selon la belle parole de Mgr d'Hulst, « gardent nos espérances » ? Le peu que nous donnons à nos élèves, ce sont cependant des provisions pour la vie.

On rencontre des fatigues dans l'enseignement, mais il ne faut pas s'y buter; ce serait se priver d'en voir toutes les joies. Celles-ci sont nombreuses, plus ou moins subtiles, mais bien nettes et très vives. Sans être des « lettrées » professionnelles, ne trouvons-nous pas dans l'enseignement une excitation perpétuelle de l'esprit qui lutte contre lui-même pour faire comprendre ce qu'il a compris, pour se créer et initier des disciples? Sans doute il bat toujours à peu près les mêmes chemins, mais c'est en y cherchant toujours des horizons nouveaux. Nous multiplions nos jouissances de travail en les revivant dans des esprits neufs, en ayant, du haut de la chaire, l'obligation de retrouver le *Cid*, *Athalie*, les *Pensées*, la *Légende des siècles*, dans toute leur « fresche novelté ». Ne recevons-nous pas une récompense appréciable, le jour où une fillette de seize ans lève sa tête ébouriffée de dessus sa version grecque, avec une émotion dans les yeux : dans son passage du Chant du Cygne, elle a entrevu l'âme d'un Platon. Et le jour où toute une classe se laisse « emballer » avec le professeur lui-même par la force et la beauté d'une page immortelle, bien des heures de pénible analyse ne sont-elles pas oubliées ? La curiosité avec laquelle nous aimons à suivre les étapes du développement d'un être quelconque, devient une curiosité passionnée quand il s'agit de l'être sentant et pensant qu'est l'homme, surtout si nous voyons de nos yeux l'effet de notre influence. Le professeur qui, en tâtonnant, se fait sa méthode et, par touches successives, modèle un cerveau, connaît toutes les joies du savant qui découvre, de l'artiste qui crée.

On pourrait objecter que les joies dont je parle semblent être le privilège des seules études classiques ; c'est vrai, la culture générale est celle qui donne le plus directement l'impression d'éveiller les esprits. Mais, cependant, nous pouvons toutes participer à cette joie ; le degré seul en varie et plutôt avec ce que nous sommes qu'avec l'âge ou la nature de nos élèves. Cultivons-nous donc le plus sérieusement possible. Aimons beaucoup la science, la science probe qui ne se paye pas de mots, retourne autant qu'elle le peut aux sources, qui s'incorpore à nous, ne se contente pas « d'arrouser l'âme, mais va jusqu'à la teindre », et nous ne manquerons pas, un jour ou l'autre, de la faire aimer à nos élèves. L'enseignement nous livrera ses bonheurs quand nous en serons dignes.

* *

Instruire nos élèves, assouplir et meubler leur intelligence, ce n'est encore que la moindre partie de notre tâche. La meilleure est celle qui, malgré toutes les épines, attache pour la vie quand on l'a, fût-ce une fois, goûtée pleinement, c'est notre rôle d'éducatrices.

Dans l'Enseignement libre, nous dépassons le rôle où l'on ne s'adresse qu'aux esprits, laissant le cœur et la volonté à leur faiblesse ou à leur déréglement natif. Nous nous croyons le devoir d'amener l'être tout entier à un degré de vie supérieure ; au nom de notre idéal religieux, nous avons la volonté de former l'enfant qui nous est confié, et nous croirions lui avoir manqué si nous n'avions fait que faciliter son épanouissement sans lui avoir rien ajouté. En réclamant ce droit, nous allons peut-être au delà de nos forces personnelles, mais du moins nous seules pouvons le faire légitimement. Un enseignement confessionnel — et qui dit enseignement libre, jusqu'à présent, ne saurait guère dire autre chose — a seul le droit d'imposer à l'enfant une orientation de vie, d'émonder ou de développer dans sa poussée la frondaison touffue d'une jeune âme : un enseignement neutre ne l'a pas. Il est voué à semer un peu de tout sur la terre vierge et à laisser grandir l'ivraie et le bon grain, en s'interdisant de protéger l'un aux dépens de l'autre. Comment en effet, au nom de quels principes supérieurs aux contingences du jour et aux préférences de l'heure, choisirait-il, affirmerait-il, excluerait-il ? Car choisir, et beaucoup plus exclure, implique une règle fixe, un idéal nettement préformé, qui nous guide et nous détermine. Et, par ailleurs, le développement anarchique, intégral, est autre chose qu'une chimère ; il est la négation de toute éducation. Nous avouerons donc franchement que nous concevons un certain idéal de jeune fille, dont les traits précis de catholique et de Française sont assez généraux pour admettre toutes les nuances exigées par les temps, les milieux, les tempéraments, et que nous souhaitons de rapprocher de ce type les enfants qui nous viennent. Nous voudrions leur donner à toutes le même droit et clair bon sens, le jugement prompt et solide qui caractérise notre race; nous voulons déposer en elles un respect absolu pour la vérité et un amour du bien capable d'aller jusqu'au sacrifice; nous combinerons toutes les influences qui peuvent agir sur l'esprit et la sensibilité d'une jeune fille pour former en elle le sens chrétien, régulateur de toute une vie, qui donne à chaque démarche de notre activité sa valeur, et s'installe en nous avec la plénitude et la force d'un instinct vital.

Édifier une éducation sur cette solide base dogmatique est une tâche délicate, à laquelle, dans les milieux catholiques, on réfléchit plus que n'a semblé croire M. René Boylesve. Il ne s'agit pas d'affubler nos élèves, plus ou moins rapidement, de tous les rubans, des jolies façons de marcher, de parler, et même de sentir, qui caractérisent « la jeune fille bien élevée ». Par la discipline extérieure des paroles et des attitudes, nous voulons obtenir l'heureuse formation du dedans, et, pour ce résultat, user de toutes les ressources de l'enfant, n'en méconnaître ou n'en repousser aucune. Nous ne laisserons pas ainsi s'accumuler de ces forces inemployées qui se révéleraient un jour par une subite explosion, emportant l'œuvre fragile bâtie en les ignorant. Il faudrait que le modèle idéal fût ramené aux dimensions de chaque âme et que, pour chacune, l'ouvrière fût assez habile pour varier la coupe. On pourrait s'étendre sur ces questions de l'autorité et de la liberté en éducation, sur la part à faire à la tradition et à l'invention, mais ce n'est pas ici le lieu d'instituer une discussion excédant les bornes de cette réponse et, plus encore, ma compétence.

La formation morale que nous voulons donner à nos élèves, notre enseignement même nous en offre les premières occasions, et nous attendons pour cette tâche des services tout particuliers de l'enseignement classique. N'est-il pas principe désintéressé d'action énergique et patiente? L'effort renouvelé pour saisir la forte logique d'une page latine, le contact prolongé avec de hautes œuvres littéraires sont essentiellement moralisateurs. Je ne puis croire que la jeune fille de dix-huit ans, qui a subi la discipline des études secondaires et fourni le travail méthodique et l'effort personnel qu'exige, par exemple, un programme de baccalauréat intelligemment préparé, puisse devenir, aisément, une poupée vaine et futile; latin et mathématiques, français et histoire générale ont dû faire leur œuvre dans sa petite tête. Nous tâchons de lui faire sentir par la traduction la valeur de la pensée qui se cherche, par l'explication des textes le charme de l'art probe qui, sans la trahir, revêt l'idée de tout le prestige de la beauté. C'est lui faire prendre des habitudes de jugement et de précision, d'activité rassise, c'est rendre son goût plus délicat : autant de ressources qui devront passer, en quelque mesure, du domaine intellectuel dans celui de la vie morale.

Mais nous n'escomptons pas seulement les bénéfices certains, quoique visibles seulement à la longue et même à la loupe, de tel genre d'enseignement, pour la formation morale de nos élèves. Dans l'Enseignement libre, nous allons hardiment jusqu'à l'action directe sur les âmes. La classe finie, notre rôle ne fait que commencer. En fait, peu d'entre nous, s'il en est, sont uniquement le professeur qui vient donner une brillante conférence ou un cours solide (ce qui est déjà beaucoup) et qui s'en va. Nous vivons avec nos élèves, et c'est dans ce contact intime, journalier, que nous rencontrons le champ immense de l'éducation. Sans doute, il est très humble de suivre une enfant depuis l'instant de son lever jusqu'au moment heureux où la calme respiration qui monte des dortoirs nous assure qu'une bonne journée de labeur est finie pour tous. Il peut sembler ridicule de regarder avec la même attention comment une enfant parle, court, rit, boit et mange, et comment elle prie, elle étudie, compose et pense. Et, pourtant, c'est par tout ce qu'il fait, par ses mouvements, ses pauses, ses hésitations, ses détentes, son allure, qu'un être se manifeste; c'est parce qu'on en a surpris beaucoup que le plus mince incident, sans portée en lui-même, se révèle significatif et livre parfois la clef d'un caractère. En éducation d'ailleurs, il n'y a pas de petites choses. Que cherchons-nous ? à faire passer, comme le dit William James, le plus grand nombre de principes imposés ou acceptés dans la série de nos réactions naturelles, et, pour le traduire en bon français, à donner aux enfants de bonnes habitudes. Or l'habitude est affaire d'exercice perpétuel; c'est une tâche parfois ingrate, mais elle s'impose, impérieuse, celle de la maîtresse qui, toute la journée, redresse et dirige la poussée du jeune arbuste. Tâche pénible et lassante quelquefois, à cause de l'attention constante qu'elle requiert, de l'incessant effort qu'il faut pour plier, sans la briser, une volonté qui s'oppose à la vôtre, c'est-à-dire à la loi du Bien, par caprice, par ignorance ou par la révolte du vieil instinct d'indépendance. Ce n'est jamais une tâche fastidieuse. Jour par jour, c'est « l'histoire d'une âme » à laquelle nous assistons, et c'est encore un peu nous qui la faisons. Quel spectacle plus passionnément intéressant ? L'enfant, matière presque toujours si plastique, se modèle entre nos mains. Mais ces mains, il nous les faudrait si habiles, si tendres et, pour tout dire en un mot, si maternelles... Nous ne sommes pas des mercenaires; c'est avec quelque chose de l'amour d'une mère que nous allons aux enfants que les mères nous ont confiées, et c'est avec un amour désintéressé qui ne sera pas épuisé par deux ou trois générations d'élèves, qui se donnera encore quand celles qui en ont été l'objet nous auront oubliées, et qui saura aller jusqu'à reconnaître à l'avance qu'il ne doit pas être complètement payé de retour. L'enfant doit rester aux siens, même quand l'éducatrice lui a donné tout ce qu'elle avait. Cet amour-là seul nous donnera la délicatesse qu'il faut pour toucher des cœurs de jeunes filles sans les effeuiller, la pureté qu'il faut pour souffler des inspirations sans troubler, l'élan qu'il faut pour redresser des caractères sans les fausser. C'est lui qui met en nous le don de sympathiser et de comprendre, l'art de trouver le mot qui porte, qui est à l'unisson d'une âme et peut seul la faire longuement vibrer. Faut-il ajouter que cet amour des enfants trouve en nos convictions chrétiennes un appui et une douceur qu'il est plus aisé de sentir que d'exprimer ? En servant ces petites, c'est notre Maître que nous servons; et voilà qui facilite, élargit et embellit les plus humbles gestes.

.·.

Telle est ma profession. N'avais-je pas raison d'affirmer qu'il n'y en a pas de plus belle ? de demander qu'on ne s'arrêtât pas à ses imperfections actuelles, mais qu'on eût égard à son principe généreux. Aussi bien, il ne faudrait pas parler de profession, mais affirmer qu'il s'agit d'une vocation. « Si ton astre en naissant ne t'a créé poète... », renonce, dit en substance Boileau. Il doit en être de même de l'Enseignement libre; pour y venir, il faut avoir entendu le secret appel des aptitudes et des attraits. Si quelques-unes d'entre nous ont pu y venir libres de tout souci matériel, ne cherchant qu'à servir une cause sainte, il est très légitime de demander à notre profession, comme à d'autres, le moyen de gagner son pain, de se faire une vie plus indépendante ou de soutenir les siens. Mais que ce ne soit pas là notre motif déterminant. Si, comme raison dernière de choisir l'Enseignement, vous n'avez que la facilité d'une voie tracée, le préjugé d'une profession dite libérale, vous avez tort d'y venir. Faites autre chose : des chapeaux, de la comptabilité, de la dactylographie, des journées de gardes-malades, etc... A notre époque démocratique, il n'y a pas de sot métier — et puis, franchement, sommes-nous si cotées, nous les institutrices, dans notre société utilitaire ?

La vocation de l'Enseignement libre, ce n'est pas une utopie. Je ne sais plus bien quel était le rêve de mes compagnes de lycée qui préparaient leurs concours, mais je sais ce que nous demandons aux jeunes filles qui viennent à l'École Normale libre : « Venez-vous avant tout par amour, et pour vous dévouer au service des enfants ? » Et l'on ne se doute pas du nombre de vaillantes jeunes âmes qui répondent « oui ». Beaucoup n'ont pas dit ce oui, qui le vivent dans des coins perdus, directrices d'écoles rurales, obscures sous-maîtresses. Beaucoup le diront, je l'espère. Est-elle donc si rare, la jeune fille de situation indépendante, libre d'orienter sa vie, qui la voue délibérément à l'œuvre d'enseignement ? Une petite fille de douze ans rêve de « faire la classe » quand elle sera grande. Elle a déjà entendu l'appel des esprits affamés de vérité, des âmes qui ne sauront pas seules s'élever au bien, trouver l'aliment spirituel dont elles sont avides. Comme nous voudrions supplier sa famille de ne pas l'en détourner ! On n'oserait plus étouffer une vocation d'artiste ou de femmes de lettres — pourquoi s'en prendre à celle de professeur de sciences ou de grammaire ? Glorifions-nous d'être institutrices et persuadons nos mères de ne plus pleurer sur notre prétendue « déchéance ». Demandons enfin à toutes les bonnes volontés qui ne savent où se prendre, si elles ont pensé à ce champ de l'Enseignement libre. Il est si vaste et demanderait tant d'ouvrières.

Nous avons à travailler en effet pour que l'Enseignement libre réalise complètement l'idée que nous nous en faisons, pour qu'il remplisse tout son programme : une forte culture intellectuelle et morale donnée à des jeunes filles catholiques, parce qu'elles sont catholiques et pour qu'elles le soient davantage. Notre mal actuel, c'est l'isolement et, par suite, l'éparpillement des efforts. Sans formation commune, venues de côtés très divers, et, à ce qu'il semblerait parfois, sans avoir conscience d'aller vers le même but, nous vivons d'une vie trop individuelle. On s'ignore un peu trop d'une maison à l'autre, quoiqu'on ait à faire face aux mêmes difficultés. Isolées, nous sommes faibles, voire condamnées à l'échec par notre insuffisance. De là des déceptions et des froissements ; on vient enthousiaste à l'Enseignement libre, on se heurte à des manques de préparation, à des pauvretés d'organisation ; alors on s'abandonne, fermant les yeux, ou bien l'on s'en va, ulcérée. Nous avons vu des ailes se replier après un bel élan et même se briser. Le vrai remède serait dans l'union, et à qui est-elle moins difficile qu'à nous, les catholiques ? N'avons-nous pas l'unité la plus intime, celle des esprits dans une commune doctrine, et celle des cœurs dans un commun amour pour le Maître qui nous engagea à son service ? Pourquoi ne pas rendre cette unité visible dans notre action ? Unissons-nous entre maîtresses d'une même maison, sous une forte discipline acceptée librement. L'individu ne perd rien de sa valeur en se subordonnant au bien reconnu ; cette apparente limitation n'est qu'une concentration de toutes ses énergies. Il faut l'essayer pour se rendre compte des bienfaits d'une vie commune, de la joyeuse sécurité qu'elle donne et de cette sensation de s'enrichir perpétuellement de tous les gains de ses frères d'armes. Si jamais le nom d'âme sociale recouvre une réalité, c'est lorsque, à l'appel fait au nom de l'œuvre commune, on voit toutes les activités s'orienter dans le même sens, se subordonner spontanément les unes aux autres et de toutes leurs abnégations et de toutes leurs faiblesses faire une force victorieuse. Rendons-nous compte de l'intérêt qu'aurait une organisation d'ensemble de l'Enseignement libre. Nous savons admirer la forte cohésion de l'Université, même si elle est plus formelle que réelle ; nous pouvons l'imiter. Déjà, cependant, pointent chez nous des germes d'organisation. Là où elle est établie, l'action diocésaine, avec ses inspections, ses écoles normales régionales, se montre bienfaisante. Déjà s'est fait sentir la nécessité de l'action interdiocésaine, par des congrès, par telle revue catholique, comme *l'École*, organe d'études primaires et secondaires. Notre École Normale libre, rue Oudinot, s'efforce de réaliser le type de l'École supérieure, centre de ressources et sommet des études, où se forment, sous la direction de professeurs expérimentés, les futures « enseignantes », les jeunes maîtresses qui apporteront l'unité de méthode et d'esprit dans les écoles secondaires libres, où elles essaimeront plus tard. Elle n'est pas la seule qui s'essaie à cette tâche. Je ne puis songer à nommer ici toutes les initiatives, diversement excellentes, qui, en province ou à Paris même, s'exercent dans le même sens que la nôtre ; je puis mentionner du moins la plus semblable, l'École Normale catholique établie rue de Sèvres.

Unissons-nous, organisons-nous, améliorons-nous. Matériellement d'abord, en supprimant autant que possible l'insécurité troublante du lendemain pour celles qui viennent à nous. Nos syndicats défendent nos intérêts, nos mutualités assurent les secours et la retraite pour l'avenir. Organisons-nous moralement, surtout; mettons toute notre probité dans la valeur de notre enseignement; imposons-nous, avant même que la loi nous y contraigne, d'obtenir des titres équivalents à ceux de nos collègues universitaires. Si l'accès de l'un ou l'autre de ces titres universitaires nous était interdit, comme l'est celui de l'agrégation des femmes, entrons bravement dans une autre voie : l'enseignement supérieur de la Sorbonne nous est encore ouvert. Ambitieuses, peut-être, mais héritières après tout des grandes éducatrices chrétiennes et françaises qui nous ont précédées, nous voulons apporter à notre cause, avec un dévouement sans réserves, les ressources et les chances de réussite les meilleures... Puissions-nous ne pas faire honte à nos devancières et répéter après elles, sans trop d'inexpérience, le noble geste qu'est l'enseignement catholique : le don de soi.

Veuillez agréer, Monsieur le Directeur, avec l'expression de mes regrets si je n'ai pas répondu à tout ce que vous étiez en droit d'attendre d'un jeune membre de l'Enseignement libre, l'assurance de ma très grande considération.

MADELEINE PLUZANSKI,
Certificat de l'Enseignement secondaire
des jeunes filles,
Professeur à l'École Normale libre.

III

Monsieur le Directeur,

Vous me demandez de noter, d'après ce que je puis observer autour de moi et en moi, quelques-unes de nos idées directrices sur notre profession, d'abord, puis quelques-unes de mes observations sur « la vie qui passe » — c'est votre propre expression.

Dans un groupement comme le nôtre, très restreint par le nombre de ses membres — deux cent cinquante au plus, dont les deux tiers, pourvues de leurs grades, sont dispersées — et très divers par les milieux et les idées qui y sont représentés, cette sorte d'étude est particulièrement difficile. Il faudrait presque se borner — ou s'étendre — à décrire des individualités. J'ai essayé toutefois de ramener à quelques lignes générales les idées, les aspirations, les tendances qui se révèlent parmi nous, dans l'abandon des conversations quotidiennes, dans les échanges de vues de nos leçons mutuelles, et aussi dans les réponses précises qu'ont bien voulu me faire quelques-unes de mes compagnes.

Il n'y a parmi nous qu'un très petit nombre de « vocations », au sens plein de ce mot. Cela n'a rien qui doive surprendre. La vocation, cette orientation tyrannique, irrésistible, de l'être vers une forme d'activité déterminée, cet « appel » assez puissant pour laisser, s'il reste sans réponse, la vie désorganisée, est rare dans toutes les professions. Il est rare dans les sciences, il l'est même dans les arts. Il l'est plus encore, et cela doit être, dans cette science difficile qui est le plus complexe de tous les arts, l'éducation.

Beaucoup d'entre nous ne doivent le choix de leur carrière qu'aux circonstances, ou à de simples raisons pratiques. Il faut vivre ; les métiers manuels sont durs, et parfois injustement dédaignés ; les professions ouvertes aux femmes sont encore peu nombreuses, et plusieurs n'offrent qu'une voie hasardeuse, mal explorée. Pour peu que la fillette de quinze, de dix-sept ans, ait quelque goût pour l'étude, on la dirige, ou elle se dirige, vers le professorat.

Pour celles d'entre nous qui ont la vocation vraie de l'enseignement, cette manière d'y entrer est un scandale ; et nous aurions tendance à regarder ces « profanes » avec le regard de pitié, de mépris et même de colère que jette un musicien vrai sur le « tapeur » de profession qui « déshonore » le métier. Je crois que c'est là une injustice et une erreur. De bons professeurs peuvent sortir de ces vocations de la nécessité. Et, sans attrait spécial, quand elle hésite sur un choix, la femme fait sagement, peut-être, de s'engager dans cette voie, parce qu'il y a une relation secrète et très étroite entre les aptitudes profondes de sa nature et la profession de l'enseignement. La femme est professeur-né, parce qu'elle a, d'instinct, le don de vulgarisation : elle a ce don, qui consiste à penser davantage à celui que l'on enseigne, parce qu'elle est essentiellement mère. D'instinct aussi, et encore parce qu'elle est mère, elle est éducatrice, capable de veiller sur l'éclosion de ces très petites et précieuses choses, des esprits d'enfants, avec les mystérieuses divinations, les longues patiences, les profondes tendresses qu'il faut. Et c'est pourquoi, même engagée dans la carrière de l'enseignement sans une vocation spéciale, la femme peut y réussir, parce qu'elle s'y retrouve, et que lui vient presque toujours, au contact des jeunes esprits vivants, à défaut du feu sacré réservé aux privilégiées, le goût sincère de son métier.

Ce « feu sacré » existe pourtant. Et c'est notre fierté et notre joie qu'il y en ait, parmi nous, qui viennent à cette carrière dont on a tant dit les peines, les déceptions et la monotonie, avec tout l'élan de leur enthousiasme, pour la carrière elle-même, et non pour ses avantages, et quelquefois au mépris d'autres avantages. Celles-là sont les *vraies*, celles pour qui il n'y a, ici bas, rien autre chose à faire que l'éducation ; qui trouvent naturel, et enivrant et non pas dur et triste, de donner, de jeter leurs années de jeunesse à la préparation et à l'exercice de cette tâche.

Elles vivent, celles-là, · entre deux émotions. L'émotion qui se lève, à de certaines heures, du travail intellectuel intense, lorsque s'ouvrent les mots d'un texte, que s'évoque le tableau d'histoire, que l'idée froide, morte, s'anime soudain, et rayonne et brûle. Et une autre émotion, celle que fait jaillir un regard d'enfant, d'adolescent, ce regard fixé sur le leur et qui attend ; ce tressaillement intime, alors, et ce désir, ardent, douloureux parfois, de répondre à cet appel, de donner tout ce qu'on sait, tout ce qu'on a, et soi-même, aussi, pour que vive un peu plus le jeune être qui vous regarde et qui a foi en vous. Elles vivent de ces deux émotions ; et tout leur travail est de faire d'elles-mêmes des instruments organisés, pour recueillir d'abord les données de la science (dans le sens le plus large de ce mot, c'est-à-dire au fond, les données de la vie), puis pour transmettre ces données, choisies, élaborées, à d'autres êtres, afin qu'elles deviennent source de vie.

Mais ici interviennent des conceptions diverses de notre œuvre, qui peuvent modifier cette vocation fondamentale.

Très peu de nous, je crois, s'arrêtent à la médiocre ambition d'être de simples *professeurs*, de transmettre, sans plus, leur savoir. Je n'en sais vraiment pas une à qui suffirait cet idéal, de déposer pieusement, régulièrement pendant de longues années, des règles de grammaire impeccables, ou des faits historiques appuyés sur la plus rassurante érudition, dans de jeunes cerveaux *ad hoc*. La plupart comprennent leur tâche, non comme une instruction seulement, mais comme une éducation des esprits.

Que cette éducation se fasse en grande partie par l'instruction même, c'est évident. Mais qu'elle dépende plus encore de la méthode qui règle cette instruction, et des procédés que le maître emploie, et des suggestions de son propre esprit, c'est plus profondément vrai encore, et c'est ce qui fait de notre métier un art. La formation d'esprits justes, ouverts, originaux : cette conception de notre œuvre est assez haute et sa pratique assez captivante pour suffire à beaucoup d'entre nous.

Elles n'ont peut-être pas encore, d'ailleurs, d'idées bien personnelles sur les matières de cette instruction et les meilleures méthodes de cette éducation. Elles attendent cela de l'expérience. Toutefois, il est une observation qui revient souvent dans nos réflexions sur l'enseignement des femmes, notre tâche de demain, et qui me paraît assez intéressante pour vous la communiquer. Nous disons souvent que l'éducation intellectuelle donnée aux jeunes filles, aujourd'hui, est mal comprise. Je ne parle pas ici de celles qui ont une vocation spéciale, et trouvent dans des centres d'études comme le nôtre les éléments d'une culture très personnelle, mais des jeunes filles en général, de nos élèves futures, pour qui nous devrons soit accepter des procédés et des méthodes d'éducation, soit en inventer. Il n'y a, pour ces dernières, que deux systèmes d'éducation intellectuelle. Ou bien c'est la formation élémentaire et superficielle d'un « cours » en vogue ou d'un terne pensionnat que viendra compléter, entre quinze et dix-huit ans, la formation — ou la déformation, peut-être — d'innombrables conférences hétéroclites, déplorablement banales et faciles, ou dangereusement spéciales. Ou bien, c'est la formation moderne des baccalauréats, celle que l'on reçoit dans les lycées de l'État. Celle-ci vaut mieux que l'autre, peut-être — je ne parle ici que de l'éducation *intellectuelle* — mais elle participe de l'engouement actuel, déjà peut-être en défaveur, heureusement, pour une culture toute d'érudition, et de faits de détail, et de *matière* où l'effort du maître et de l'élève porte beaucoup plus, par exemple, sur les entours d'un texte littéraire, et sur ses diverses éditions, et en tout cas sur sa forme, que sur son contenu. De plus, cette formation repose sur cette erreur grossière que des esprits féminins peuvent atteindre leur plein développement par des études exactement semblables à celles qui formeront des esprits masculins. D'où tant d'esprits féminins déconcertés, atrophiés, ou même déviés. Les femmes perdent avec une telle éducation leurs qualités propres, ces riches facultés d'intuition qui sont leur vraie originalité et leur supériorité intellectuelle, sans que la discipline maladroite qu'elles subissent leur confère vraiment l'autre supériorité, celle du raisonnement logique, rigoureux et impassible.

Et plusieurs, parmi nous, rêvent autre chose que cette culture nulle ou que cette culture « inadéquate ». Elles cherchent déjà, pour le réaliser plus tard dans leur méthode d'enseignement, ce que serait la culture intellectuelle originale de la femme, culture qui lui devrait donner l'équilibre logique, sans doute, mais aussi qui devrait féconder et pousser à leur pleine utilisation ses dons innés, son goût naturel des idées générales, sa surprenante puissance d'intuition, et jusqu'à cette tendance *religieuse* de son esprit — je dis bien de son esprit, et non pas, ici, de son cœur — qui n'est qu'une intuition plus hardie et plus profonde, une aisance naturelle à « passer du fini à l'infini ».

Un petit nombre d'entre nous conçoivent notre tâche comme plus large encore qu'une éducation de l'esprit. Elles en veulent faire une *éducation*, tout court, c'est-à-dire une éducation intégrale. Elles ne peuvent se résoudre, tout professeurs spéciaux qu'elles seront, à ne former que des esprits ; elles ont l'ambition de former des âmes.

Cette question est souvent entre nous l'objet de discussions très chaudes. On nous dit que cette ambition est chimérique, parce que les rapports de professeur à élèves sont trop rares et trop brefs pour permettre une influence efficace; on nous dit qu'elle est déplacée, et que notre devoir est de nous limiter strictement à l'objet précis de notre enseignement.

Que celles d'entre nous qui ont cette ambition ne trouvent guère dans l'enseignement de l'Etat des cadres qui leur permettent de la réaliser, je n'en disconviens pas; c'est pourquoi beaucoup se dirigent vers l'enseignement libre, dont l'organisation facilite un contact avec les élèves, plus libre et plus intime, plus durable aussi. Que, si nous enseignons la langue française, notre devoir strict, pendant les classes, soit de parler de grammaire et non de morale, c'est aussi notre pensée. Est-ce une raison pour nous abstenir de tout essai, de tout désir, de toute préoccupation d'influence morale sur nos élèves ? Serait-ce qu'il y a des heures pour l'éducation morale, comme pour le calcul ou la danse ? Et s'il est vrai, au contraire, que cette éducation se fait à tout instant, et beaucoup plus par je ne sais quelle influence qui se dégage de nous, que par des préceptes et des discours, serons-nous dans notre devoir en laissant cette influence s'exercer involontairement, inconsciemment, au hasard, au lieu d'en faire une œuvre lucide et consentie ?

Il y a là un danger grave. Il y en a un plus profond et plus subtil dans cette tendance moderne à vouloir tout séparer, tout isoler, dans cette extrême division du travail qui devient un morcellement. Isoler notre enseignement particulier de la culture générale, c'est nous désintéresser de l'harmonie de cette culture et risquer de nous exagérer le rôle qu'y doit tenir cet enseignement particulier : et nous formerons de petits spécialistes, qui sont, plus encore que les grands, des monstres. Isoler notre tâche d'éducateurs intellectuels de l'éducation générale, c'est nous faire perdre de vue l'ensemble de l'œuvre, et du même coup la place relative de notre œuvre, à nous, dans cet ensemble : et nous ferons des intellectuelles pures.

L'éducation est œuvre de diversité et de complication, sans doute, mais elle est surtout œuvre d'unité. Même professeurs spéciaux, nous voulons aller à toute l'âme de nos élèves, et avec toute la nôtre. La première condition pour réaliser ce dessein est assurément d'avoir une âme. Ce n'est pas aussi fréquent qu'on peut le croire. Et c'est pourquoi les plus « conscientes » d'entre nous, et les plus vraiment « appelées » à notre vocation, travaillent d'abord, et silencieusement, sur elles-mêmes.

Telles sont, monsieur, les idées que j'ai pu saisir et les préoccupations que j'ai pu deviner parmi nous en ce qui concerne notre métier. Ce sont là nos préoccupations essentielles, dominantes, tyranniques ; et c'est pourquoi je ne puis vous apporter sur nos idées plus générales — sociales, politiques et religieuses — que des données plus brèves et moins précises. Des grands problèmes, en effet, nous parlons peu, entre nous. Le temps nous manque ; et notre travail nous a du moins appris ceci : l'habitude de ne pas traiter, à la légère et à la surface, des questions graves. Toutefois, si nous n'en parlons guère, nous y pensons.

Il y aurait de curieuses observations à faire sur

l'attitude des étudiantes — puisque nous ne sommes encore que cela — envers la famille ; non pas la famille, dont elles sortent, et qui reste pour presque toutes le « foyer » tiède et doux, trop souvent lointain, où l'on va, aux vacances, se détendre et se ressaisir ; mais leur famille de l'avenir celle qu'elles sont, en tant que femmes, appelées à fonder. Si ce foyer qui se construit par le mariage et la maternité reste l'espoir profond et le désir du plus grand nombre d'entre nous, je le crois, il en est peu qui n'attachent pas à cet espoir un doute un peu mélancolique, ou qui n'apportent, dans ce désir, une défiance.

Un doute, parce que les conditions matérielles de la vie, il faut l'avouer tout humblement, rendent le mariage difficile à la petite étudiante sans fortune et encore sans situation ; un doute encore, et d'ordre plus élevé, parce que sa culture supérieure, qui l'a affinée et compliquée, lui rend impossibles certains mariages, par ailleurs très honorables. Non qu'il y ait chez elle la moindre suffisance d'esprit et qu'elle se considère comme un être supérieur : le pédantisme est à peu près inconnu chez nous, grâce au sérieux même et à la profondeur de notre travail. Mais elle cherche, d'instinct, dans le mariage, une union d'esprits et d'âmes. Et comme l'usage subsiste, dans notre siècle de lumière, de marier deux situations et tout au plus deux vies matérielles, goûts et manies compris, beaucoup plus que deux intelligences et deux âmes, elle redoute, confusément ou précisément, de se mésallier moralement ; et elle s'interdit, courageusement, de trop rêver au foyer qu'elle désire.

Doute mélancolique pour quelques-unes. Pour
d'autres, c'est une défiance. Chez nous, on voit
la vie de près, très jeune, trop jeune peut-être. A
des observatrices même naïves, le mariage n'apparaît guère, dans notre société contemporaine,
comme un refuge ou comme un port. Il n'est plus
un asile abrité où la mère puisse faire croître en
sécurité sa jeune famille. La seule garantie de la
dignité, de la stabilité, de la durée du foyer, est
aujourd'hui, pour l'homme, la valeur morale de
la femme, pour la femme la valeur morale de
l'homme. Cela nous fait réfléchir. C'est un bien,
sans doute ; mais si cette instabilité relative nous
rend parfois défiantes à l'excès et peu empressées
à créer des familles, il ne faut pas s'en prendre
qu'à nous.

Aux idées sociales les plus générales, on est
très accessible et très ouvert parmi nous. Si le
labeur absorbant qui est le nôtre ne nous permet
guère de nous occuper, de manière suivie, de ces
questions — encore que je connaisse quelques
héroïnes qui consacrent leurs dimanches à des
œuvres d'éducation populaire — elles trouvent
toujours en nous une compréhension intelligente
et des enthousiasmes. Tout ce qui est effort vers
un mieux social est bien accueilli, et jugé sans
parti pris, avec ce désintéressement que l'on
trouve loin du champ de lutte. C'est pourquoi les
tendances féministes, par exemple, en ce qu'elles
ont de profond et de juste, trouvent parmi nous
une sympathie sérieuse et calme, tandis que leurs
excès, leurs fureurs et leurs naïvetés jettent souvent, dans nos réunions, une gaieté saine : ces

petites étudiantes sont avant tout des femmes de joyeux bon sens.

Quant aux questions spécialement politiques, la plupart d'entre nous pratiquent, à leur égard, cette forme souriante du mépris qui consiste à les ignorer. Nous nous en tenons très loin — sauf quelques groupes d'extrême droite ou d'extrême gauche, dont nous ne prenons guère la propagande au sérieux. Et je ne dis pas qu'il n'y ait pas là une négligence peut-être fâcheuse ; que ce soit désirable ou non, la femme peut être appelée demain à jouer un rôle politique ; actuellement, il est manifeste qu'elle en joue un, par son influence indirecte : il en a toujours été ainsi ; et il est à craindre que ce rôle, que cette influence, faute de réflexions qui les préparent, ne soient dangereux. Mais je constate simplement le fait : les femmes restent, c'est très visible parmi nous, plus soucieuses d'action morale que d'action positive, et elles pensent, avec un sourire, que le meilleur moyen de préparer l'amélioration du gouvernement, c'est de réaliser l'amélioration morale des hommes, ce à quoi elles comptent bien travailler.

Reste, enfin, la question religieuse. Ici, monsieur, la réalité que j'ai sous les yeux est si complexe que je suis tentée de renoncer à la décrire. Il y a parmi nous toutes les nuances de croyance et d'incroyance, depuis l'indifférence un peu dédaigneuse jusqu'à la foi intégrale, devenue le centre de la vie.

Quelques-unes, les plus jeunes, presque toujours, m'ont dit ceci : « Nous n'avons pas le temps.

Le problème religieux n'est pas un problème de détail que l'on résout dans une dissertation, en quatre heures. C'est un problème synthétique, qui implique une conception générale des choses, et dont la méditation demande de vastes connaissances et de longues heures. Nous ne savons pas ; nous ne pouvons pas ; plus tard, quand nous aurons le temps, nous examinerons. D'ici là, nous gardons une attitude respectueuse devant le « fait religieux » ; nous attendons... » Dangereuse attente, sans doute, parce qu'elles ne « sauront » jamais, parce qu'elles n'auront jamais, et de moins en moins, le temps ; parce que les solutions se formeront en elles et sans elles, et tout négativement, par leur désintéressement lent de toute réalité supérieure et l'atrophie de leur vie profonde ; mais excuse tout de même pour qui connaît notre vie et son labeur.

Toutes ne parviennent pas, du reste, à se débarrasser ainsi des préoccupations religieuses. Même chez celles qui « attendent », c'est-à-dire qui n'ont pas trouvé encore ou qui ont perdu la forme de leur vie religieuse, presque toujours ces préoccupations existent, et résistent, et vont souvent jusqu'au trouble, jusqu'à l'angoisse intérieure. Il y a là un besoin profond, sourd ou aigu, mais indéniable. La preuve en est qu'elles cherchent avec inquiétude, parmi les formes religieuses existantes, et jusque dans les systèmes les plus douteux, il faut bien le dire, une réponse à leurs aspirations.

Et enfin, au milieu de ces âmes troublées, il y en a un grand nombre — j'ai pu le contrôler dernièrement — pour qui la foi chrétienne a été cette réponse et continue de l'être ; et, parmi ce grand nombre, quelques-unes pour qui la vie religieuse intime est bien ce « foyer d'énergie personnelle » dont parle quelque part William James, foyer de pensée, de sentiment, force d'action, autour duquel s'organise tout le reste de la personnalité. Je ne parle ici que de la foi catholique, parce que les exemples m'en sont plus familiers ; mais je suppose qu'il en est de même dans les autres confessions représentées dans notre groupe. Celles-là vivent une vie religieuse intégrale ; c'est-à-dire qu'elles prient, tout simplement, et qu'elles essaient de faire passer dans leurs pensées, dans leur travail et dans leurs actes l'amour dont elles vivent au dedans d'elles-mêmes. Elles se réunissent de temps en temps, pour parler de leurs croyances et de leur vie profonde, et il règne, paraît-il, dans ces réunions, beaucoup de fraternelle simplicité et de chaude affection. Elles ne sont pas plus ennuyeuses que d'autres, ni de moins d'esprit, ni de moins de gaieté. Elles ont quelquefois un peu plus de dévouement, et on dit que leur amitié est très sûre. On les devine, d'ailleurs, plus qu'on ne les connaît, car elles ne jugent pas nécessaire de faire de leur foi un étalage belliqueux ; mais permettez-moi de vous dire, monsieur — et ceci cesse tout à fait, évidemment, d'être impartial — que celles-là seules, à mon sens, vivent de la vie pleine, et sont capables de la transmettre.

A. BONNET,
Membre participant
de la mutualité Maintenon.

LA MÉDECINE

I

Monsieur le Directeur,

Laissez-moi tout d'abord vous remercier de vouloir bien réserver à mon style imparfait d'étudiante quelques pages de votre revue. J'ai peur de répondre d'une façon fort médiocre au désir de vos lecteurs. Mes connaissances médicales sont bien minimes, comme est sommaire ma connaissance de la vie ; mes pensées sont incertaines et mes projets ne sont que des rêves. Vous me faites l'honneur de me les demander. Si j'expose les uns et si j'exprime les autres avec trop de fougue et de débordement, puis-je au moins espérer que vous-même et vos lecteurs m'accorderez l'indulgence que réclament l'ignorance et la présomption de mes vingt ans ?

Lorsque je veux me remémorer les raisons qui, il y a trois ans, me poussèrent vers l'École du

P. C. N., tout nouvellement munie de mon diplôme de bachelière, je n'en trouve pas de bien réellement valables. J'étais engagée alors et depuis deux ans déjà, dans l'étude d'une langue orientale, confondant mes aspirations médicales du moment avec des rêves vagabonds d'expatriation en des pays lointains où je voyais de « grandes choses » à réaliser. Je ne pourrais vraiment dire d'où me vinrent les unes et les autres. On ne compte pas de médecin dans ma famille ; nul ne me pressait d'embrasser cette carrière et c'est spontanément que je l'ai choisie. Irai-je, remontant les années écoulées, trouver les prémices de ma vocation dans le goût très vif que j'avais de droguer mes poupées et de badigeonner de teinture d'iode leur poitrine de carton ? Irai-je en invoquer la première manifestation dans la vision fort nette que j'ai d'une petite fille soignant à sa façon un chat malade ? Je disais alors : « Je serai médecin », comme d'autres disent : « Je serai général », ou même : « Je serai roi... ou reine. » Mais ce sont là des goûts d'enfant qui changent, dont le souvenir parfois s'efface et qui, plus tard, ne pèsent guère dans le choix d'une route à suivre. Je me souviens qu'au lycée, pour une composition trimestrielle, j'écrivis sur le développement du ténia quelques pages qui me valurent une place de première. Je n'ose dire si c'est ce premier succès qui traça ma voie — point n'est besoin, sans doute, de chercher une explication si loin. Et il est plus simple de penser qu'à l'âge où l'on prend une direction, la nécessité que j'entrevis de donner un but à mon existence, l'utilité morale que je sentais de m'imposer une tâche, me firent d'instinct choisir celle qui répondait le mieux à mon désir non formulé de pénétrer la nature humaine, qui est en somme notre désir secret à tous ; qui répondait le mieux à mes aspirations de femme, découlant des deux grands sentiments qui nous dirigent en général : l'amour et la pitié. N'est-ce pas ces deux sentiments qui, suivant leur objet et leur développement, font la femme ce qu'elle est dans le bien comme dans le mal ?

*
* *

Quoi qu'il en soit des motifs qui inspirèrent ma décision, une fois mon choix fait, je me mis à la tâche avec ardeur et conviction. Vous me demandez, Monsieur le directeur, ce que je pense de ma profession. Comment vous répondre d'une façon satisfaisante ? Je ne suis pas encore à la période des récoltes et « ma profession » à moi, étudiante de deuxième année, se réduit à l'apprentissage « du métier », à une première prise de contact avec la « bête humaine ». Mon horizon se borne aux murs de mon hôpital et aux limites de mon pavillon de dissection. Pour une étudiante, ces lieux ne sont dénués de poésie ni l'un ni l'autre, surtout par le souvenir qu'ils laissent. Quelle émotion fut la mienne quand, il y a plus d'un an, je franchis pour la première fois la porte de l' « Hôtel-Dieu » ! Je me souviens de l'odeur qui me frappa dès l'entrée de cette salle Saint-Landry, qui, jusqu'à présent, a été pour ainsi dire mon seul domaine, et une certaine volupté s'attache à la réminiscence de ce que j'éprouvai alors. Oui, cette grande salle claire aux fenêtres hautes et droites, où j'eus le plaisir mélangé d'un peu d'orgueil de faire mon premier diagnostic, garde pour moi, avec ses deux rangées de lits et l'odeur humaine qui en émane, un charme indéniable. Il se dégage de ses murs une personnalité qui me la rend sympathique, cette sorte de personnalité si spéciale des lieux où l'on a vécu de grands instants.

Il est un autre coin de l' « Hôtel-Dieu » que je voudrais vous faire connaître. C'est le laboratoire du professeur Roger. S'il vous prend fantaisie de le voir, après avoir franchi la porte d'entrée de l'hôpital, après avoir gravi le large escalier qui lui fait face, après avoir parcouru la longue galerie qui le continue, vous tournerez à gauche; vous passerez derrière la chapelle; vous marcherez encore; vous tournerez à droite et après avoir longé une salle dont l'odeur de formol et de cadavre viendra vous apprendre si vous ne le saviez déjà, qu'elle est « la salle des morts », vous arriverez dans un petit réduit... tout proche. C'est là... C'est là que, l'hiver dernier, voisinant avec les bêtes du laboratoire, deux fois par semaine, nous préparions avec l'interne des conférences d'externat. Installés comme nous pouvions, sous la clarté peu vive d'une lampe à abat-jour, près de la table chargée de microscopes, d'échantillons de sang, de ballons d'urine, nous travaillions, tandis que les lapins inoculés somnolaient dans un coin, que les chats du « logis » se frottaient à nos jambes et que le chien venait poser son museau humide sur nos mains quand elles se trouvaient à sa portée. Je me rappelle la sensation que nous éprouvions lorsque vers six heures et demie, sortant du petit réduit doucement éclairé, nous nous trouvions dans le corridor obscur, longeant cette salle d'autopsie et cet amphithéâtre d'où semblaient sortir, avec des émanations caractéristiques, mille bruits mystérieux. Quel petit frisson nous saisissait et quel mouvement de recul involontaire quand une porte en s'ouvrant brusquement, donnait passage, dans un cône de lumière qui éclairait la chambre funéraire placée plus loin en contre-bas, à deux gardiens portant quelque cercueil... L'impression qui se dégage de notre pavillon de dissection est tout autre. Baignés dans une lumière crue, nous nous trouvons en présence d'une vingtaine de cadavres, bientôt déchiquetés, couchés sur des tables de pierre noire, munies de rigoles et d'orifices par lesquels, dans des récipients de métal, s'écoulent des liquides organiques et qui ne supportent bientôt plus qu'un amas d'os et de chairs sans sexe. Là, rien d'imposant et rien d'émouvant. La foule des étudiants rit et chante, on oublie vite que l'on se trouve en présence d'êtres humains... ou qui le furent. On ne voit qu'un travail et il faut avoir éventré un corps, fouillé des viscères corrompus, travaillé des heures durant, le nez plongeant dans les émanations putrides qui se dégagent d'un cadavre sur l'étal depuis deux mois, pour comprendre la satisfaction que l'on éprouve lorsqu'on est enfin arrivé à dégager de toute cette pourriture un système vasculaire complet, qui apparaît alors comme une œuvre d'art sur un tas d'immondices.

* *
*

Un des avantages de notre « profession » est la facilité que nous avons de pouvoir observer les hommes et de les mieux connaître. C'est un avantage dont nous nous rendons compte dès notre première année d'hôpital. En dehors de l'intérêt purement médical qui y est attaché, quel enseignement social ne peut-on tirer de ces lits où sont couchés des malades du peuple, dénués d'artifice autant qu'il est possible, dépouillés de tout ce qui peut dissimuler la nature et parmi lesquels on trouve quelques figures bien intéressantes pour peu qu'on se donne la peine de les observer et de les écouter. Il est quelques scènes qui sont fort comiques. En voici un exemple : « C'était pendant une matinée de janvier 1912. Un malade de quatre-vingt-six ans avait été transporté dans un des lits quelques jours auparavant. Atteint d'un phlegmon diffus de la jambe, son état général était grave et cette salle d'hôpital devait être le dernier asile du pauvre homme. Un matin, avant l'arrivée des stagiaires, je le vis sur son séant, bien calé sur ses oreillers, un mouchoir de couleur étalé devant lui et s'apprêtant à se moucher suivant l'usage des hommes simples. Malgré les conseils de ses voisins de lit, appuyant l'index sur l'une de ses narines, il projeta un petit paquet de mucosités sur le carré d'étoffe. D'où reproches indignés à droite et à gauche et cette phrase que j'entendis prononcée avec véhémence : « Sale dégoûtant ! Devant les dames, encore ! » Les dames, représentées par mon humble personne, avaient bien de la peine à ne pas rire. Mais le vieux, sans s'émouvoir, riposta : « Ben quoi ! J'me mouche dans mon mouchoir. »

En novembre dernier, j'ai refait connaissance avec quelques occupants que j'avais quittés plusieurs mois auparavant. L'un d'eux est du dernier galant. Son lit étant placé près de la porte, aussitôt que j'entre, il a un compliment prêt à me faire et il m'offre une tablette de chocolat. Je revis son voisin, un cancéreux qui n'avait plus que quelques semaines à vivre et qui, pour m'accueillir, parvint à mettre un sourire sur sa figure maigre et jaune de cachectique où luisaient deux yeux noirs pleins de fièvre. L'odeur qu'il dégageait incommodant les autres malades, on le transporta dans un recoin de la salle formant alcôve, malgré ses prières et ses supplications. Pauvre diable ! Il mourut seul, sans même cette consolation suprême de voir exaucer son dernier désir, un misérable, minime désir : celui de mourir dans un lit qui avait été le sien pendant dix-huit mois et auquel, à défaut d'autre compagnon, il s'était attaché. Ces sortes de souffrances morales sont à coup sûr plus émouvantes que les cris de douleur physique qu'arrachent un abcès ouvert ou un phlegmon ponctionné et il est même curieux de voir avec quelle indifférence nos patients accueillent la mort de leurs compagnons. L'un d'eux mourut pendant que l'on faisait son pansement quelques minutes avant la visite. L'infirmier l'avait recouvert de son drap selon l'habitude et après le départ du chef, il lavait la plaie afin qu'on pût enlever le corps. C'était un dimanche ; il était un peu plus de onze heures et il y avait une distribu-

tion de tartelettes. Un des malades à qui l'on re-
mettait son dessert, fit cette remarque : « Bon Dieu !
Qu'est-ce qu'on prend comme digestif ! » Mais
c'est en vain qu'on eût cherché une marque de
pitié ou la trace d'une émotion sur le visage de cet
homme...

... Le croirait-on ! La jalousie n'est pas bannie
de nos salles ; la médisance s'y rencontre et les
cancans y sont en honneur. On se traite d' « aristo »
et parfois d' « intrigant »...

Pour finir, je dirai un mot d'un de ces malades
qui roulent d'hôpital en hôpital et qu'on dénomme
« pilons ». Parmi ces « pilons », je vois encore
un vieux : une tête intelligente ; des yeux pétil-
lants ; une longue barbe grise. Porteur d'un ulcère
qu'il nommait plaisamment son gagne-pain, grand
admirateur de Voltaire, je le trouvai un jour li-
sant l'*Histoire de Charles XII* : « Ah ! me dit-il...
Mademoiselle... c'était un grand roi ; pourtant il
n'a pas toujours couché dans son lit et il est mort
sur les remparts... Alors, puisqu'un roi a couché
sur la dure, je ne peux pas me plaindre... Et
quand on est un philosophe !... » Du reste, il
n'était pas seul amateur de littérature et mon infirmier Auguste est aussi un lettré. Il possède
une bibliothèque choisie. Dernièrement, il a acheté
Michelet. Il connaît non seulement les auteurs
français, mais encore les auteurs étrangers et il
aime à discuter sur les talents et le mérite de nos
romanciers modernes.

... Je ne parlerai plus maintenant de l'hôpital et
de ses malades. Mais je profite de ce que vous
m'avez donné l'autorisation d'exprimer librement
et sincèrement mes sentiments, pour envoyer à

mon maître, M. le professeur Reclus, un souvenir
ému et reconnaissant et je crois ainsi répondre au
vœu de tous mes camarades qui furent ses élèves.
Nous n'oublierons pas qu'il nous a enseigné avec
tout son talent de praticien, toute sa persuasion,
son éloquence et son savoir de « maître », plus
que des notions précieuses, plus qu'une méthode
nouvelle : il a fait passer en nous un peu de sa
grande bonté, un peu de sa conscience et de son
dévouement inlassables. Pour eux et pour moi, je lui
dis ici et du fond du cœur : « Merci. » Et ceux qui
nous suivront, comme ceux qui nous ont précédés,
ne pourront pas reprocher à la jeunesse *féminine*
d'aujourd'hui son ingratitude.

Je m'excuse de m'être étendue si longuement
sur cette première période de ma vie médicale.
Mais c'est, je crois, qu'elle laisse son empreinte
indélébile sur l'âme de la praticienne et je crois
ces souvenirs tenaces, aussi tenaces que celui du
premier coup de bistouri donné dans des tissus
vivants, aussi tenaces que l'odeur de chair brûlée
que laisse en se retirant la lame du thermocautère.
Et puis, c'est tout ce qui, actuellement, constitue
« ma profession ». Plus tard, que ferai-je ? Je
l'ignore et j'ai encore quelques années pour prendre
une décision. Si je voulais suivre l'exemple de la
plupart de mes compagnes, j'aurais à choisir
entre deux voies. Les unes, en effet, se sont consa-
crées ou se destinent à des travaux de laboratoire,
tandis que les autres, préférant à un travail pure-

ment scientifique et casanier, une mission plus active et plus immédiatement utile, veulent s'occuper des enfants et se faire une clientèle féminine. C'est là, évidemment, le véritable rôle de la doctoresse, bien qu'il faille admettre qu'un esprit naturellement curieux ne puisse se contenter exclusivement d'un champ aussi limité. Quant à moi, dans mon esprit, s'ébauchent les grandes lignes d'un projet un peu flou. Quand j'aurai terminé le temps de scolarité nécessaire, je voudrais étudier les maladies nerveuses, la pathologie mentale; je voudrais suivre les affections qui atteignent l'être humain, non dans sa chair proprement dite, mais dans son intelligence, dans ses facultés, dans ce qui le fait supérieur. Je passerais quelque temps dans les pays orientaux, dans l'Inde particulièrement, où j'irais suivre de plus près ces troubles nerveux, ces étranges désordres mentaux, ces états de stupeur et de catalepsie, ces phénomènes de psycho-physiologie qui ont passionné de grands savants et dont yôgis et faquirs connaissent le secret. Cela sans oublier mon rôle principal, qui serait de soulager dans la mesure de mes moyens ceux qui auraient besoin de moi. J'aurais l'ambition de laisser où je passerai un souvenir de sympathie, de faire profiter les hôtes de ces pays lointains des méthodes nouvelles enseignées par nos maîtres, et j'estimerais de mon devoir de mériter pour eux toujours un peu plus de gloire... Puis, munie de mes notes, de mes pièces, de mes observations, je reviendrais me fixer en France, à Paris, et il me semble qu'alors j'aimerais m'attacher à quelque asile d'aliénés, Sainte-Anne, par exemple. Là, entourée d'une atmosphère d'activité et de labeur, je partagerais mon temps entre mes malades et des travaux de laboratoire. Si... dans des années, par un coup de baguette magique, je voyais tomber en ma possession les trésors de Karun ou de Crésus, je ferais construire à ma façon, pour les petits arriérés, les microcéphales, un asile où je travaillerais moi-même à développer ces petits, à améliorer le sort de ces inintelligents... Mais, comme pareil miracle ne se produira pas, je puis toujours former un projet plus modeste, plus sensé et réalisable. Celui de guérir (dans la mesure du possible) les malades qui viendront me voir, de soulager les souffrances que je trouverai sur mon chemin et que j'irai chercher si elles ne viennent pas à moi, heureuse, si, au moment de la mort, regardant dans ma vie, je vois un peu de bien.

.

Je puis croire que mon choix est heureux, à en juger par le nombre de jeunes filles qui ont suivi la même voie que moi. Parfois je rencontre à la Faculté des compagnes d'enfance qui, mes aînées au lycée, sont déjà internes ou seulement candidates à l'internat. J'en rencontre de plus jeunes qui en sont tout à fait à leur début... Quelques-unes, cependant, se sont arrêtées en chemin : elles sont allées où leur cœur les conviait et maintenant mariées. Nous ne regrettons rien pour elles. Dans le champ qu'elles avaient choisi pour leur activité juvénile, elles ont rencontré l'homme qui les a aimées, qu'elles ont aimé, et, sans hésitation, élles ont déposé leurs ambitions, leurs projets, leurs rêves, pour fonder un foyer. On ne peut que bien augurer des unions fondées sous de tels auspices et s'il en est qui présentent des garanties de bonheur, ce sont bien celles-là. Conséquences d'une affection mutuelle, elles sont faites pour relever la dignité du mariage, autant que ces unions hâtives contractées entre deux tours de valse sont faites pour l'abaisser.

J'en sais qui, plus tenaces, ont voulu conquérir leur diplôme avant tout et sont ensuite devenues les collaboratrices de leur mari. Je connais un de ces ménages de médecins. Etabli dans un village du Nord, le mari donne ses soins aux hommes, sa jeune femme donne les siens aux paysannes et aux enfants, satisfaite de sa vie calme et laborieuse. C'est que l'amour et le mariage ne sont plus nos seuls rêves, à toutes du moins, car nous rencontrons encore de ces jeunes filles qui considèrent un mari comme le but dernier vers lequel tendent tous leurs efforts, qui parfois se dérobe, pour lequel elles consument leur vie en une attente servile, usant leur cœur, leur intelligence et réalisant, si elle sont déçues, ce type de la vieille fille qui, heureusement, se fait de plus en plus rare. Mais, en général, si elles ne se donnent pas à une tâche d'étudiante, elles s'occupent d'œuvres diverses, d'art. Elles s'intéressent à mille choses de la vie courante, ne se cantonnent plus dans leurs petits soucis de chiffons et de romans. Ce n'est plus la vierge au teint pâle et aux bandeaux de lin, qui attend un époux en filant la quenouille et à qui l'on ne prête tant de poésie que parce qu'elle évoque un joli type d'un temps qui n'est plus. Bien que les jeunes filles occupent leur temps d'une façon moins frivole, je ne vois pas que l'on se marie moins que par le passé. Seule, la conception du mariage a changé. Habituées à compter davantage sur nous-même, le mariage n'est plus pour nous une question vitale. Même en dehors de lui, nous entrevoyons le salut et, au moment d'engager notre vie à jamais, il faut que le sentiment qui nous guide soit assez fort pour nous faire consentir un sacrifice. La famille future a, je crois, tout à gagner à cette transformation, même si cette transformation se fait aux dépens de son ancienne constitution patriarcale. Je sais bien que des étudiantes se marient... « et restent étudiantes comme devant ». Mais, pour ma part, je n'approuve nullement ces cas qui sont d'ailleurs en dehors de la généralité. Je veux qu'une femme qui préfère à la voie primitivement choisie le bonheur d'un foyer et le soin d'élever des enfants ait le courage de renoncer à ses ambitions premières et je n'aime pas plus les ménages d'étudiants que ces ménages d'employés où, sitôt levé, chacun court à son bureau ou à son hôpital pour souvent ne rentrer que le soir. Dans les cas où l'on ne se sent pas la force de renoncer complètement, d'une façon absolue, sans arrière-pensée, à des cours et à des examens qui vous intéressent, je trouve qu'il vaut mieux attendre de s'être libérée et d'avoir atteint son but. Il est vrai aussi que les longues fiançailles de cinq et même de dix ans qui s'observent dans les pays du Nord semblent incompatibles avec notre caractère national. Qu'est-ce que cela prouve ? Que nos sentiments sont trop impérieux ? Ou bien plutôt que nous doutons de

nous-mêmes, de notre patience et de notre fidélité ? Suprême inconséquence ! Nous craignons
que notre amour ne subsiste pas dix ans et nous
admettons que des liens matériels, charnels, existent entre nous quand lui-même est mort, lui qui
est pourtant leur seule raison d'être... Cette opinion m'est, du reste, absolument personnelle et je
ne prétends pas la donner comme l'opinion générale de la jeunesse médicale féminine. Les étudiantes en médecine appelées « Madame », sont
assez nombreuses pour que l'on puisse, au contraire, conclure que l'opinion courante est plutôt
opposée à la mienne et ne trouve pas d'opposi-
tion entre les devoirs d'une femme mariée et les
obligations d'une interne... Et pourtant !

*
* *

Je me demande pourquoi dans certains milieux,
on a si peu de sympathie pour les étudiantes, toutes
désignées par ce terme vague et employé à tout
propos « d'intellectuelles » ? Pour les uns, il dési-
gne toute jeune fille qui, ayant passé son brevet
supérieur, s'intéresse à un livre qui n'est pas un
roman. Pour d'autres, c'est une femme qui, con-
finée dans les hautes régions littéraires, scientifiques, voire politiques, dédaigne tout ce qui est
matériel; méprise tout ce qui est sentiment. Dans
la réalité, je crois qu'on rencontre fort peu ce type
absolu. Pour ma part, parmi mes amies et connaissances, je n'ai jamais rencontré ce modèle
de pédante, qui ne sait concilier avec des aspirations soi-disant intellectuelles, les soins domesti-

ques ou les sentiments. Les femmes des siècles passés, que l'histoire nous présente comme remarquables par leurs connaissances et leur talent, étaient réputées pour leur charme, leur esprit et leur simplicité. Ne croyez pas que, parce que nous sommes étudiantes, nous ignorions tout de l'économie domestique. Nous savons fort bien, comme les jeunes filles d'autrefois, orner un salon, recoudre un bouton, repasser un col, garnir un chapeau ou faire un corsage. Nous ne dédaignons nullement l'office et la cuisine et nous ne craignons pas, quand nous en avons le loisir, de mettre comme nos mères la main à la pâte. Je m'amuse parfois à confectionner des gâteaux, et mes amies et moi, toutes étudiantes, nous entendons fort bien à les manger.

D'autre part, nous sommes, je le crains, peu prisées par certains de nos maîtres, qui semblent ne nous prendre pas très au sérieux. Ils ont des doutes sur la durée du zèle qui nous anime et ils pensent secrètement, s'ils ne le disent, que nous n'arriverons jamais à produire un travail de quelque valeur. On peut leur objecter que si l'esprit féminin n'est pas doué de la persévérance scientifique, c'est que, jusqu'à présent, il a été appliqué à d'autres objets; qu'il est en voie d'évolution et il a besoin d'être encouragé plutôt qu'entravé dans sa métamorphose. Le cerveau masculin, tel qu'il est bâti de nos jours, a derrière lui des siècles de culture. Tous les efforts des générations précédentes se sont accumulés pour développer en lui seul ces facultés de raisonnement, de conception, d'invention et ces qualités, dites viriles. La femme reléguée en sa maison, sevrée de toute culture,

demeurait dans un état de stagnation intellectuelle.
C'est là un lourd arriéré, qu'on ne saurait raison-
nablement lui reprocher. Pourtant dans notre société actuelle, en dehors des droits que lui confère
son titre d'épouse et de mère, elle devrait avoir
un rôle plus considérable. Ce n'est pas dire que
nous, jeunes filles, nous réclamions pour elle à tout
prix le droit de vote et d'éligibilité dont bien des
hommes n'usent même pas. Ce n'est pas en occu-
pant une situation officielle que l'on fait le plus de
besogne. Certaines d'entre nous, et je dois dire
que je me rallie complètement à leur opinion, pré-
féreraient que l'on accordât à la femme une plus
grande liberté en ce qui concerne les questions
d'ordre social dont elle s'occupe. C'est dans cet
ordre d'idées qu'elles voudraient voir son initiative
accueillie et encouragée. Et ces œuvres sociales,
quelles sont-elles ? Nous en avons beaucoup : protection morale des enfants ; œuvres des crèches ;
aide aux petites ouvrières ; répression de l'alcoolisme et bien d'autres. Si dans ce champ d'action,
la femme pouvait obtenir un résultat, si minime
soit-il, elle aurait rempli et au delà tout son devoir
de citoyenne, même en n'étant pas avocate, doctoresse ou suffragette.

Et puis, en dehors des institutions officielles et
de l'Assistance publique, il y a tant de souffrances
et de douleurs morales qui demeurent et demeure-
ront toujours hors de l'atteinte et du remède des
gouvernements, étant produites par l'iniquité sociale ajoutée à l'iniquité de la nature. Il est difficile souvent d'y apporter un soulagement, car ce
sont des douleurs qui se dérobent et qu'il faut rechercher.

Nous réclamons du tact et de la délicatesse de la femme l'accomplissement de ce devoir, qui est un devoir sacré. C'est que ces souffrances atteignent des êtres auxquels nous sommes liées par les vicissitudes communes de nos natures humaines, assujettis que nous sommes tous à des lois intangibles et indiscutables. Nous aurons pour nous soutenir dans notre tâche, à défaut du sentiment religieux s'il nous manque, un idéal qui suffise à faire notre vie utile et nos actions droites; comme le disait l'abbé Loisy en 1909, un idéal « de société bonne et de conscience satisfaite ».

MATHILDE DEROMPS,
Externe des hôpitaux.

II

Sans hâte et sans bonne humeur l'opinion publique s'est accoutumée à l'idée qu'une femme pouvait exercer une profession libérale. Particulièrement en ce qui concerne la carrière médicale elle se tient sur une prudente réserve — certaines personnes semblant même témoigner, à l'égard des femmes qui se destinent à la médecine, une défiance qui n'est pas toujours dénuée de parti pris. Sans doute on ne se fait plus d'elles l'image peu flatteuse, et vraiment caricaturale à l'excès, que nous ont laissée certains romanciers plus soucieux d'obtenir d'heureux effets littéraires que de décrire la réalité. On ne se les représente plus comme des viragos au costume masculin et aux opinions liber-

taires, ayant l'allure et le langage des hommes
mal élevés. On convient que cette effigie fut con-
çue d'après des modèles vraiment exceptionnels,
s'ils existèrent jamais : le théâtre et le roman —
dont la « femme seule » est souvent aujourd'hui
l'héroïne — ont cessé d'employer un cliché qui a
vieilli et justement vieilli. Les personnes les moins
averties ont cessé de tenir pour vraies des descrip-
tions par trop fantaisistes ; certains préjugés sont
tombés ; certaines plaisanteries trop faciles ont
cessé de faire rire.

Mais, pour n'être plus ridicules, les étudiantes
en médecine n'en sont pas moins l'objet d'assez
vives critiques. L'accès aux femmes de la profession de médecin soulève dans certains milieux des
objections très sérieuses et qui méritent d'être
retenues, car elles sont généralement formulées
par des personnes désintéressées et convaincues.
Sans s'attarder à soutenir qu'une femme est incapable de s'assimiler les connaissances scientifiques
exigées du docteur en médecine, ces personnes
reconnaissent volontiers qu'elle peut, dans la plupart des cas, supporter les fatigues inhérentes à
une profession des plus pénibles ; mais elles
semblent craindre qu'un trop grand nombre de
ces futurs médecins n'ait choisi à la légère un métier dans lequel la bonne volonté réfléchie ne suffit
pas, mais qui exige en outre un véritable enthousiasme et un complet abandon de soi-même. Tout
d'abord les femmes ne sont-elles pas attirées vers
la médecine par le désir de s'assurer une vie indépendante beaucoup plus que par ce goût naturel,
ce penchant irrésistible qui s'appelle la vocation ?
A défaut de ce « feu sacré », auront-elles du moins

de leurs devoirs envers les malades, de leur rôle dans la société, une conception suffisamment élevée et suffisamment large?

Peut-être aura-t-on quelque intérêt à connaître sur ces deux points l'opinion d'une étudiante en médecine. Elle la donne en toute franchise, et, s'il y a de sa part quelque témérité à le faire, elle attend du moins des lecteurs de *la Revue hebdomadaire* l'accueil indulgent que l'on réserve aux jeunes.

.·.

Quel attrait la médecine exerce-t-elle donc sur les jeunes filles et quelles raisons peuvent avoir décidé de leur choix?

Je crois qu'il faut mettre de côté toutes les raisons d'ordre sentimental. Il ne faut pas répondre à cette question avec cette bienveillance véritablement excessive que nous témoignent noblement ceux-là mêmes qui nous refusent tous les droits. N'est-il pas de bon ton, en effet, de reconnaître aux femmes un besoin inné de dévouement et de proclamer ces faibles créatures capables de tous les sacrifices. L'initiative, l'esprit d'entreprise, le génie d'organisation étant considérés comme le monopole de l'homme, on juge équitable d'allouer à leurs modestes et soumises compagnes ces précieuses qualités morales qui constituent pour elles comme une inoffensive compensation. On nous étouffe sous les fleurs — et l'on s'indignerait de constater que le noble dessein de soigner nos semblables n'est pas exclusif de tout intérêt personnel ! Pour moi, je ne pense pas que, dans le choix d'une carrière, les femmes se laissent toujours influencer par des considérations aussi élevées et, sans vouloir paraître cynique, je ne m'en scandalise pas. A part quelques âmes d'élite qui constituent, comme chez les hommes, des exceptions aussi remarquables que rares, je crois être sûre que les étudiantes en médecine ont été guidées par des mobiles plus humains : ce sont des raisons personnelles et très pratiques qui, dans la plupart des cas, ont emporté leur décision. J'ai d'autant moins d'hésitation à le dire que je ne crois sincèrement pas qu'il y ait lieu de leur en faire grief. Beaucoup cependant n'éprouveraient-elles pas une sorte de respect humain à l'avouer ? Se considéreraient-elles comme coupables d'égoïsme parce qu'elles ont voulu se faire, par leur travail et leur initiative, une situation indépendante et parfois lucrative ? Ce qui me porte à le penser, c'est qu'un grand nombre de mes camarades ont hésité à répondre à un questionnaire que je leur avais envoyé afin de connaître d'elles les motifs de leur choix. Fort indiscret, je m'en excuse, cet essai d'enquête — si le terme n'est pas trop prétentieux — a rencontré un accueil assez froid. Et pourtant je ne demandais que des réponses anonymes, pensant ainsi mettre leur pudeur à l'abri ! Au total, une quarantaine de lettres me sont cependant parvenues : c'était encore suffisant pour conclure avec une certitude relative et les renseignements recueillis n'ont pas sensiblement modifié mon impression générale.

La plupart des étudiantes en médecine poursuivent la conquête de leurs diplômes avec le désir

très net d'exercer leur profession, d'ouvrir un ca-
binet de consultation, de se constituer une clientèle. Non pas que la plupart d'entre elles soient
immédiatement pressées par le besoin de gagner
leur vie : | comment pourraient-elles poursuivre
des études aussi dispendieuses et aussi longues
sans disposer d'avances personnelles ou sans recevoir de leur familles un appui pécuniaire ? Sans
doute on peut rencontrer parmi nous, comme
parmi nos camarades masculins, d'admirables
exemples de ténacité et d'énergie : certaines en-
treprennent leurs études médicales en sachant
fort bien que dans un délai très bref elles devront
compter presque exclusivement sur les ressources
de leur profession. Mais ces cas sont, je crois,
moins fréquents qu'à la Faculté des lettres, par
exemple, où les étudiantes sont assurées de trouver, en cas de réussite dans les concours universitaires, une situation immédiatement et régulièrement rémunérée. Ces réserves faites et d'une
façon générale, la carrière médicale apparaît
cependant à celles qui s'y destinent comme un
moyen de ne plus être, un jour ou l'autre, à la
charge de leurs familles. Je ne voudrais pas
remuer de trop grandes idées dans un sujet aussi
restreint, mais j'ai l'impression que la crise des
classes moyennes, dont parlent les économistes, a
beaucoup contribué à modifier la condition des
jeunes filles dans la bourgeoisie éclairée. Dans
les milieux où l'on ne dispose que de revenus à
peu près fixes — parfois exposés un jour ou
l'autre à une diminution sensible, comme le traitement des fonctionnaires au moment de la
retraite — je crois que l'on s'est trouvé amené,

en présence des conditions de vie de plus en plus étroites et des besoins nouveaux, à modifier la conception traditionnelle que l'on avait du rôle de la femme, de ses devoirs et de ses droits. Par la force même des choses, on a dû admettre que les jeunes filles devaient être en mesure de gagner leur vie, car à notre époque il ne suffit plus dans les familles peu fortunées qu'elles restent au coin du foyer et filent la laine. Cette attitude résignée ne se concilie guère avec les exigences de la vie moderne. Elles peuvent se marier, il est vrai, — le mariage en tous les temps fut considéré pour la femme comme une « situation » — mais aujourd'hui peut-être se marie-t-on moins, en tout cas, il est certain qu'on se marie tard. Les parents prévoyants ne peuvent se reposer uniquement sur l'heureuse chance matrimoniale, exposer leur fille à se trouver un jour sans ressources au moment même où elle sera seule. D'ailleurs, en admettant qu'elle se marie, ne peut-il arriver qu'un jour, veuve ou divorcée, elle n'ait à compter que sur elle pour assurer son existence et souvent celles de plusieurs enfants? Aussi beaucoup de jeunes filles, même parmi celles qui ont de la fortune, préparent-elles leur médecine pour s'assurer contre les mauvaises chances de la vie. Peut-être ne feront-elles pas de clientèle ou l'abandonneront-elles après leur mariage mais, suivant l'heureuse expression d'une de mes correspondantes, « elles conserveront en puissance les moyens de se tirer d'affaire le cas échéant, autrement qu'en étant dames de compagnie, répétitrices ou accompagnatrices ». Leurs familles se rendent compte la plupart du temps de cette situation nouvelle et les dures réalités de l'existence leur ont ouvert les yeux beaucoup plus vite que la propagande féministe la plus acharnée. Bien loin de contrarier la vocation de leurs filles, comme il y a encore une dizaine d'années, elles l'encouragent, elles la suggèrent souvent — ce qui n'est pas toujours sans danger, on l'a remarqué maintes fois pour les garçons. Cette tendance, comme il est naturel, se manifeste surtout dans les familles où le père médecin lui-même, n'ayant pas de fils pour le remplacer un jour, est souvent heureux de diriger sa fille dans une carrière qu'il a parfois trop brillamment parcourue pour n'éprouver pas quelque plaisir à se voir suivi. Cependant il ne faut pas généraliser à la hâte et sans doute ce cas n'est pas aussi fréquent que dans l'Université, où l'on voit des familles entières s'abriter sous l'aile de l'*alma parens*. Ainsi les anciens préjugés ont-ils en grande partie disparu et qui sait si la mode n'a pas, au contraire, exercé, ici comme ailleurs, une influence directe, si la contagion de l'exemple n'a pas décidé beaucoup de jeunes filles à faire leur médecine, et beaucoup de parents à donner leur consentement? La question est peut-être trop délicate pour que je puisse l'affirmer, mais je n'en serais pas surprise. Dans presque tous les milieux urbains on a donc abandonné les préventions que l'on manifestait jadis à l'égard de la médecine : il y a parmi nous des filles d'industriels, de magistrats, de commerçants, de fonctionnaires et d'officiers. Je n'indique naturellement ces différences d'origine que pour l'édification du lecteur, les petits clans mondains ne se reformant pas à l'hôpital — ou si peu ! Mais nous ne comptons pas

encore dans nos rangs de jeunes filles élevées à la
campagne, du moins je n'en connais pas parmi
mes camarades. Cela s'explique : la vie est plus
facile dans les villages que dans les grands centres, particulièrement pour les femmes, aussi ces
dernières sentent-elles beaucoup moins la nécessité
de se créer une situation. Mais surtout l'opinion
d'autrui y est plus écoutée et le qu'en dira-t-on
souverain : or, les préjugés sont tenaces et des
préventions irraisonnées subsistent toujours, aux
champs, contre les femmes qui exercent un « métier d'homme ». Une femme médecin serait consi-
dérée comme une « originale », une détraquée, ou
pis encore. A bref délai, elle serait peut-être un
objet de scandale. Ce serait pour les paysans une
sage-femme un peu plus savante que les autres et
en tout cas beaucoup plus fière : jamais ils n'auraient pour elle la considération dont ils entourent
« monsieur le docteur », compagnon jovial qui
s'appelle parfois aussi « monsieur le maire » ou
« monsieur le député ». Aussi — bien qu'un
grand nombre de filles de cultivateurs aisés aient
fait au lycée du chef-lieu de sérieuses études secondaires — il ne faut pas s'étonner qu'elles soient
peu disposées à préparer leur médecine.

D'une façon générale, il est cependant bien évident que les progrès réalisés depuis une vingtaine d'années par l'enseignement des jeunes filles
ont beaucoup facilité à celles-ci l'accès de la carrière médicale. Mais, à cet égard, cet enseignement est encore bien imparfait et, sans vouloir
proposer de réformes, je crois que l'on pourrait
tout au moins l'améliorer sur un point. Toutes
celles d'entre nous qui ont suivi des cours dans un

lycée ont préparé un certificat dont la principale utilité est de satisfaire nos familles en attestant que pendant nos années d'études nous avons travaillé bien sagement. Or ce certificat, depuis que l'on a cessé, avec raison d'ailleurs, de l'assimiler au baccalauréat des garçons, ne permet plus à celles qui l'obtiennent de se faire inscrire à la Faculté de médecine. Il leur faut alors préparer à la hâte l'examen que subissent les élèves des lycées de garçons après six ou sept ans d'études suivies. C'est dire que la première partie, la plus difficile de beaucoup, sera préparée à grand renfort de manuels, grâce à une 'sorte de gavage intellectuel, que dans un argot pittoresque on nomme le « bachottage ». Une année suffira, il est vrai, et très largement, pour la philosophie, mais en définitive que de temps perdu pour un bien mince acquis ! Pourquoi les lycées de jeunes filles ne préparent-ils pas au baccalauréat classique ? Non seulement on éviterait un retard de plusieurs années — ce qui est appréciable pour celles d'entre nous qui ont besoin d'arriver vite — mais on remédierait ainsi à l'infériorité véritable des étudiantes vis-à-vis de leurs camarades masculins et qui a pour cause leur ignorance des langues mortes. Beaucoup parmi nous regrettent que leurs études latines n'aient pu être aussi sérieuses que celles des garçons et ce n'est pas du tout que l'érudition de Thomas Diafoirus nous fasse envie ! Dans quelques lycées je sais d'ailleurs que, pour remédier à l'insuffisance notoire des programmes, on a institué des cours facultatifs de latin : c'est là une initiative intelligente qui gagnerait à être généralisée.

Si incomplet qu'il soit, l'enseignement donné au lycée nous a habituées au travail, nous a suggéré le désir de continuer et d'approfondir nos études littéraires ou scientifiques : aussi quelques-unes à qui la nécessité de choisir une carrière ne s'imposait pas comme à d'autres, ont cependant fait leur médecine parce que les sciences les intéressaient et qu'elles jugeaient celle-là vivante entre toutes, véritablement passionnante malgré la complexité de ses théories et extrêmement intéressante par la continuelle évolution de ses principes. Tandis que d'autres, par goût très vif pour les lettres, suivent des cours à la Sorbonne, celles-là dont les devoirs mondains ne peuvent suffire à occuper l'existence, se sont assigné comme but de travail le doctorat en médecine et profitent de toutes les occasions qui leur sont offertes pour se livrer aux travaux de laboratoire qui les intéressent. Cette tendance doit être prédominante chez celles qui ont eu la chance de recevoir à la maison une instruction plus développée et mieux dirigée que dans un lycée de jeunes filles — une instruction masculine, enfin ! Au goût naturel de l'étude, d'autres causes se sont jointes : l'ennui de mener une vie mondaine trop absorbante — parfois une vocation très nette pour le célibat — ont déterminé certaines de mes camarades à faire leur médecine : sans doute, à une autre époque, auraient-elles manifesté un penchant très marqué pour la vie monastique.

De celles-là il faut rapprocher, sans les confondre cependant avec elles, les jeunes filles qui ont voulu échapper à la tutelle parfois un peu étroite de leur famille et sortir d'un milieu dont elles ne partagent ni les opinions, ni les goûts. Elles ont choisi la médecine parce que leur indépendance de caractère ne pouvait s'accommoder d'une autorité quelconque : ainsi ne pouvaient-elles être fonctionnaires, surtout dans l'enseignement où la majestueuse hiérarchie académique aurait trop lourdement pesé sur elles. Peut-être auraient-elles tout aussi bien choisi le barreau, mais il ne présente pas encore pour les femmes de débouchés nombreux. Elles ont jeté leur dévolu sur la médecine parce que les heures de présence à la Faculté, aux pavillons de dissection et aux hôpitaux sont pour elles autant d'heures de liberté et de détente. Ce sont souvent des révoltées et leur caractère s'est aigri à la suite des tracasseries dont elles sont l'objet chez elles. Le désir d'être libres, des motifs parfois très sérieux d'échapper à toute dépendance familiale, ont quelquefois décidé de leur vocation, mais quelquefois aussi ce n'est qu'un coup de tête et les résolutions prises ne persistent pas au delà du P. C. N. — ce dont il faut se féliciter pour elles, pour leurs familles et pour les malades.

Les raisons qui ont pu fixer le choix de la future étudiante sont donc très variées et toutes celles que j'ai sommairement énumérées peuvent exercer à la fois leur action. Je m'excuse de les avoir exposées suivant une distinction un peu artificielle, mais toute classification n'est-elle pas forcément arbitraire ? En résumé, j'ai l'impression qu'il n'y a guère de vocations mystiques et qui se révèlent dès l'enfance. De toutes mes camarades, une seule m'a déclaré avoir eu très jeune ce penchant irrésistible vers sa future profession : il se

serait manifesté au cours de la maladie d'un de
ses frères pendant qu'elle le soignait. Si rare
qu'elle soit, je crois très volontiers que cette pré-
disposition naturelle peut exister et qu'il y en a
d'autres exemples.

Quoi qu'il en soit, la plupart d'entre nous ont
des motifs très sérieux de faire leur médecine
puisqu'elles espèrent arriver à une situation meilleure ou plus sûre par l'exercice d'une profession
conforme à leurs goûts : c'en est assez, je pense,
pour nous permettre de recevoir avec fruit la formation professionnelle qui nous est donnée à la
Faculté.

En parlant de formation professionnelle je n'ai
nullement l'intention de faire allusion à la réforme
des études médicales. Non pas que j'aie peur de
me compromettre en abordant un sujet aussi brû-
lant, mais assez de personnes compétentes, bien
que complètement étrangères à la Faculté, n'ont-
elles pas eu l'occasion de proposer des solutions
de leur choix ? Aurais-je la prétention, après trois
années de médecine, de me joindre à ces voix au-
torisées ? Sans doute beaucoup de mes camarades
masculins — hier encore sur les bancs du lycée
— ont donné sur ces graves questions leur opinion fortement motivée : ils ont, par la suite, soutenu leurs revendications avec la généreuse ardeur
que l'on sait ! J'admire que la pédagogie, déesse
un peu anguleuse, n'ait plus de secrets pour eux,
à un âge aussi tendre que le leur : je les envie,
mais je préfère me taire. Je ne veux pas non plus

rechercher si toutes les étudiantes ont conscience des obligations que leur impose le respect de leur profession : on s'étonnerait à juste titre que je puisse envisager comme habituels des manquements aux devoirs essentiels du médecin envers ses clients et ses confrères : quoiqu'on en dise ils sont extrêmement rares malgré l'âpreté de la concurrence. Mon but est simplement de rechercher quelle conception les étudiantes se font de leur métier et de son exercice dans la société moderne. Ont-elles la juste notion des devoirs sociaux du médecin, de son rôle aujourd'hui si complexe et si étendu ? Pour le savoir, il faut d'abord s'inquiéter de connaître leurs idées au point de vue social et avant tout de savoir si elles en ont.

Un petit nombre d'entre elles est arrivé à la Faculté avec des idées politiques sinon arrêtées, du moins assez nettement définies. Cette affirmation peut faire sourire : mais que l'on veuille bien considérer l'âge tardif auquel beaucoup de femmes ont commencé leur médecine, soit parce que leurs parents les trouvaient trop jeunes pour suivre les cours de la Faculté, soit parce que la mauvaise organisation de l'enseignement des lycées les a retardées de deux ou trois ans. Quelques-unes même ont commencé leurs études médicales alors qu'elles étaient déjà mariées et mères de famille. Comment s'étonner que leur personnalité soit plus accusée dans beaucoup de cas que celle des étudiants généralement plus jeunes ; que leurs opinions soient déjà précises ? Dès les premières années d'études j'ai remarqué, parmi mes camarades, des catholiques pratiquantes, des socialistes. ou des sillonistes. Certaines suivent des conférences, assistent à des meetings, font partie d'œuvres, de groupes ou de comités. Mais en général elles n'exercent pas, auprès de leurs condisciples, une propagande très active en faveur de leurs idées : elles savent bien que leurs tentatives auraient peu de chances de succès auprès de la majorité des étudiantes. La plupart en effet — comme ce bon bourgeois dont Victor Hugo nous rapporte les propos dans les *Misérables* — « approuvent les opinions politiques » mais n'en partagent aucune. Ce n'est pas qu'elles n'aient aucune curiosité pour les questions politiques. Au fond d'elles-mêmes, elles ont peut-être là-dessus des opinions personnelles, mais le temps leur manque pour y réfléchir et surtout elles ne jugent guère à propos de se documenter à ce sujet ; la plupart ne lisent même pas les journaux. Tenues à des heures de présence aux cours, aux travaux pratiques ou à l'hôpital, leurs journées se passent en effet en grande partie hors de chez elles. Le matin, elles restent à l'hôpital jusqu'à l'heure du repas pour se retrouver vers une heure et demie aux pavillons de dissection ; à quatre heures ou à cinq heures, un cours les appelle à la Faculté. Elles ne peuvent donc consacrer que la soirée, et quelques heures perdues dans le courant de l'après-midi, à la préparation de leurs examens. Comment pourraient-elles, avec si peu de loisirs, se mêler à la politique militante ? Il est naturel qu'elles soient plus tentées de consacrer à leur famille ou à leurs amis les courts instants dont elles peuvent disposer. D'ailleurs étudiants et étudiantes parlent peu de politique lorsqu'ils se trouvent réunis aux travaux pratiques et répartis par petits groupes aux tables de dissection. Cela tient peut-être à ce que leurs études communes ne leur fournissent pas ces occasions de rapprochements ou d'allusions, si fréquentes dans l'étude du droit ou des lettres. Cela tient surtout à ce qu'il n'y a entre nous que des relations trop récentes et trop passagères pour que la conversation puisse s'aventurer sur des sujets aussi dangereux : ce respect réciproque des opinions d'autrui permet à la conversation de rester très cordiale, car il y a entre étudiants et étudiantes une très franche camaraderie.

Cette indifférence, au moins apparente, de la plupart des étudiantes en médecine en ce qui concerne la politique n'est pas, en définitive, une chose regrettable. L'essentiel n'est-il pas que les futurs médecins soient suffisamment au courant de leurs devoirs sociaux, notamment de leurs obligations et de leur rôle relativement à l'application des lois ouvrières et des dispositions protectrices de la mutualité ? Il faut qu'ils se préparent à être un jour les utiles auxiliaires de l'État et des associations privées dans la lutte contre l'alcoolisme, contre le taudis, contre la prostitution. Ils seront les conseillers, les administrateurs, peut-être les fondateurs d'institutions philanthropiques dont la vitalité dépendra dans une large mesure de leur initiative opportune et de leur dévouement éclairé. Or je ne crois pas qu'il soit nécessaire, pour acquérir une certaine compétence sur ces questions et pour en juger avec bon sens, d'avoir une opinion politique déterminée, d'être affilié à un parti de telle ou telle nuance. Peut-être qu'à cet égard quelques idées fixes valent mieux qu'un idéal. Certes, il est bien naturel que les médecins, comme les autres citoyens, s'intéressent à l'évolution politique de leur pays ; il est très légitime qu'ils fassent de la propagande en faveur des idées qui leur sont chères, mais je ne crois pas que l'on puisse poser en principe qu'ils doivent « faire de la politique » pour être de bons médecins et je trouve franchement mauvais qu'ils acceptent de jouer un rôle de premier plan en devenant des représentants du peuple. N'est-il pas à craindre qu'une clientèle électorale, attachée à leur fortune qui est aussi la sienne, ne s'emploie à les distraire à son profit de leur rôle d'éducateur et d'initiateur ? A chaque instant et pour leur faire accepter un nouveau mandat, on leur dira que « le pays a besoin d'eux » ! Je souhaite très sincèrement et très vivement que les femmes médecins aient de leurs devoirs sociaux une compréhension plus exacte et qu'elles n'imitent pas leurs confrères masculins quand, dans un avenir sans doute prochain, je l'espère, les femmes jouiront de l'éligibilité et du droit de suffrage.

Mais au moins faudrait-il que les étudiantes en médecine se préoccupassent d'acquérir l'éducation sociale qui leur manque en grande partie. Nous ne profitons pas assez du vaste champ d'observation qui nous est offert à l'hôpital, et cependant il nous serait plus facile peut-être qu'à nos camarades hommes de gagner la confiance des malades et particulièrement des femmes qui pourraient tant nous apprendre sur les milieux ouvriers que nous connaissons peu ! Il faudrait aussi que nous pussions participer de temps à autre aux enquêtes sociales qui se font, tous les jours pour ainsi dire, à Paris dans les professions les plus

variées. Ainsi, auxiliaires modestes, dévouées sinon éclairées, nous pourrions ensuite, installées
dans notre province, créer à l'exemple de ce que
nous aurions vu. Pour cela il faudrait avoir l'habitude de parler entre nous de ces questions, de nous
réunir en dehors des heures de présence à la Faculté. Fort heureusement, la tradition commence
à s'établir parmi nous, comme parmi nos camarades des autres Facultés, de fréquenter l'*Asso-
ciation des étudiantes* pour y travailler et pour y
lire les journaux : il serait bien contraire à la tradition féminine qu'un jour nous n'y venions pas
pour causer entre nous de choses qui seraient
quelquefois très sérieuses. De cette intimité plus
grande naîtrait peut-être le désir de travailler en
commun à apprendre ce que dans la société moderne un médecin ne peut ignorer. Et ce ne serait
pas la première fois sans doute que l'organe aurait
créé la fonction.

RENÉE KLEIN,
Externe des hôpitaux.

LES ARTISTES

I

LA MUSIQUE

Monsieur le Directeur,

Vous m'avez demandé de vous renseigner sur ce que peuvent être les préoccupations essentielles et les aspirations générales de ma jeune génération d'artistes, et spécialement d'artistes musiciennes. C'est d'abord avec joie que j'ai accueilli votre proposition, si flatteuse, d'être le porte-parole de toutes mes contemporaines dans la carrière artistique où je débute à peine. J'étais heureuse d'avoir une occasion de dire, bien haut, toutes mes convictions enthousiastes sur ce que peut et doit être la vie, que j'entrevois si belle, d'une artiste qui se donne à son art.

Mais, à la réflexion, je dois l'avouer, la tâche me semble un peu lourde. Et dans la nécessité immédiate, où je me trouve, de l'aborder de front, elle m'effraye un peu.

D'abord, n'est-ce pas téméraire de croire que l'on pourra donner l'opinion générale de toute sa génération? Dans notre milieu d'artistes, plus, peut-être, que dans aucun autre, nous sommes divisées par trop de rivalités pour que nous puissions nous attribuer une seule âme. La malheureuse nécessité où chacune de nous se trouve de se faire une place, et la meilleure place, autant que possible, nous oblige trop souvent à nous écarter de nos concurrentes pour garder soigneusement notre originalité qui doit faire notre succès personnel.

De plus, je me trouve un peu embarrassée pour faire un choix précis et judicieux au milieu de toutes les pensées, tous les sentiments, qui m'assaillent, au moment même où je prends la plume. Mes idées d'aujourd'hui sont trop près de moi pour que je puisse les juger. Je me laisserai aller à des préférences qui n'auront, peut-être, pas toujours raison. C'est dans une vingtaine d'années que je pourrai vous donner mon jugement certain sur la vie. Mais, comme il n'est pas dans votre plan d'interroger des gens mûrs, qui, seuls peut-être, pourraient vous donner une opinion ferme sur les tendances de la jeunesse contemporaine, je vois bien qu'il ne s'agit que de vous affirmer, selon l'habitude des jeunes, heureusement toujours enthousiastes, toutes mes convictions au sujet des questions que vous m'avez posées.

Les gens sérieux qui liront ma confession y discerneront ce que je ne sais pas encore analyser de mon âme. Peut-être, dans leur clairvoyance, entreverront-ils une autre moi-même, celle que je serai quand j'aurai accompli jusqu'au bout mon voyage en ce monde. Aujourd'hui je ne suis qu'à la première étape de ma route, qui sera longue, j'espère. Il est bien possible qu'arrivée au but je n'aie plus le même regard pour ce qui ne sera plus que des souvenirs.

Vous me demandez de vous parler de ma vocation musicale. D'instinct, j'aborderai tout de suite cette question qui m'est plus familière que les autres. C'est celle qui me tient le plus au cœur et j'y serai peut-être moins maladroite que dans les autres sujets que j'aurai à traiter. Pourtant j'aurai besoin de beaucoup d'indulgence pour ma mauvaise prose qui n'est pas habituée à me servir d'interprète. En tout cas je vais m'interroger sérieusement et, à défaut d'autres qualités, ma sincérité me vaudra l'indulgence des lecteurs.

Je vais d'ailleurs être obligée de demander, encore une fois, pardon au lecteur, si je ne le satisfais pas entièrement sur le chapitre que j'entame : je veux dire celui de ma vocation. En effet on se plaît généralement à considérer la vocation artistique, surtout la vocation musicale, comme une force irrésistible qui entraîne ceux dont elle s'est emparée vers un seul but, malgré eux et malgré tous. C'est le démon fatal qui possède l'homme tout entier, et pour toujours, après s'être révélé, une fois, d'une façon mystérieuse et puissante.

Pour moi, je n'ai jamais reconnu cette révélation énigmatique et éclatante. Jusqu'à l'âge de sept ans je n'avais jamais manifesté de dons exceptionnels; l'occasion ne s'en était jamais présentée. J'entendais fort peu de musique; et c'est plutôt par une décision de mon entourage que par ma propre volonté que je me trouvai commencer mes études de piano.

J'éprouvai alors une si grande joie, pendant mes premières heures de travail, et la musique, qui commençait à se révéler à moi, me transportait déjà à un tel point, que je suppliai qu'on me conduisît aux grands concerts des dimanches, dont j'avais souvent entendu parler autour de moi. La première fois que j'entendis un de ces concerts, c'était au Châtelet. Je fus absolument éblouie. L'instant que je vécus, je ne l'oublierai jamais. C'est alors que j'eus, en entendant pour la première fois une œuvre d'orchestre, l'intuition d'un je ne sais quoi de grandiose qui, réellement cette fois, venait de bouleverser quelque chose en moi. C'était un mélange d'émotion contenue et d'exaltation; je ne cherchai pas à pénétrer plus avant le sens de ce que j'entendais. A quoi bon ? C'était sublime, tout simplement!

Mais alors, en reprenant mes études, je me sentis un nouveau courage, qui, cette fois, j'en étais sûre, ne se laisserait jamais abattre. Dorénavant, j'avais un but. Et combien noble il m'apparaissait! Je voulais comprendre à fond les grandes émotions artistiques que j'avais éprouvées et je savais que pour cela il me faudrait beaucoup de travail. Pour cela, et pour autre chose aussi, un désir caché encore, mais que j'osais tout de même garder dans un coin de mon âme : l'ambition de pouvoir éveiller moi-même, à mon tour, chez d'autres de semblables sensations.

Il s'est trouvé que, par bonheur, j'avais des capacités pianistiques assez développées. Je fis des progrès rapides qui me permirent de me rendre compte, tout de suite, qu'avec ma volonté, j'arriverais au but que je m'étais proposé. On m'encourageait dans cette voie. N'ayant donc à lutter contre rien qui fût supérieur à mes forces, j'embrassai avec joie la carrière qui m'était offerte autant que je l'avais choisie.

Et ce n'est que plus tard, quand j'eus avancé dans le chemin tracé devant moi, que je compris pleinement quelle belle vie je m'étais réservée. C'est alors que je remerciai le destin de m'avoir accordé, avec les dons nécessaires, les quelques occasions qui m'avaient déterminée à choisir ma carrière. Et je reste convaincue que ce n'est qu'après plusieurs années d'épreuves qu'on connaît réellement « sa vocation », quand on sait ce qu'on lui doit et ce qu'elle vous donne.

Peut-être ai-je été favorisée. Ceci, je n'en peux juger moi-même. Mais je croirais plus volontiers que ma conviction qu'il faut connaître à fond la tâche que l'on s'est imposée pour s'y attacher, de toute son âme, comme je l'ai fait, vient de ce que celle que j'ai choisie est une des plus belles qui soient.

Plus on avance dans l'étude de tous les chefs-d'œuvre qui nous sont offerts, plus on en pénètre les secrets, souvent incompréhensibles, au premier abord, mieux on sait les admirer, les vénérer même. C'est alors, quand on a compris toute la grandeur, la noblesse des émotions éprouvées à l'audition des œuvres superbes des maîtres, qu'on ressent une joie profonde, vaste et intense à essayer d'inspirer à d'autres ces mêmes émotions. On a compris quelque chose de très beau, de très grand, quelque chose que l'on ne pourrait exprimer complètement avec des mots, mais que l'on peut rendre sensible, avec quelle pleine satisfaction, à l'aide des moyens d'art qui nous sont offerts.

C'est alors que l'on saisit bien toute l'importance de ces moyens nécessaires, indispensables à l'expression pleine et serrée de tous nos sentiments. Ici je dois dire que je n'appartiens pas entièrement à ma génération. C'est une chose reconnue, maintenant, que la presque totalité des artistes de la « jeune école » font fi de ce qu'ils appellent l'exercice, c'est-à-dire tout le travail mécanique. Mais, ce travail mécanique fait partie de la connaissance approfondie de l'instrument, connaissance que doit posséder, dans toutes ses parties, tout artiste accompli, à mon avis du moins. Pour moi, cette étude de l'instrument se compose d'abord de ce travail mécanique, si antipathique à tant de jeunes débutants, mais qui est indispensable pour avoir à sa disposition les moyens techniques de l'art. Puis, quand on a acquis une certaine souplesse de mécanisme, tout en cultivant, toujours par le même travail, cette souplesse nécessaire, on peut se donner plus complètement à l'étude des « procédés pianistiques », qui forment la seconde partie de la connaissance générale de l'instrument. Cette étude des procédés se compose de tout ce qui a trait à la sonorité; c'est alors que commencent à intervenir les facultés musicales et intelligentes du virtuose.

Ces deux genres d'exercices pourraient se comparer à l'étude du dessin, puis à l'étude des couleurs, dans ce qui fait la technique de la peinture. Il me semble qu'il serait aussi difficile pour un musicien que pour un peintre de se passer de toute technique. S'il n'est pas d'art sans inspiration, surtout pour ceux qui créent, il n'en est pas non plus sans procédés. Et ces procédés sont d'autant plus indispensables aux virtuoses qu'on ne leur demande que d'interpréter les pensées conçues par d'autres et que tout leur talent consiste dans la perfection de cette interprétation. A défaut de l'originalité de la conception, ils doivent nous séduire par toutes les qualités de l'exécution.

C'est pourquoi je ne comprends pas entièrement cette nouvelle méthode, qui consiste à négliger l'éducation technique pour ne pas entraver les facultés musicales. Je ne vois pas en quoi l'étude de l'instrument, menée simultanément avec le développement artistique, peut arrêter ce développement. Cette conception nouvelle de l'étude musicale ne me semble pas dépourvue de torts graves, nous en avons d'ailleurs des preuves constantes. Car, si les élèves de cette école excellent dans l'exécution des œuvres tout à fait modernes, surtout remarquables par leur impressionnisme, ils sont, hélas! généralement assez inférieurs dans celle des œuvres classiques, qui, malgré tout et tous, seront toujours les chefs-d'œuvre. Qu'on n'anéantisse pas l'intelligence et la sensibilité artistiques! Je suis entièrement de cet avis. Mais j'ai autant de peine à apprécier un virtuose qui ne me donne que des impressions effleurées sans véritable puissance d'exécution, qu'un autre qui ne m'offrirait qu'un jeu impeccable, mais sans âme.

J'ai la certitude qu'il faut être arrivé à un certain degré dans la perfection de la technique qui nous laisse toute notre liberté d'expression sans que nous soyons arrêtés par un obstacle physique.

Pour moi, on a eu la sagesse de me faire travailler l'instrument en même temps que la musique. J'ai acquis toute jeune mon mécanisme, à l'âge où l'étude des facultés de l'intelligence et du cœur aurait été au-dessus de mes forces. Maintenant, j'ai tout mon temps, toute ma vie, pour me perfectionner dans cette voie-là, et je sais bien que ce n'est qu'avec l'âge que j'acquerrai certaines qualités incompatibles avec l'inexpérience de mes dix-neuf ans.

C'est donc dans le but de retirer de la vie tout ce que je pourrai en retirer que je m'apprête à la vivre avec toutes mes forces, pour y trouver toutes les sensations artistiques qui pourront développer, élargir mon âme. Je sais qu'elle ne me réservera pas que des jouissances et qu'il me faudra être à la peine plus souvent, peut-être, qu'au plaisir. Mais, par ces épreuves mêmes, je compte acquérir une sensibilité plus profonde et plus délicate qui trouvera plus d'ardeur et d'intensité pour s'exprimer. La part que j'aurai eue des souffrances humaines me donnera, j'espère, une chaleur plus vive, qui m'aidera à soulager ceux qui sont dans la peine, en fortifiant leur confiance dans le beau et en apaisant leurs douleurs.

Puis, plus tard, quand j'aurai acquis toute cette expérience nécessaire, et que toute l'ardeur que j'aurai encore en moi ne trouvera plus la qualité de force qu'exige le métier de virtuose, je l'emploierai à une tâche que je considère comme bien noble aussi. Je veux dire essayer de former à mon tour, des élèves. Ce sera avec un grand bonheur que je m'efforcerai de faire naître et de développer en elles ce qui aura été bon en moi. Je leur apprendrai à donner beaucoup d'elles-mêmes à cet art vénéré. Mon but sera d'éveiller en elles cette sensibilité si nécessaire à la vraie compréhension et interprétation de la musique. Je serai parfaitement heureuse si je réussis dans cette seconde œuvre comme j'espère réussir dans la première. Je veux me faire l'illusion que j'aurai donné assez à mon public pour qu'il m'accorde quelques pensées, quand je l'aurai quitté ; il me semble, alors, que le vide que je laisserai sera comblé par tous les élèves de l'école que j'aurai formée. Je revivrai un peu en eux, mon œuvre ne disparaîtra pas subitement, avec moi, et j'aurai ainsi moins de regrets en arrivant au bout de ma carrière.

Je crois l'avoir dit assez, maintenant, je veux vivre pour mon art, surtout ; et un peu pour mon public ; j'entends ce choix d'amateurs éclairés qui savent comprendre l'artiste vrai et sincère et qui ne veulent pas qu'on leur fasse aucune concession, mais simplement qu'on exprime ce qu'on sent. Ce public-là, je l'aime et le respecte.

Vous me demandez ce que je pense du mariage. Je n'écarte pas entièrement la question ; car je sais que nous ne devons jamais augurer de notre avenir ; nous surtout, les jeunes filles, qui avons encore moins que les hommes l'exercice de notre pleine liberté. J'envisage donc le mariage comme un événement possible de ma vie : probable, je ne ne sais, mais qui, dans tous les cas, ne peut être et n'en sera jamais le but.

L'homme marié a le devoir d'exercer son métier qui fait vivre la famille. La femme, au contraire, se trouve presque dans la nécessité d'y renoncer pour s'adonner entièrement à ses devoirs d'épouse et de mère. Du moins ce métier ne devient plus qu'une occupation secondaire. Il ne peut pas en être ainsi de la carrière artistique, qui exige tous les instants et toutes les préoccupations de celui qui l'a embrassée. C'est pourquoi je ne me déciderai jamais qu'à un de ces mariages, bien rares, je crois, où le mari, grâce à sa situation indépendante, laisse à sa femme entière liberté de s'adonner à son art.

Avec cette idée que je me suis faite de ma vie future, il me semble que mes fonctions sociales seront à peu près nulles. Pour nous, femmes, qui n'avons heureusement aucune part à la politique, notre rôle se borne à l'influence que nous devons savoir exercer sur notre mari, sur nos enfants surtout, par leur éducation. Mon rôle, à ce point de vue, se trouve donc absolument anéanti en ce que je ne pense pas avoir de mari ni d'enfants. Je peux pourtant vous assurer que, si je me trouve avoir un jour la responsabilité d'élever des enfants, je serai tout entière absorbée par le souci de faire d'eux de bons Français, prompts à l'action et dévoués à leur pays.

J'ai toujours aimé profondément mon pays; mais je peux l'affirmer avec plus d'assurance encore depuis quelques années, c'est-à-dire depuis que, dans les voyages où m'a entraînée ma carrière, je me suis trouvée avoir l'occasion de le comparer aux contrées étrangères. C'est alors que j'ai réellement constaté toute la supériorité de notre France. Je ne suis pas chargée d'en démontrer ici les beautés: mais il me semble que je peux bien en parler, au moins au point de vue qui m'intéresse, pour dire, une fois de plus, combien j'ai été frappée de voir à quel point nous étions supérieurs à nos voisins dans bien des arts, et surtout dans notre facilité à nous assimiler tous les arts, en général. Ce n'est pas sans raison que, de tout temps, on a considéré la France comme le grand centre producteur de toutes les idées intellectuelles, morales et artistiques.

Et c'est, je crois, à cette perpétuelle effervescence des esprits qu'il faut imputer ces conflits moraux et politiques, fréquents et souvent terribles, qui nous agitent sans cesse. Je n'ai pas l'intention d'insister sur cette question qui m'embarrasse plus que toute autre. Il me semble qu'il faut être bien compétent pour s'aventurer à exposer des opinions que l'on croit certaines. Et, encore, est-il rare de voir deux esprits éclairés tomber d'accord sur une même question ! Comment pourrais-je émettre une opinion qui ne soit pas vaine, ne m'étant jamais préoccupée de problèmes politiques ? Je pense que des considérations, qui ne seraient nullement l'effet de mûres réflexions, n'auraient aucun intérêt. Je me contente donc de rappeler ici que j'aime mon pays, que je lui suis attachée de toutes mes forces et que je n'exclus aucune forme de gouvernement pourvu qu'il rende tous les citoyens heureux, paisibles et... bons, autant que possible ! Je me permettrai, pourtant, d'ajouter que je crois qu'une des conditions nécessaires à la réalisation aussi complète que possible de cet idéal, est qu'on laisse à tous le libre exercice de leur volonté. Et encore, ici, j'abandonne aux hommes plus compétents le soin d'éviter tout abus. On s'est aperçu, à maintes reprises, combien dangereuse pouvait être cette même liberté poussée à l'excès, avec ses dissensions et ses haines de

partis. Je sens bien que c'est là le point difficile. Car il est aussi impossible de courber, à nouveau, le peuple sous la pression d'une autocratie
despotique, que de laisser notre patrie se déchirer,
elle-même, dans son ivresse de liberté.

Heureusement, à ce point de vue, nous traver-
sons en ce moment une crise qui pourra, en ré-
veillant, dans le cœur de chacun, l'amour de la
nation, qui subsiste toujours, nous prouver hautement que nous pouvons être, et sommes encore,
une force redoutable, lorsque nous voulons bien
oublier nos luttes intestines. L'exemple éclatant
que nous attendons tous, sera le dernier nécessaire
pour nous convaincre pleinement du besoin de solidarité pour la patrie, entre chacun de ses membres.

Il me reste encore à dire un mot sur une des
conditions que je crois essentielles à la solidité de
la nation et au bonheur de tous : je veux parler
d'une conviction religieuse quelconque. Je ne
m'étendrai pas en comparaisons et affirmations
sur chacune des religions reconnues. Mon éducation religieuse ayant été, comme il arrive souvent,
médiocrement poussée, je n'ai aucune donnée suffisante pour me hasarder à me prononcer sur la
supériorité de telle ou telle religion. Si je crois
qu'il ne peut y en avoir qu'une vraie, comme je
crois aussi que nous ne pouvons jamais être sûrs
de posséder la vraie, il me semble que chacun peut
bien faire en servant consciencieusement ses propres croyances. Je dirai seulement que je crois
que l'homme, faible et égoïste par nature, ne pouvant compter uniquement sur ses propres instincts
pour le guider honnêtement dans la vie, a besoin
d'être conduit par une force supérieure qui l'em-

pêchera de s'écarter du chemin de son devoir, souvent si resserré et si aride. J'ajouterai même à cela une réflexion, égoïste certainement, mais que je dois à ma franchise d'exposer ici ; c'est que j'ai le sentiment ferme que nous avons besoin de nous réfugier quelquefois auprès de l'Être supérieur qui nous console et nous aide à supporter les grands chagrins et même les petites contrariétés que nous n'aurions pas la force d'endurer seuls avec notre faiblesse.

Sur cet aveu, j'arrête ma confession. Je viens d'invoquer ma sincérité pour me la faire pardonner ; je demande aussi au lecteur de vouloir bien excuser, toujours au nom de cette même franchise, les graves erreurs que j'ai dû commettre et ma maladresse à m'exprimer. Mais j'ai voulu tout dire sur les questions posées et je me suis trouvée souvent bien embarrassée pour débrouiller le fond même de ma pensée et ensuite pour lui donner une forme intelligible. Le lecteur comprendra que je n'ai fait qu'exposer mes propres convictions, peut-être plus maladroitement que n'aurait pu le faire n'importe quelle autre de mes camarades ; et que, dans tous les cas, je ne les offre nullement comme modèle, mais simplement comme l'acte de foi d'une jeune musicienne, qui voudrait bien être un jour une vraie artiste et qui se prépare, avec ardeur, à lutter de toutes ses forces contre la vie, pour atteindre ce but qu'elle juge un des plus nobles et des plus beaux qui soient.

LUCIE CAFFARET,
1ᵉʳ prix de piano du Conservatoire de musique
et de déclamation de Paris.

II

LA PEINTURE

Monsieur,

J'ai pu m'apercevoir chaque jour de la difficulté de la tâche que j'ai eu la « jeunesse » d'entreprendre ; il faudrait dix ans, ou plus, de l'intelligence, de l'expérience, enfin toutes sortes de conditions pour répondre à vos questions d'une manière convenable. Comme je souhaite avec passion de n'être pas trop une spécialisée, j'ai essayé et je m'excuse de vous soumettre des impressions qui n'apprendront rien à personne. Mais il demeure bien entendu que ce n'est qu'un essai.

Vous pensez bien, monsieur, que je ne vais pas commencer par vous faire un cours d'esthétique, je serais bien embarrassée ! Vous me demandez ce que peut penser un peintre de sa vocation. Mais c'est un sentiment, comment dois-je dire ? mettons tellement subconscient, qu'il est impossible de le déterminer. Nous sommes entraînés par les forces les plus secrètes de notre être à servir l'art suprême, but de la vie. Je ne vous apprendrai rien en vous disant que la peinture est une manière de penser ; nous sommes peintres parce que nous ressentons le besoin de traduire par des formes et des couleurs ce que d'autres traduisent par des sons ou par des mots. La peinture n'est donc pas seulement un métier puisqu'elle exprime par ses

moyens particuliers des idées et des sensations.
Je crois même que les sujets des tableaux n'ont
qu'une importance relative en regard de ce qu'ils
doivent exprimer : un sujet est le motif qui permet
de comprendre ce qu'il y a de profond et de durable sous les apparences et je ne saurais mieux
m'expliquer sur ce point qu'en citant cette phrase
de Delacroix : « L'art du peintre est d'autant plus
intime au cœur de l'homme qu'il paraît plus matériel, car chez lui comme dans la nature extérieure, la part est faite franchement à ce qui est
fini et à ce qui est infini, c'est-à-dire à ce que
l'âme trouve qui la remue intérieurement sous les
objets qui ne frappent que les sens. » Pour cela
n'allez pas croire que la peinture doive être la
rivale de la philosophie; elle n'est pas seulement un métier, mais elle est surtout un métier.
La pensée, l'émotion sont peu de chose si on ne
les rend pas sensibles et j'ose prétendre que pour
y réussir, il vaut mieux que l'artiste soit incon-
scient : toutes les puissances du raisonnement ne
valent rien devant la force. inintelligible, parce
qu'au delà de la compétence de l'intelligence, qui,
suivant l'expression de Taine, nous fait « aimer
les formes et les couleurs pour elles mêmes », un
tableau n'est pas un traité de philosophie ou de
littérature, c'est un ornement; il doit, en dehors
de son caractère suggestif, présenter au moyen de
certaines conventions relatives aux rapports de
lignes et aux rapports de tons un ensemble agréable
à l'œil. C'est la réalisation de cet ensemble qui
constitue la question métier, question particulièrement délicate, car si tous ou presque tous les
peintres prétendent être d'accord sur les fins véri-

tables de l'art, si toutes les écoles — et Dieu sait si elles sont nombreuses ! — nous répètent qu'elles veulent exalter la vie, exprimer le Beau, si sur ce point l'unanimité est touchante, il faut bien avouer que sur les moyens, le désaccord est non moins touchant. Je n'entreprendrai pas l'énumération des diverses tendances qui nous sollicitent ; la question peut se ramener à ceci, elle se pose aux « jeunes » dès le début : faut-il suivre la tradition technique que nous ont léguée les classiques, ou bien faut-il chercher d'autres moyens, faut-il faire, en un mot, une révolution ?

Il faut le reconnaître, qui dit jeune, dit révolutionnaire ; on s'imagine que rien n'a été fait encore ou bien que tout est à refaire. Qui dit jeune dit impatient ; on se croit retenu, emprisonné dans ce que l'on appelle avec haine les conventions, et on se meurt du désir de s'évader, on a hâte d'étaler sa richesse, son originalité. En somme, jeune est un peu synonyme d'anarchiste. Par conséquent, nous commençons à démolir ces détestables conventions de composition, de dessin, de couleur que tant de vieilles perruques ont ressassées avant nous. On nous a dit que l'ensemble de ces conventions constituait le métier et le style classique : démolissons-le avec enthousiasme puisque nous voulons être des novateurs !

Nous démolissons d'abord un tout petit peu et puis, la logique nous entraîne à retrancher et à mépriser une règle après l'autre. Ainsi nous commençons à beaucoup moins dessiner et puis nous ne dessinons plus du tout. Certaines gens que l'on appelait coloristes se préoccupaient de l'atmosphère, de la gamme, de la finesse du ton... Quelle erreur ! nous ferons oublier ces timides harmonies, nous poserons le ton pur tel qu'il sort du tube, et, sur nos toiles, la couleur éclatera en magnifiques hurlements. On osait nous recommander l'habileté, la science du métier, n'est-ce pas mille fois plus artiste, plus original d'être naïf ? Nous ferons abstraction de toute influence, nous regarderons la nature avec l'âme d'un enfant et nous l'exprimerons avec la candeur d'un sauvage. Nous voilà bien affranchis des vieux dogmes étroits et paralysants, nous sommes libres et nos réussites attestent notre originalité. Mais, monsieur, devant ces résultats, je me sens saisie d'un doute cruel ; certains de nos novateurs, encouragés par l'applaudissement de critiques ou d'amateurs désireux de se montrer « dans le train », font de leurs découvertes des dogmes aussi étroits, sinon plus que ceux que nous avons voulu méconnaître. Est-ce bien logique ? Fallait-il se dégager des conventions pour retomber dans d'autres ? et si nous sommes forcés de nous conformer aux nouveaux dogmes, nous n'aurons plus de liberté ni d'originalité... Cela valait-il la peine de faire une révolution ? Est-ce le véritable but de l'art que de rechercher l'originalité dans l'inconséquence ? J'en arrive à me demander si notre révolution est sincère et si l'on n'a pas plutôt cherché le moyen de parvenir plus facilement à la réputation, parce que c'est plus facile de trouver l'originalité dans le scandale et l'à peu près. Je me sens bien ébranlée dans ma foi révolutionnaire !... Il y a là en somme une question d'honnêteté : ces moyens faciles ne sont pas très consciencieux et puisque nous prétendons aimer l'art et lui donner notre existence, ne serait-ce pas mieux démontrer notre amour que de peindre consciencieusement, rechercher les meilleurs procédés, de ne reculer devant aucun effort, de ne jamais nous contenter d'à peu près, de vouloir de toute notre volonté, de réaliser ? C'est plus facile de ne pas réaliser, on esquisse plus commodément une larve quelconque qu'on n'édifie exactement l'architecture du corps humain dans le rythme du mouvement et la souplesse de la chair ; c'est plus facile d'indiquer par quelques hachures désordonnées le drame des nuages dans le ciel ou la ligne pure des bois et des collines. Cette fameuse naïveté n'est pas sincère, c'est un assez joli paradoxe : l'âme primitive d'un homme du vingtième siècle ! et ces résultats, qui seraient délicieux de la part d'un enfant de cinq ans, sont plutôt divertissants quand il s'agit d'hommes faits ! Mais nous, nous ne voulons pas de moyens faciles puisque nous voulons réaliser et nous renoncerons aux excès révolutionnaires, puisque la négation des conventions déjà existantes n'aboutit qu'à une nouvelle convention faite d'ignorance et de paresse !

Comment arriverons-nous à notre but, à réaliser ? Je crains bien que ce soit en reconnaissant l'utilité de ces bonnes vieilles conventions du dessin, de l'étude consciencieuse et acharnée surtout. Que diriez-vous d'un musicien qui, avec les plus beaux dons de sensibilité, n'aurait jamais appris le piano et prétendrait vous exécuter un concerto difficile ; ou d'un littérateur plein d'imagination, mais ignorant la syntaxe ? Vous leur conseilleriez, à l'un de faire des gammes, et à l'autre d'apprendre la grammaire. Nous aussi, nous devons laisser à leurs jeux les « fauves » puisqu'il faut. les appeler par leur nom, et nous devons par conscience, par amour de notre art, accepter courageusement l'aridité et la monotonie des exercices du début. « L'expérience est indispensable pour apprendre tout ce qu'on peut faire avec son instrument. » Je me permets de citer encore Delacroix. Cette formule n'est-elle pas plus saisissante de la part d'un artiste que l'on a considéré comme le plus affreux révolutionnaire ? Nos révolutionnaires se moquent pas mal de l'expérience !

Il faut l'avouer, nous avons oublié que la condition essentielle d'une œuvre d'art est d'être achevée, nous avons trop sacrifié à l'à peu près. Il est dur, je le sais, dans ce temps où règne la superstition de la pochade, de renoncer à l'amusant, à l'imprévu de l'à peu près. On commence une étude, on indique rapidement les taches, les grands plans, les rapports de tons ; c'est frais de couleur, c'est spontané, c'est amusant, mais c'est encore et toujours de l'à peu près ! Dans l'enthousiasme de la mise en chantier, la construction a reçu quelques anicroches : un œil est plus haut que l'autre, les contours sont mal dessinés ; en se complaisant dans la recherche du ton, on a oublié les valeurs et le modelé en est détruit ; il faut remettre le tout au point, rattraper son dessin, respecter le caractère du modèle et serrer la forme. Croyez-vous que ce soit amusant de détruire par des retouches plus ou moins heureuses l'amabilité de la couleur et le pittoresque du coup de brosse ? Croyez-vous que ce soit facile ?

Il y a un autre grand obstacle à notre but de réalisation : c'est le souci de la facture. On se.

préoccupe bien moins de peindre comme l'on voit, comme l'on sent, que de poser la touche d'une manière inédite ; beaucoup d'artistes font résider en cela leur originalité. Originalité bien éphémère, puisqu'on trouve toujours des imitateurs qui exagèrent, qui fondent une théorie et une école sur la moindre petite nouveauté ; nous rappelons-nous, après l'avalanche de leurs disciples, l'inventeur du virgulisme ou du confettisme ? On ne voit pas que l'on rabaisse l'art à une question culinaire — si j'ose dire — et l'on devient prisonnier de sa recette. Les progrès deviennent impossibles, et il en résulte encore de l'à peu près. Je sais bien que la question du procédé est une chose trop personnelle pour pouvoir admettre des règles générales. Que l'on peigne sur de la toile ou sur du bois, ou sur du carton, en long, en large, en travers, en taches, en lignes ou en points, mais qu'on ne fasse pas de son parti-pris une chose essentielle, primordiale. Qu'on ne sacrifie pas au souci de la facture notre but qui est, ne l'oublions pas, la réalisation. Ne serait-il pas préférable, après avoir approfondi toutes les ressources que nous en pouvons tirer, de sacrifier la facture à ce même but ? Dans les œuvres des grandes époques d'art, sentons-nous le procédé ? Non, l'art du peintre s'est épuré de telle sorte qu'il paraît avoir sacrifié les moyens d'expression à l'expression elle-même, et le but est si bien atteint que ce n'est qu'après avoir admiré l'ordonnance de la composition, le fini de toutes les parties, leur conspiration pour la plus grande unité de l'ensemble, que l'on s'avise de découvrir cette admirable, sublime simplicité du métier. Aucun

de ces tarabiscotages, aucune de ces concessions
à l'amusant qui, dans la peinture moderne, sont
comme une tentative perpétuelle pour tromper le
spectateur sur la valeur de la chose faite. Regardons un Velasquez, le plus grand peut-être parmi
les réalisateurs. Où sent-on le procédé? Peut-on
le définir, l'analyser? Cela paraît si aisé, peint si
naturellement, du premier coup, sans retouches.
Prenons une de ces déesses ou mortelles couchées
où le Titien excella; on jurerait que de la tête aux
pieds, la même caresse de la brosse a modelé les
formes pleines et voluptueuses. Quelle admirable
unité! il n'y a jamais de fatigue dans cette peinture; en vérité, cela tient de la sorcellerie! Croyez-
vous que ce soit facile de réaliser avec ce naturel, cette aisance? Essayez de faire tourner une
pomme!

Ces écrasantes comparaisons nous amènent à
croire que c'est dans le mépris des règles, l'oubli
de l'effort et leur résultat, le culte de l'à peu près,
de la trop grande facilité, que les peintres d'aujourd'hui exercent un art qui était autrefois l'apanage exclusif des natures assez douées et assez
courageuses pour en supporter les luttes infinies;
qu'il faut dénoncer les causes de ce que la critique
contemporaine a appelé quelquefois crise de la
peinture française. Le mot est un peu fort, et
quand on a la joie d'assister à des expositions
d'ensemble comme celles de MM. Besnard, Henri
Martin, La Touche, Cottet — je cite parmi les
plus récentes — on peut constater que l'Ecole
française n'est pas si malade qu'on veut bien le
dire. Quelles leçons, à côté des innombrables petites expositions où le public est convié à admirer

des études trop superficielles ou les plus vagues schémas ! Que de peinture ! Trop de peinture ! Si encore ces essais révélaient de véritables tempéraments, mais nous avons déjà vu où pouvait conduire cette théorie de l'originalité à outrance, et quand de tels peintres ne s'abandonnent pas à leur prétentieuse paresse, ils se recommandent des maîtres impressionnistes. Nous sommes engloutis dans une formule de « plein air » qui, à force d'être répétée, devient aussi poncive, aussi conventionnelle que les machines au bitume d'il y a soixante ans. Mais les maîtres impressionnistes travaillaient consciencieusement et ne se seraient jamais permis d'exposer de telles ébauches ; ils étaient bien trop respectueux de l'art et d'eux-mêmes. Dans n'importe quelle toile de Monet ou de Sisley, voyez avec quel soin, quelle patiente étude du caractère tout est dessiné et peint ! Il est impossible que l'école impressionniste, si claire, logique, pleine de ce juste sens de l'harmonie et des proportions qui caractérisent le génie latin, ait engendré ces théories extravagantes ! J'aime mieux croire que les Français, renonçant à leurs qualités ethniques, ont voulu prendre leur mot d'ordre à Munich ou au Kamtchatka !

Mais, monsieur, il me semble que nous pouvons déjà tirer quelques déductions : après nous être lancés si joyeusement dans la révolution, nous avons vu qu'elle conduisait à l'anarchie, que l'anarchie conduisait au plus étroit des esclavages, que la recherche de l'originalité était dangereuse pour des gens qui ne savent encore rien, que la négation des règles aboutissait à l'école du moindre effort et au triomphe de l'à peu près et

que l'art ne se peut contenter ni de l'à peu près
ni du moindre effort. Nous renonçons, décidément,
à être des novateurs : courons nous jeter dans
les bras des classiques !

Il nous faut donc opter pour le classicisme ; mais
en quoi consiste-t-il ? Peut-on déterminer exactement son dogme et ses traditions ? On est trop
porté à s'imaginer qu'il consiste dans l'expression
du beau. Peut-on aussi délimiter le beau ? Je ne
sais plus quel philosophe (n'est-ce pas Descartes ?)
le définissait ainsi : « ce qui est agréable à la
vue ». Mais ce qui est agréable aux yeux d'une
personne peut ne l'être pas aux yeux d'une autre :
il faut bien admettre pour le beau la multiplicité
des formes ; quant à ceux qui prétendent trouver
la formule classique dans le beau idéal : poésie
du sujet, idéalité de la forme, ils sont en antithèse
complète avec les vieux maîtres sur lesquels ils
s'appuient constamment et qui n'ont pas reculé devant l'imitation de la laideur quand elle était
nécessaire à la vraisemblance du sujet, à l'expression de la vie. En cela, il ne saurait y avoir
de meilleure leçon que la leçon des musées et nous
y constatons qu'il est bien difficile de déduire des
principes et une doctrine de l'admirable diversité
de leur génie. C'étaient des gens qui avaient tout regardé, qui savaient tout faire. Pour être classiques,
faut-il donc, comme on nous le conseille de divers
côtés, renoncer à toute recherche personnelle et
nous consacrer à l'imitation exacte de cette perfection ? Faut-il pour être classiques, copier ceux
qui sont incontestablement et universellement re-
connus comme tels ? J'aime mieux en douter, quand
je considère les résultats obtenus par certains ar-

tistes et je me demande comment ils se peuvent
prétendre disciples et héritiers de Vinci ou du Cor-
rège. C'est presque aussi admirable que d'entendre
un de nos impressionnistes de la dernière heure
s'autoriser de Manet et de Renoir. Peut-on croire
sérieusement que la Vénus et l'Antiope, où la vie
palpite avec une sensualité si délicate, véritables
hymnes à la beauté du corps féminin, ont pu inspirer tant de mannequins en sucre! Est-ce le classicisme, cette facture étroite et appliquée, ces tableaux faits par petits morceaux? Se peuvent-ils
comparer avec la pâte grasse, coulante, aisée, la
souplesse du geste, la certitude dans l'audace,
l'unité des œuvres faites par belles masses mar-
chant simultanément, des maîtres de la Renaissance?
Autre équivoque en ce qui concerne le choix des
sujets : il est convenu qu'une œuvre ne peut être
classique que si le sujet en est emprunté à la my-
thologie, à l'histoire religieuse ou grecque, ou ro-
maine, enfin, s'il est genre « prix de Rome ». En
vérité, on nous donne à penser que le classicisme
n'est autre chose que le culte du casque de pompier,
comme on dit à l'école, et que meilleur moyen
d'être classique, c'est encore de ne pas le faire
exprès !

Non! quelle que soit l'admiration que peuvent
exciter en nous les grands maîtres, le calcul, la
routine ne peuvent remplacer l'émotion directe,
personnelle! Nous ne saurions oublier qu'en les
imitant trop fidèlement nous les comprenons moins,
nous copions leur forme mais nous ne saisissons
pas leur esprit. Ils ont été grands parce qu'ils ont
peint ce qui leur plaisait ; leur esprit, c'est l'amour
de la vie comme on la concevait à leur époque,

avec ses beautés et ses laideurs. On aurait beau nous dire de revenir en arrière, nous ne le pouvons pas. « L'œuvre d'art est déterminée par un ensemble qui est l'état général de l'esprit et des mœurs environnantes » (Taine). L'art reflète fidèlement une race, un pays, une époque, et consciemment ou inconsciemment et quelle que soit la nature du sujet, qu'il ait été pris dans la vie contemporaine ou dans ces sources poétiques et éternelles des mythes vieux comme le monde, l'artiste est infailliblement suggestionné par l'ambiance. Il traduit tour à tour le mysticime de l'Espagne, bientôt cruel, raffiné par les tortures de l'Inquisition, la calme existence de la race sérieuse, honnête et bourgeoise des Flandres, et toute la vie de violence, de faste, de volupté de l'Italie. Quand Véronèse nous emmène aux Noces de Cana, nous assistons à l'une de ces somptueuses fêtes que donnaient les papes ou les princes ; et dans le *Christ discutant avec les docteurs du temple*, les docteurs et les sages ont revêtu les traits et le costume de ces patriciens délicats qui aimaient à se réunir dans les palais aux belles colonnades pour s'adonner aux jouissances de l'esprit. Y a-t-il rien de mieux ordonné, de plus majestueux, de plus grand siècle, en un mot, que les compositions de Poussin et du Lorrain ? Et Delacroix, n'est-il pas un romantique ? Comment voulez-vous que nous imitions ces gens-là ; ce sont des colosses, des Titans ! C'est entendu ! nous devons les admirer à genoux ! mais nous n'avons plus la même conception de la vie et notre sensibilité est devenue bien différente ; et, remarquez-le bien, en comparant ces divers génies, il est impossible devant tant de manifestations différentes de déduire des principes absolus, soit esthétiques, soit même purement techniques. La vision et le procédé d'un Greco sont absolument l'opposé de la vision et du procédé de Rubens, et pourtant tout deux ont fait des chefs-œuvre. La véritable leçon que nous donnent les grands maîtres est de suivre la nature; ainsi les artistes de la Renaissance n'ont pas recommencé le miracle grec, ils ont fait la Renaissance parce qu'ils ont exprimé avec plénitude le monde au milieu duquel ils vivaient : mais le plus grand exemple, le plus grand enseignement, la véritable tradition que nous devrions suivre passionnément, c'est cette loi trop souvent oubliée, la loi éternelle de l'effort et de la conscience dans l'effort. Pourquoi s'embarrasser d'écoles, de style, de théories qui nous assomment, de toutes ces subtilités qui sont de bien vaines préoccupations devant un but si difficile et qu'on ne peut atteindre que par une force irrésistible, servie par la volonté du travail consciencieux. Que chacun rentre dans la vérité de son cœur et peigne tout simplement ce qu'il aime et comme il l'aime ! Le culte de l'art, comme tous les cultes, ne peut être rendu qu'avec amour, foi et sincérité. Et surtout avec amour, c'est notre meilleure manière d'imiter les grands maîtres.

Puisque les œuvres d'art sont déterminées par le milieu, plutôt que de s'acharner dans une fidélité stérile aux formes et aux idées d'hier, ne serait-il pas préférable de chercher à comprendre et à aimer notre siècle ? Oh ! je connais toutes les choses décourageantes qu'on peut dire ! On nous dit : « Les arts sont en décadence, les artistes sont inutiles dans une société qui poursuit uniquement des fins pratiques et intéressées. De quelles idées pouvez-vous vous inspirer ? Ce qui prédomine à l'heure actuelle, c'est une sorte d'esprit scientifique, utilitaire, qui est l'antithèse de l'art. Quels spectacles vous offre la vie d'à présent, trop industrialisée, trop démocratisée ? Je ne prétendrai pas que tous les aspects de la vie moderne soient enthousiasmants, mais notre époque est pleine d'idées et dans la plus grande étendue de la connaissance, n'y a-t-il pas de nouvelles et plus nombreuses occasions de nous émouvoir ? Et la diversité des aspects de la vie moderne est vraiment prodigieuse. A côté des architectures immuables de la nature, s'élèvent maintenant les cités, ouvrages des hommes, que les fumées et les poussières de l'industrie, bien prosaïques pourtant, revêtent suivant la magie du temps et des heures d'un chromatisme inégalé. Nous assistons à une renaissance du sentiment décoratif ; on trouve dans l'ameublement, dans le costume, des audaces et des raffinements de tons auxquels le peintre peut et doit collaborer et qui sont de pures délices pour l'œil. Je ne saurais, dire si cette nouvelle forme du luxe est supérieure ou inférieure aux fastes du passé, aux bacchanales, aux cavalcades italiennes, aux ballets mythologiques du dix-septième siècle ; elle est différente et fait toujours un beau prétexte à peindre. Et si vraiment notre époque trop démocratisée a perdu le sentiment des spectacles de l'élégance, ne reste-t-il pas les grands aspects du travail, symboles de l'éternel tragique et de l'éternelle noblesse de l'effort humain ? Tout change, tout évolue, mais tout peut être intéressant ; notre époque est toute bouillonnante d'idées, et, malgré qu'on veuille nous persuader le contraire, ces idées ne peuvent pas être ennemies des belles formes. Nous aurions tort de nous plaindre du développement de l'esprit scientifique, c'est à lui que nous devons l'élargissement de notre conscience et, dans l'accroissement de la sensibilité qui en résulte, un renouveau d'imagination, d'invention. Le vrai n'est pas l'ennemi du beau ; c'est à lui que nous devons de comprendre l'harmonie intime de la vie et c'est une bonne chose que d'essayer d'universaliser. « Dans une de nos sensations, quand nous prêtons l'oreille, nous entendons la nature entière résonner, comme nous croyons deviner tout le murmure de l'océan lointain, dans une des coquilles trouvées sur sa grève. » (Guyau.)

Me voici amenée, monsieur, à répondre à votre dernière question. Vous me demandez ce que j'attends, ce que j'espère de la vie. C'est bien imprécis, et je tremble de vous dire encore plus de stupidités que je n'en ai pu dire jusqu'à présent. Que voulez-vous que l'on pense et que l'on espère d'une personne vers qui vous entraîne la plus irrésistible sympathie, mais dont on a entendu dire tant de mal ? N'a-t-on pas appelé la vie une vallée de larmes ?.

Je pourrais vous répondre tout simplement que j'en attends la satisfaction de servir un art et un métier qui me sont chers et auxquels je me crois adaptée, mais il y a autre chose. On nous prévient et sans doute on a raison, que notre passage en ce monde est semé d'ornières, d'embûches, et que le voyage, si beau qu'il puisse paraître au début, ne réserve que désillusion, lassitude et désespoir. C'est peut-être très vrai, mais je ne veux pas le croire ; nous ne devons pas nous laisser décourager ! C'est une manière de crime de douter de la vie quand on est jeune. Nous devons avoir la persuasion que la vie est illimitée devant nous, le sentiment de notre force neuve, parcelle de l'énergie universelle, et penser que c'est une question d'honnêteté, un devoir de la faire servir, de l'exalter. Je crois, d'ailleurs, que notre génération s'embarrasse peu des subtilités du doute, de ces curiosités inassouvies que l'on appelait le mal du siècle et qui ont caractérisé les générations antérieures ; elle est beaucoup plus positive ; mais n'allez pas croire pour cela qu'elle tombe dans un rationalisme grossier. Nous n'en savons pas davantage que nos devanciers ; nous ne savons pas où nous allons ; mais ce que nous constatons, c'est le réveil de la conscience nationale. Il y a là de la belle besogne pour les jeunes. Puisque nous acceptons de suivre le chemin, nous devons le suivre avec la meilleure bonne volonté possible. Quoi qu'il puisse arriver, la vie peut être cruelle, mais elle n'est jamais bête ! C'est bien quelque chose.

Je pense, Monsieur, que ma confession générale est terminée ; il ne me reste plus qu'à vous demander l'absolution pour toutes les pauvretés que j'ai pu dire. Veuillez agréer l'expression de mes meilleurs sentiments.

SUZANNE LABATUT,
Élève de l'École des Beaux-Arts.

LE COMMERCE

I

Monsieur le Directeur,

Franchement, je suis presque ennuyée d'avoir accepté de vous faire part de mes idées et réflexions. Maintenant, devant cette page blanche, je me trouve fort embarrassée. N'ayant rien d'agréable ni de doux à lui confier, je vais certainement passer pour une révoltée. Mais aussi, comment pourrait-il en être autrement ; puis-je afficher des sentiments tendres à l'égard de ma profession, puisque je la déteste.

Ce n'est pas par goût, mais plutôt un peu forcée par les circonstances et conseillée par quelques personnes de mon entourage, que je suis entrée dans la nouveauté. J'avais alors dix-huit ans, je terminais mes études. Tous mes penchants, mes aptitudes me poussaient vers l'enseignement, mais, je ne sais trop pourquoi, on m'en détourna vivement. J'entendais souvent dire : « C'est dans les affaires qu'une femme se tire le mieux et le plus vite d'embarras. » Nouveauté, commerce, cela sonnait vague à mon oreille, je n'en avais aucune expérience. Désireuse de me tirer au plus tôt d'affaire, j'entrai dans la nouveauté.

J'espérais pouvoir y trouver un certain intérêt, je pensais que grâce au mouvement, au-va-et-vient perpétuel, les heures devaient couler bien vite, l'ennui s'enfuir bien loin. Je débutai toute pleine d'illusions et de bonne volonté ; au bout de peu de temps je fus déçue et maintenant, dois-je l'avouer, j'éprouve un dégoût profond des grands magasins.

Qu'y a-t-il d'intéressant dans les affaires ? C'est cette lutte âpre, constante, journalière que vous impose la concurrence. C'est cette recherche du nouveau, de l'inédit ; c'est cette initiative qu'il faut sans cesse déployer pour attirer, charmer et retenir la clientèle. C'est l'antagonisme de l'acheteur et du vendeur ; les multiples conceptions, les diverses combinaisons qu'on ébauche. Supprimez cela, que reste-t-il ? Pas grand'chose d'attrayant ; un rôle de machine, rien de plus, et c'est celui de l'employé vendeur ou vendeuse de nouveautés. On lui donne des objets avec ordre de les vendre tel prix, c'est tout. Inutile pour lui de s'inquiéter d'autre chose ; la provenance, la fabrication, le prix brut, que lui importe cela ! « Vendez, vendez, lui dit-on, c'est tout ce qu'on vous demande. » Et l'on vend avec à peu près toujours les mêmes formules, l'air engageant, le sourire de circonstance. C'est qu'il faut être aimable ; et avec tout le monde, encore ! Quel exercice de patience et d'humilité, mon Dieu ! Certaines personnes sont si arrogantes ! Quel plaisir on éprouverait à les en-voyer promener ! Mais non, il faut savoir se con-tenir, et c'est bien difficile parfois. Moi, je trouve cela très dur, j'aime avant tout dire ce que je pense. C'est une tendance fâcheuse et très nui-sible dans la nouveauté. Non, réellement, cette profession n'a rien de bien enthousiasmant !

Il m'est arrivé fréquemment de demander à mes collègues si elles goûtaient beaucoup leur emploi. Peu ont été affirmatives : « Je n'aime pas cela, m'a-t-il été répondu le plus souvent, mais j'y gagne à peu près convenablement ma vie, c'est tout ce qui m'intéresse. »

Je concède que généralement l'obligation où l'on se trouve de remplir une charge vous rend cette charge désagréable, voire même antipathique. Mais, cependant, lorsque la tâche à laquelle vous êtes astreint correspond un peu à votre idéal, il me semble que vous devez travailler avec goût et plaisir. Dans la nouveauté, tout l'idéal consiste à vendre le plus possible afin de gagner en consé-quence. Évidemment, c'est un but fort intéressant, mais quel manque d'espace ! On aimerait parfois avoir autre chose qu'un porte-monnaie où reposer ses yeux. D'autant plus que malgré tous les efforts, le porte-monnaie ne s'enfle jamais beaucoup !

Si vous saviez comme, par moments, on aurait envie de tout planter là et de se sauver bien loin ! Lorsqu'il fait beau, que le soleil brille joyeuse-ment, n'est-ce pas pénible de se sentir retenue der-rière un comptoir ? Il ferait si bon, semble-t-il, d'aller se promener où l'on voudrait, comme l'on voudrait, loin du brouhaha agaçant d'un magasin. Mais si l'on se permet un petit vagabondage de pensée, on est bien vite rappelée à la réalité des choses et de sa situation : « A quel prix est ceci, mademoiselle ? »

Après un tel exposé de mon goût pour ma profession, je ne vous surprendrai pas en vous confiant que souvent je pense aux vacances. J'adore ce mois de liberté après la contrainte de toute une année. Mais comme elles passent vite, ces bien-aimées vacances ! Pourquoi faut-il attendre si long-temps un moment si fugitif ! J'éprouve une véritable griserie à me sentir enfin libre, débarrassée de tous les règlements mesquins et souvent ridicules qui rendent le travail ennuyeux et désagréable. Ah ! le magasin, comme j'en chasse le souvenir ! Et comme je suis navrée lorsque, après un peu d'indépendance, il faut y revenir ! Il me semble chaque année que je ne pourrai m'y habituer à nouveau. Naturellement, avec de telles dispositions, il est compréhensible que mon seul espoir soit de quitter la nouveauté, le plus vite possible. Beaucoup sont dans mon cas. Que peut-on espérer ? Avancer, monter en grade ! Il y a tant d'intermédiaires entre l'employeur et l'employé que la plupart du temps on n'est même pas jugé d'après ses œuvres. Il est difficile de plaire à tout le monde, et pour peu qu'on n'ait pas l'échine très souple et la flatterie prompte, on risque fort de rester en arrière ! C'est, du reste, un inconvénient qu'on trouve un peu partout, j'ai souvent entendu faire cette remarque. Rien n'est pourtant plus révoltant que de voir les hypocrites et les flatteurs avancer au détriment des gens loyaux et droits et, malheureusement, c'est presque toujours ainsi qu'il en arrive !

Au risque de scandaliser beaucoup de gens, peut-être, je proteste ici contre cet on-dit : « Le travail c'est la liberté. » Il n'y a en général que ceux qui n'ont jamais fait œuvre de leurs dix doigts pour nous donner cela comme consolation. J'ai toujours envie de leur répondre : « Je vous en prie, ne vous gênez pas, passez-moi vos rentes et prenez donc ma place. » Je considère le travail comme une loi nécessaire à laquelle nous devons nous soumettre sans récriminations, C'est à nous d'essayer de mettre le plus possible nos occupatioas en conformité avec nos goûts. Pourquoi donc la société actuelle force-t-elle de plus en plus la femme à travailler au dehors ? N'est-ce pas un peu contre l'ordre naturel des choses ? On se plaisait auparavant à considérer la femme comme l'âme du foyer. Pourquoi la dépouiller de ce beau rôle ? A notre époque, la femme est dépoétisée et l'esprit de famille n'existe presque plus. A ce point de vue, malgré tous nos progrès, ne sommes-nous pas en arrière sur les siècles passés ? Je sais que cette question a donné lieu à de nombreuses discussions. Je ne me chargerai pas de résoudre ce problème; il est trop complexe.

Vouloir parler de la vie à mon âge semble très présomptueux. Quand on est jeune, voit-on toujours les choses de la même façon ? Heureusement non, ce serait trop monotone ! On juge un peu d'après les impressions du moment et les impressions se succèdent si diverses ! Je n'ai pour ainsi dire pas encore vécu, mon cœur est aussi prompt au découragement qu'à l'enthousiasme. Tantôt j'éprouve grand plaisir à me sentir vivre, tout me semble gai, riant, aimable (cela surtout en vacances !). Puis une anicroche arrive, tout revêt le plus sombre aspect et je déclare sentencieusement que « la vie ne vaut pas la peine d'être vécue ! » En y pensant de sang-froid, je ris de moi-même.

Ce qui me décourage le plus, c'est l'injustice aveugle du sort. Quand je vois parfois l'adversité s'acharner sur ceux qui ne le méritent pas, j'éprouve un réel écœurement ; la bonne chance des méchants et des hypocrites me produit la même impression. Je me demande souvent, en face des inégalités de la vie, comment font les gens qui ne croient à rien. Je les plains sincèrement, je ne puis les comprendre. Qu'ont-ils donc pour les soutenir aux heures de défaillance, comme apaisement à leur douleur ? Comme toutes les jeunes filles travaillant au dehors, j'ai eu l'occasion d'être tentée ; une voie fleurie qui n'était pas la bonne s'est présentée à moi ; la religion m'a toujours été d'un puissant secours et a largement contribué à me garder d'un mauvais pas. Aussi je trouve criminelle l'œuvre de ceux qui essayent d'anéantir toute idée de Dieu dans le cœur des hommes. Qu'ont-ils donc à mettre à la place ? La désespérance, le plus souvent.

J'ai remarqué que l'idée religieuse et l'idée de patrie étaient intimement liées l'une à l'autre. Il m'est arrivé de rencontrer des incroyants qui étaient patriotes. Je n'ai jamais entendu un homme ayant des sentiments religieux parler contre la Patrie. Notre époque manque d'idéal, dit-on souvent ; à quoi cela tient-il, sinon à la suppression des croyances et du patriotisme ? De nos jours ce qui prime, c'est la puissance de l'or. La richesse tient lieu de tout : talent, intelligence, éducation, souvent même d'honorabilité. Le plus infâme coquin, s'il était riche, verrait tout le monde à ses pieds. Je comprends qu'on aime l'argent, mais seulement pour l'indépendance qu'il procure, et je suis de ceux qui pensent que, si l'argent ne fait pas le bonheur, il y contribue pour une large part. J'aimerais beaucoup être riche, je l'avoue franchement, et je ne m'ennuierais pas.

Mon Dieu, que puis-je espérer de la vie ? Je ne sais pas trop. Jusqu'ici, elle ne m'a pas traitée avec grande rigueur. J'ai le bonheur d'avoir encore mon père et ma mère ; que puis-je demander de plus ?

Je ne serais pas franche, si je n'avouais cependant mon désir de ne pas rester vieille fille. Quelle est la jeune fille qui, en elle-même, n'en pense pas autant ? Nous ne sommes pas faites pour vivre seules ; notre réelle mission est de continuer en d'autres la vie qui nous a été transmise. Pourtant, j'éprouve parfois une vraie crainte du mariage. On dit que c'est une loterie. C'est bien triste lorsqu'on tombe sur un mauvais numéro ! Cela arrive-t-il aussi fréquemment que certains le prétendent ? Je ne sais. J'entends toujours parler de mauvais ménages, de querelles, de divorce. Pourtant je ne vois guère autour de moi que des gens qui s'entendent très bien. Tous ceux que je connais, il est vrai, ont consulté pour se marier leur cœur avant leur bourse. Comment peut-on traiter le mariage comme on traite une affaire et unir, simplement par intérêt, son existence à celle d'un inconnu ? Beaucoup trouvent cela tout naturel, et prétendent même que les unions contractées de la sorte donnent les meilleurs ménages. C'est possible, mais ça ne me tente pas. J'aimerais mille fois mieux rester célibataire que de me marier ainsi. Après tout, les vieilles filles ne deviennent pas toutes maniaques, grinchues, égoïstes; j'en connais qui ont su se conserver une humeur charmante; je tâcherais de faire comme elles.

La vie devenant chaque jour plus chère et plus difficile, je comprends très bien ceux qui ne désirent pas avoir une famille nombreuse, mais je ne peux réprimer une certaine indignation lorsque j'entends des jeunes femmes s'effrayer, se désoler même à l'idée qu'elles pourraient devenir mères. Je ne trouve pas cela naturel. Pour ma part, je serais désolée si, mariée, je me voyais privée des joies de la maternité. Pour qui vivent les gens qui n'ont pas d'enfants ? Contrairement à beaucoup de femmes, je ne souhaiterais pas avoir de fille, par exemple. Un fils m'intéresserait bien davantage. J'aimerais pouvoir diriger son éducation. Je voudrais en faire autre chose que certains jeunes gens de notre époque uniquement préoccupés de leur inintéressante personne, dénués de toute pensée un peu élevée, antipatriotes, antimilitaristes, parce qu'ils ont peur pour leur peau ! J'éprouverais une joie et une fierté sans mélange à voir plus tard mon enfant placer haut son idéal et cultiver, malgré toutes les théories contraires, l'amour de la Patrie, le respect de Dieu et de soi-même.

R. JANE,
Employée dans un magasin de nouveautés.

II

Monsieur le Directeur,

N'attendez pas de moi un article comme ceux qui ont paru, l'année dernière, dans l'enquête de votre intéressante *Revue* et excusez la plume novice d'une jeune fille.

Je vais essayer simplement de répondre à vos questions, en m'abstenant de toute fantaisie.

1° Comment entendez-vous l'exercice de la profession que vous exercez ?

Le commerce est une sorte d'art. Ce qui le prouve, c'est que, comme dans tous les autres arts, on commence par l'apprentissage. Il faut, par conséquent, à la vendeuse, une valeur professionnelle qui s'obtient par des cours, par des stages et par la pratique, à condition, toutefois, qu'il y ait dans l'âme de la vendeuse cette « ferveur marchande » que les cours, les stages et la pratique ne peuvent suppléer.

Nos chefs hiérarchiques ne se méprennent pas sur la valeur de leur personnel et ils mesurent toujours la tâche confiée à la valeur professionnelle de la vendeuse.

Vous savez que pour devenir vendeuse dans un grand magasin comme les « Trois Quartiers », par exemple, il faut avoir subi un assez long stage dans une maison de second ordre et en sortir munie {de bonnes références (les meilleures références de province ne suffisent pas). On est admise alors, non comme vendeuse en titre, mais comme vendeuse auxiliaire ; c'est le stage qui se continue. Notre degré de valeur professionnelle est repéré, en quelque sorte, sur le vif, et noté par nos chefs qui sont de compétents et de clairvoyants juges.

Enfin, vient un beau jour le titre tant désiré de vendeuse titulaire. On a fait tant d'efforts pour y parvenir !

Voyez plutôt, pour vous en convaincre, tout ce qu'il faut acquérir, bon gré, mal gré, lorsqu'on veut arriver. Et d'abord l'exactitude, point essentiel auquel tiennent tant nos chefs, puis l'amabilité la plus soutenue, en dépit parfois des tristesses et des graves préoccupations qu'on peut avoir ; une complaisance à toute épreuve : on ne craint pas de déranger tout un étalage pour donner entière satisfaction à sa cliente ; puis il faut savoir être aussi physionomiste et saisir promptement l'affinité de tel client et de telle marchandise ; c'est, vous le voyez, presque le don de seconde vue qu'il faut ! avec un langage clair et poli et des manières aisées. On multiplie les offres, on patiente, on revient à la charge. Sans imposer l'achat, ce qui serait pour une vendeuse le comble de la maladresse, l'insinuer, au contraire, est une de ses meilleures qualités.

Ce ne sont là que les devoirs envers la clientèle. Les vendeuses sont aussi liées envers les chefs et leur maison par des devoirs de justice et de reconnaissance.

La vendeuse gagne gentiment sa vie, car en plus du traitement mensuel, elle a la « guelte » (tant pour 100 sur tout ce qu'elle vend) et peut prétendre à un avenir enviable, si elle accomplit toutes ses obligations. Déférente envers ses chefs, elle se montrera bonne collègue et elle contribuera, pour sa part, au bon renom de sa maison. Elle en sera, du reste, récompensée par l'estime et la confiance de ses chefs. Il y a bien le revers de la médaille. Je veux parler des contacts, si difficiles à tous égards, inévitables dans toute agglomération, même honorable. Que de petits froissements ! Que de petits chocs !... On ne peut les éviter, c'est fatal. Le seul remède c'est de « bien faire et laisser dire ». Il faut être philosophe.

2° Comment s'est déterminée votre vocation ?

Il me semble que ma bonne étoile a lui sur mon berceau et que je suis née avec l'instinct du commerce.

Rien d'étonnant à cela, puisque mes parents sont commerçants dans une petite ville de province, près de la mer.

Je me souviens avec bonheur de ces premières années ; c'étaient mes premières joies ; je jouais sur le seuil de la porte ou sur la plage avec un comptoir et des balances, vendant mes pâtés et me faisant payer avec de beaux cailloux ; mais passons, tout cela est bien petit, bien lointain et l'histoire des enfances n'intéresse que les familles.

Me voici à quinze ans, me disposant à partir ; j'avais enfin l'autorisation de ma famille ! Plus tard, on comprend mieux la désolation des parents qui envoient au loin leur toute jeune fille qu'ils ont si bien protégée jusque-là ! C'est la crainte de l'isolement qui étreint le père, c'est la frayeur du naufrage complet qui angoisse la mère. Quant à moi, je n'avais qu'un programme : le désir de marcher droit ; qu'un orgueil : celui de travailler et d'affronter bravement la vie, en suivant mon étoile.

Ma mère (il n'y a que les mères pour avoir de ces bonnes idées-là) voulut elle-même me choisir ma maison de début et une pension de famille tenue par des religieuses. Elle se rendit compte alors que ses terreurs, sans être chimériques, étaient tout au moins possibles à conjurer, et qu'il y a encore à Paris, grâce à Dieu, un champ de travail assez vaste pour y trouver, quand on les cherche, des maisons honorables permettant à la jeune fille de gagner sa vie, tout en restant honnête.

Connaissez-vous ces pensions de jeunes filles qui nous préservent de l'isolement et que la reconnaissance de nos devancières a si bien nommées « Pensions de famille » ? Allez les visiter. Il y en a une, celle qui m'abrite, et qui est de premier ordre, à l'ombre de la Madeleine.

Vous y verrez, dans un cadre frais et pimpant, une centaine de jeunes ouvrières et employées, toutes triées sur le volet (suivant l'expression de la directrice), véritables abeilles, quittant chaque matin leur ruche pour y entrer chaque jour à midi et le soir, avec un nouveau plaisir. Oh ! c'est le soir surtout que la gaieté et l'entrain sont à leur comble : comme le tableau est vivant ! Comme la la ruche bourdonne ! On s'occupe de travaux manuels très variés, depuis le raccommodage jusqu'à la broderie et la dentelle d'art; on lit, on écrit (on lit avec beaucoup d'intérêt, monsieur le Directeur, votre *Revue hebdomadaire*, ainsi que le *Gaulois du dimanche* et d'autres magazines), on joue du piano, on danse, on chante, on rit et personne ne pleure. Les chagrins sont si vite consolés par nos secondes mères et par de bonnes compagnes. Mais il ne faut pas que, dans l'effusion de ma reconnaissance, je m'écarte du sujet.

Me voilà dans ma maison de début, point payée, et le sacrifice que les parents durent faire en vue de l'avenir, pendant les deux premières années de commerce, m'émut et m'impressionna. Je me promis bien de les en dédommager et de leur faire honneur, en suivant toujours mon programme.

Avec mon flair commercial, j'eus vite fait de découvrir que, n'ayant pas suivi de cours d'anglais, il me fallait aller en Angleterre afin d'acquérir la connaissance de cette langue si usitée de nos jours et si utile pour le commerce. Les religieuses de Paris m'adressèrent à une de leurs pensions de Londres, située à Cromwell Road, un des meilleurs et plus chics quartiers (c'est l'expression dont je me servis, dans une lettre à ma famille, un mot « très parisien » alors, et « très français » aujourd'hui).

Mon étoile s'y était momentanément arrêtée, mais semblable à celle des mages, elle se remit en marche et sous la protection des religieuses et du consul français de Manchester, j'entrai dans une excellente maison de commerce.

Là, j'eus vite appris la maxime si chère aux Anglais : *Time is money*, que les patrons faisaient sans cesse résonner du haut en bas de la maison.

Il serait très intéressant ici d'établir un parallèle entre le commerce anglais, avec la semaine anglaise (qui est devenue à la mode dans certaines maisons de gros du Sentier et le haut commerce parisien); mais, outre que je n'en suis pas capable, je trouve que les comparaisons sont injustes. Tout est si différent.

Au bout d'une longue année, j'étais heureuse de retrouver la France, ma famille et mes amies; je possédais un bon anglais avec un petit bagage commercial qui me faisait bénir mon étoile (les brumes mêmes de l'Angleterre n'avaient pu la voiler à mes yeux). Je trouvais que j'étais vraiment née sous une bonne étoile.

Je fis un stage dans un magasin de premier ordre et me voilà enfin aux T. Q., une des meilleures maisons de commerce de notre capitale.

Je continue à suivre mon étoile, espérant qu'elle me sera favorable jusqu'au bout, car je veux aller jusqu'au bout.

Songez donc, du matin au soir je vends (et j'aime à vendre) des objets que j'aime et que j'aimerais acheter. Les yeux sans cesse fixés sur mes chefs de rayon, j'avance chaque jour dans mon art. Miss B... est une véritable artiste, avec sa récente création d'appartements de style qui a fait courir, dans nos magasins, non seulement le Tout-Paris élégant, mais des étrangers de marque, qui comptent volontiers deux patries : « la leur et puis la France ».

3° Comment envisagez-vous la vie en général (famille, religion, patrie)? Quelles sont sur la vie les idées de vos compagnes ? Quel est votre idéal ?

Je dois lutter chaque jour pour l'existence, la vie n'est donc pas pour moi un amusement acheté au prix du moindre effort; l'employer à suivre mon attrait, autrement dit, à faire mon devoir, n'est-ce pas la vivre le plus allègrement possible ?

Mon seul rêve... pour le moment, c'est de dédommager mes parents des lourds sacrifices qu'ils se sont imposés pour moi.

Quant à mes compagnes, j'ignore leurs espérances, j'allais dire leur secret et je crois fort, monsieur le Directeur, que pour arriver à le savoir, vous serez obligé d'avoir recours aux interviews, en ouvrant une nouvelle enquête.

La religion, qui met *dans tous les foyers* l'ordre, l'économie et la science du bonheur est aussi, à mon idée, la source du vrai patriotisme.

Au-dessus de la famille et de la patrie, il y a Dieu; je Le connais et je L'aime, comme je connais et j'aime mon père, comme je connais et j'aime ma mère.

Il faut aussi s'entr'aider pour développer en soi une vie morale très ferme au milieu des scandales de tous les jours et on pourra ainsi se maintenir sur le chemin de l'honneur.

P.

Vendeuse aux Trois-Quartiers.

L'ADMINISTRATION

I

Vous avez eu la généreuse pensée de vous intéresser à la jeunesse laborieuse et de chercher à la connaître, pour la mieux comprendre, en l'étudiant d'aussi près que possible. A cet effet, vous avez bien voulu me demander quelques détails sur ma profession de dame-employée, et sur les raisons qui poussent tant de jeunes filles à entrer dans l'administration des postes.

Malgré la préparation relativement longue qu'il exige, l'emploi administratif est fort goûté des jeunes Françaises pour les avantages qu'il leur procure et qui compensent largement les sacrifices du début. En entrant dans l'administration, la dame-employée voit son avenir assuré (traitement pendant les années de service et retraite pour la vieillesse) ; elle n'est pas à la merci d'un patron ou d'un directeur, qui peut à tout moment se passer de ses services, elle se trouve dans un milieu à peu près homogène qui lui plaît, parce qu'elle y est déjà habituée par son éducation. Enfin elle est fonctionnaire.

Les dames fonctionnaires, dont le nombre tend à s'augmenter de plus en plus en France, appartiennent surtout à l'Instruction publique et au sous-secrétariat des P. T. T., les autres ministères n'employant pas encore beaucoup de femmes. C'est donc vers l'administration des postes que se dirigent en général les jeunes filles qui n'ont pas la vocation de l'enseignement.

Pour y entrer, elles doivent passer à dix-huit ans un concours d'une difficulté à peu près équivalente à celle du brevet élémentaire, mais rendu beaucoup plus difficile par le grand nombre de candidates qui se présentent à chaque examen. Celles qui sont admises débutent à 1.100 francs, et les employées de Paris reçoivent en outre une indemnité de 400 francs par an pour frais de séjour. Elle sont nommées, suivant leur préférence et les besoins de l'administration, soit à la poste (guichet), soit au télégraphe ou au téléphone.

La plus grande partie du personnel féminin employé par le ministère des Postes est attachée au service téléphonique. Paris, à lui seul, compte environ trois mille cinq cents téléphonistes. Ce service, plus encore que les deux autres, semble tout indiqué aux employées par les qualités essentiellement féminines qu'il exige. En effet qui, mieux qu'une jeune fille, peut être aimable, vive et... bavarde ? Certains malicieux prétendront peut-être que cette dernière « qualité » suffirait à elle seule à décider les jeunes employées à se coiffer du casque. Dieu sait si les femmes, les femmes françaises surtout, ont la langue bien pendue et la perspective de la mouvoir pendant toute une journée n'est pas faite pour leur déplaire. Ce serait folie de vouloir protester contre une réputation établie depuis si longtemps ; cependant, puisque j'ai, moi aussi, choisi le téléphone, il faut que je vous dise les raisons qui ont motivé mon choix. C'est d'abord, je dois vous l'avouer, l'indemnité supplémentaire de un franc par jour de présence accordée aux téléphonistes. Puis, à mon avis, ce travail, par l'activité qu'il entretient, présente plus d'intérêt que le guichet et laisse aux opératrices un certain temps libre entre les heures de service.

Vous avez pu remarquer, en effet, qu'entre sept heures du matin et neuf heures du soir, vous trouviez toujours au bout du fil une demoiselle qui guette consciencieusement le jeu de votre lampe pour répondre à vos appels. Or, comme bien vous le pensez, ce n'est pas la même employée qui assure le service pendant ces quatorze heures consécutives. L'effectif du personnel est divisé en deux brigades qui travaillent chacune sept heures. Quand l'une des deux brigades, la brigade A, je suppose, arrive le matin à sept heures, elle est remplacée à midi par la brigade B, qui reste jusqu'à sept heures du soir et se trouve à son tour relayée par la brigade A. Celle-ci reste jusqu'à neuf heures et laisse la place aux commis de nuit. Le lendemain, c'est la brigade B qui vient le matin et ainsi de suite.

De cette façon, chaque brigade jouit à son tour d'une certaine liberté, et c'est là un sérieux avantage qui permet aux femmes mariées de conserver leur emploi. Ce temps libre est aussi nécessaire aux employées pour les reposer du travail fourni pendant les heures de présence au bureau.

Chaque téléphoniste est titulaire d'un groupe où sont reliés une centaine d'abonnés. La première préoccupation de l'employée en prenant possession de ce groupe est de chercher à connaître « ses futurs abonnés ». Seront-ils aimables ou grincheux? Car, hélas! la téléphoniste est obligée de répondre à tout le monde, et il en est parmi les abonnés qui ne semblent nullement se douter qu'ils ont affaire à une femme.

Mais je ne veux pas médire des abonnés; je sais trop bien avec quel déluge de récriminations, plus ou moins fondées, ils me prouveraient qu'ils ont raison. Ah! les demoiselles du téléphone!!! De combien de péchés de colère sont-elles la cause? Et cependant..

Sachez, messieurs les abonnés, que si les bonnes téléphonistes font les bons abonnés, la réciproque est vraie, et que les bons abonnés font également les bonnes téléphonistes.

Aussi bien, lorsqu'une jeune débutante arrive au « Central » je vous assure qu'elle n'a aucun parti pris; elle désire vivement faire « bon ménage » avec ses abonnés, et cela est tout naturel puisqu'à partir de ce moment elle devra continuellement travailler avec eux.

On s'est accoutumé, je ne sais pourquoi, à considérer les téléphonistes sous deux aspects bien différents : celles qui sont régulièrement désagréables, et celles qui sont *trop* aimables avec leurs abonnés. Eh! messieurs, la bonne courtoisie française, saine et franche, est-elle donc à tout jamais disparue ? Je veux espérer que non, car, honni soit qui mal y pense, mes abonnés sont presque tous charmants. (Pourquoi faut-il écrire presque ?) Ils sont polis, et rien que de les entendre arriver le matin, en me disant : « Allô ! allô ! ! Bonjour, mademoiselle. Voulez-vous, s'il vous plaît, me donner le 824.91 », me voilà bien disposée pour toute la séance. Ils sont patients et savent que je ne puis pas leur répondre à tous à la fois : aussi bien ne prennent-ils pas de crise de nerf si, par hasard, ils m'attendent plus des dix secondes américaines, le récepteur à l'oreille. Il y a dans la vie tant d'autres circonstances où l'on attend davantage pour obtenir une chose beaucoup moins merveilleuse qu'une conversation à distance. Et puis, ah ! et puis... eh bien, monsieur le directeur, vous le croirez si vous voulez, mais ils ne se fâchent pas quand je leur réponds : « pas libre ».

Aussi bien, comment la téléphoniste pourrait-elle empêcher de parler un abonné qu'on lui demande ?

Quelque journaux ont publié dernièrement de très bonnes photographies permettant aux abonnés de comprendre le travail des fiches. Qu'on ne dise plus que la téléphoniste répond « pas libre » sans avoir essayé la ligne !

En effet, quel intérêt aurait-elle à agir ainsi ? Il ne peut en résulter pour elle qu'une double manœuvre, car l'abonné qui appelle renouvellera certainement sa demande après quelques minutes d'intervalle.

L'intérêt de l'opératrice est, au contraire, de servir ses abonnés rapidement et aimablement,

car le travail, assez facile s'il est effectué avec
calme, devient très fatigant pour elle si elle y
apporte de l'énervement.

Mais ce n'est pas tout, et de sa façon de travailler dépend encore sa situation à venir. Chaque
employée possède un dossier où sont portés tous
les incidents auxquels elle est mêlée, incidents
qu'elle ne peut pas toujours éviter. De ce dossier
une note est extraite en fin d'année, et c'est cette
note qui détermine l'avancement.

La bonne employée qui « passe au choix » reçoit une augmentation de 100 francs tous les
dix-huit ou dix-neuf mois, jusqu'à ce qu'elle
atteigne le taux maximum de 2.200 francs, plus
les émoluments accessoires. A ce moment, elle
peut être nommée « surveillante »; ceci représente actuellement, pour une très bonne employée,
environ quinze ans de service.

Depuis quelques années, l'administration a créé
un grade de surveillante principale, auquel est attachée une indemnité supplémentaire de 600 francs
par an. Mais le nombre des surveillantes principales est encore très restreint; il n'y en a que
trente pour tout le réseau de Paris, et c'est là le
« bâton de maréchal » de toutes les dames employées.

Toutefois, il en est qui se dirigent d'un autre
côté et qui, après quelques années de stage à
Paris, demandent à l'administration la direction
d'un petit bureau de poste de province. Les rece-
veuses sont généralement des veuves ou des céli-
bataires.

Pour ma part, le chemin à parcourir est encore
trop long pour que j'en entrevoie le but, puisque

je ne compte que deux ans d'administration. J'essaierai naturellement de le raccourcir le plus possible, bien qu'à la vérité il ne soit pas trop déplaisant à suivre.

Comme je vous l'ai dit plus haut, le milieu est bon tant au point de vue intellectuel que moral et semble bien fait pour plaire à une jeune fille.

Nos chefs ont l'esprit large et éclairé. Ils savent éviter tout froissement pénible, et, grâce à leur tact, notre dignité n'a pas à souffrir des rapports plus ou moins directs qu'il ont avec nous.

Les surveillantes, sous l'autorité immédiate desquelles nous sommes placées, sont, pour la plupart, d'anciennes employées; elles connaissent notre travail et savent mettre les choses au point en cas de difficulté.

Entre employées, les rapports plus étroits sont cordiaux et agréables.

En vue d'être admises au concours, elles ont travaillé à acquérir une instruction solide, qu'elles entretiennent constamment par la lecture et la conversation (pas au bureau, naturellement). Toutes ont le brevet élémentaire; plusieurs ont reçu le supérieur et continuent d'étudier pendant leur temps libre. Dès lors, ayant les mêmes préoccupations et les mêmes connaissances, elles se comprennent facilement.

D'ailleurs, elles appartiennent presque toutes à la petite bourgeoisie et ont reçu dans leur famille une bonne éducation, basée sur des principes sûrs et sérieux. Malheureusement, beaucoup de jeunes provinciales nommées à Paris sont obligées de quitter leurs parents et de rester seules livrées à elles-mêmes, à l'âge où elles auraient tant besoin de l'affection familiale. Certes, il leur faut une moralité bien établie pour demeurer sérieuses et fortes contre les tentations de la grande ville. Elles occupent leurs loisirs à des travaux d'art : musique, broderie, peinture, etc., et préparent gentiment l'aménagement de leur futur foyer. Car on se marie, au téléphone, et bon nombre de demoiselles des P. T. T. sont d'honorables mères de familles ! Ah ! sans doute, celles-là n'ont pas le temps de broder. Ne faudra-t-il pas, à la sortie du bureau, courir reprendre au foyer la place laissée trop longtemps vide ?

Vous parlerai-je de leurs opinions ? Elles sont partagées comme dans toute agglomération, mais c'est toujours avec courtoisie qu'elles sont exposées et soutenues.

Ce qui, par-dessus tout, me plaît en mes collègues, c'est la solidarité, je dirais même la charité qui règne entre toutes. Elles se soutiennent, avec un grand esprit de corps, dans les petites misères inhérentes à tout travail, et, s'il arrive quelque accident à l'une d'entre nous, toujours une voix s'élève, suivie aussitôt d'un mouvement collectif, en faveur de celle qui souffre.

Et, d'ailleurs, comment pourrait-il en être autrement ? Elles vivent tellement ensemble qu'elles retrouvent, avec plus de respect mutuel, la bonne camaraderie de l'école. Les débutantes qui arrivent chaque année sont bien accueillies et profitent de l'expérience des aînées. Au contact incessant de cette jeunesse toujours renouvelée, les plus âgées elles-mêmes oublient que les années passent et gardent un caractère jeune et agréable. Cette douceur dans les rapports entre collègues nous est d'un grand secours pour rompre la monotonie de notre travail.

Il est des tâches nobles et sublimes, qui grandissent l'âme et l'élèvent constamment au-dessus d'elle-même. Hélas ! il faut le dire, la nôtre n'est pas de celles-là : elle est obscure, matérielle et presque inutile en apparence.

Cependant, tout devoir d'état, s'il est accompli consciencieusement, a sa valeur et ses mérites, et c'est précisément parce que notre tâche à nous est ingrate, qu'il nous faut un idéal plus élevé pour la remplir sans lassitude.

Voilà, Monsieur le Directeur, tout ce que je puis vous dire sur ma profession. Je l'aime parce qu'elle représente mon devoir présent et je désire ardemment que chacune la comprenne ainsi.

...

Employée des P. T. T.

II

LES BUREAUX

Voici pourquoi et comment je me suis décidée à devenir dactylographe, à taper une bonne partie de la journée sur ce petit instrument au son si monotone, mais dont les services sont si utiles, puisqu'il y en a partout et que le nombre de celles qui veulent « jouer » de la machine à écrire augmente tous les jours. Il faut bien l'avouer, je crois que c'est un peu l'esprit d'indépendance qui m'a amenée à l'Institut professionnel féminin pour y faire des études selon mon goût. Une fois mon instruction terminée et complétée par la connaissance bien approfondie de l'anglais, j'étais surtout embarrassée sur l'emploi de mon temps ; je savais qu'il me restait encore une décision à prendre et la plus utile : le choix d'une carrière.

Bien que ma situation d'alors ne me donnât aucune inquiétude sur mon existence matérielle, je songeais pourtant que la fortune est perchée sur une roue souvent fort chancelante et qu'en prévoyant un peu l'avenir, j'arriverais peut-être à conjurer les coups d'un sort défavorable.

Si je n'ai pas encore une grande expérience de la vie, j'ai, hélas ! déjà eu l'occasion de voir autour de moi bien des misères. Combien de jeunes filles, privées du soutien et des ressources qu'apportait dans la famille un père laborieux, sont incapables de faire face aux brusques revers de la fortune ! Combien de jeunes femmes, de jeunes mères, incapables d'exercer une profession quelconque, se trouvent inopinément dans la pénible nécessité de subvenir aux besoins des petites têtes blondes ou brunes dont elles restent, par suite de la disparition d'un compagnon aimé, le seul appui, le seul soutien ! L'éducation des jeunes filles est souvent aujourd'hui très supérieure à leur condition de fortune ; partant elles ne peuvent s'astreindre que fort difficilement à des travaux trop rudes ou à des besognes vulgaires. La volonté certes ne leur ferait point défaut, mais leur vie antérieure ne les a pas préparées à de pénibles labeurs : leurs forces mêmes les trahiraient. Pourtant, c'est de cet isolement embarrassant qu'il leur faut sortir, c'est toutes seules qu'elles doivent lutter pour la vie, et, par le travail, braver la pauvreté.

Imbue de ces idées et sur le conseil d'une excellente amie, je pris la résolution de me présenter à l'Institut professionnel féminin où je fis durant une année de sérieuses études. Là, je me trouvai en rapport avec un grand nombre de jeunes filles qui, comme moi, voulaient devenir dactylographes, mais pour des motifs un peu différents : les unes avaient un besoin urgent de gagner leur vie, les autres désiraient compléter leur instruction ou s'initier aux choses commerciales. Certaines considéraient cette étude comme un passe-temps, d'autres encore, appartenant à un milieu ouvrier, éprouvaient le besoin de s'élever un peu au-dessus de leur condition et de se créer ainsi une petite personnalité. Enfin, si cette profession devait compléter mon développement intellectuel, elle pouvait assurer aussi un peu mon indépendance en me permettant de me créer un petit pécule que je voyais avec joie gonfler ma modeste bourse de jeune fille.

Les débuts furent, je l'avoue, fatigants et pénibles : j'eus à vaincre la peur exagérée de mal faire, résultat d'une trop grande timidité. S'il est relativement aisé, pour une débutante, de sténographier ce qu'elle entend, il lui est bien moins facile de saisir en même temps la pensée de la personne qui parle, d'interpréter sa parole et de rédiger ensuite exactement ce qui lui a été dicté. Une autre difficulté aussi pour la débutante est souvent son ignorance complète des affaires commerciales. Son premier soin doit donc être de s'appliquer à les étudier et de s'efforcer à les comprendre. Il faut que la sténodactylographe soit, non une machine vulgaire que l'on remplace aisément, mais une intelligence capable, par son initiative, de seconder dans une tâche souvent lourde et complexe le chef d'industrie qui l'emploie.

Voilà comment je comprends le rôle et les devoirs de celles qui font de la sténo-dactylographie, et j'estime que la femme qui pratique facilement l'une et l'autre, peut trouver à l'heure actuelle une série d'emplois rémunérateurs, et, si elle est intelligente et active, se créer, à force de volonté, d'énergie et de travail, une place fort honorable dans l'industrie ou le commerce.

Mais, dira-t-on, par quel moyen poursuivre ce but ? Ce moyen fut pour moi des plus simples et je parvins facilement à l'atteindre en écoutant les précieux conseils qui me furent donnés à l'Institut professionnel féminin par les femmes dévouées qui le dirigent d'une façon si remarquable. C'est là que j'ai étudié la sténo-dactylographie et c'est là qu'on m'a enseigné une conception raisonnée et pratique de la vie laborieuse. C'est par les avis éclairés de notre chère directrice que j'ai appris à connaître et à aimer le travail qu'elle m'a montré comme le but de la vie, le grand élément du succès, la meilleure base de l'indépendance et le consolateur idéal dans l'adversité.

Je l'entends encore nous réciter d'une voix toute vibrante d'émotion ces beaux vers de Victor Hugo :

Ceux qui vivent, ce sont ceux qui luttent, ce sont
Ceux dont un dessein ferme emplit l'âme et le front,
Ceux qui d'un haut destin gravissent l'âpre cime,
Ceux qui marchent pensifs, épris d'un but sublime,
Ayant devant les yeux, sans cesse, nuit et jour,
Ou quelque saint labeur, ou quelque grand amour !

Tels sont les principes qui m'ont été inculqués. J'ajouterai qu'à l'Institut professionnel féminin on ne s'occupe pas uniquement de faire des *intellectuelles*. L'enseignement ménager n'y a pas été oublié, il entre pour une bonne part dans le programme d'éducation d'une jeune fille. Non seulement on l'exerce à préparer une cuisine confortable et saine, mais encore on lui enseigne à confectionner ses vêtements, au besoin même à se façonner un coquet chapeau. On s'est dit qu'un jour la jeune fille pourrait se marier et fonder une famille. On a voulu ainsi qu'elle tienne un rang honorable si la fortune lui a souri ou qu'elle puisse, si elle ne lui a point été favorable, apporter dans son ménage une aide pécuniaire.

La sténo-dactylographie sera, en effet, pour les jeunes femmes de situation modeste, une aide très précieuse en leur ouvrant les demi-emplois, les demi-situations, qui les exilera du foyer seulement quelques heures par jour et leur permettra ainsi de remplir encore leurs devoirs d'épouses et de mères.

Je ne voudrais pas risquer de fatiguer d'un trop long verbiage les lecteurs et lectrices de *la Revue*, je me permettrai simplement d'ajouter que la sténographie, cette science un peu énigmatique, cet alignement de petits signes que le profane rapprochait il y a quelques années assez facilement des caractères hiéroglyphiques que l'on voit gravés sur l'obélisque de Louqsor, la sténographie, dis-je, est un admirable remède contre l'ennui; elle constitue, pour celui ou celle qui l'étudie, la plus passionnante des devinettes.

Quant à la machine à écrire, si elle est moins

harmonieuse qu'un piano, le petit bruit métallique qui se dégage de son maniement endort les pensées les plus moroses ; elle exige une attention soutenue, un soin extrême si l'on veut fournir un travail propre et bien compris, et lorsqu'on a travaillé une journée au milieu du bruit, on éprouve un réel plaisir à quitter le bureau et à se retrouver dans le calme du foyer familial. La vie apparaît alors meilleure, plus facile, les idées sont plus claires, plus gaies, plus riantes, parce que l'on fait œuvre utile, parce qu'on a su mettre dans cette vie quelque chose ! Le repos que l'on goûte est toujours proportionné à l'intensité du travail que l'on a dû fournir.

Il n'est pas douteux que pour beaucoup de sténo-dactylographes, l'idéal serait, non pas de pianoter à perpétuité sur la machine à écrire, mais de rencontrer sur leur route le mari de leurs rêves et de se créer un foyer ; malheureusement, par ces temps de vie chère, l'absence d'une dot sérieuse, la crainte des embarras du mariage, le souci des enfants à élever, éloignent les épouseurs. Pourtant la jeune fille rompue au labeur journalier et habituée à ne compter que sur elle trouvera du moins une compensation, si son idéal ne se réalise pas, dans l'indépendance, fruit d'un travail obstiné.

GERMAINE VITET,
Élève de l'Institut professionnel féminin.

LES OUVRIÈRES

I

La jeunesse!... Je l'ai maudite, j'ai désiré ardemment vieillir...; j'ai désiré follement avoir vingt-cinq ans! Pourquoi? Parce qu'il me semblait que j'aurais à ce moment l'autorité morale, l'expérience, le talent qui me faisaient défaut et que j'aurais enfin atteint le but que je m'étais fixé : m'établir avec ma sœur, car travailler chez soi, c'est encore le rêve de bien des femmes...

Comment j'envisageais la vie à dix-sept ans? Comme une maîtresse méchante...; douce, caressante, généreuse envers ceux qui possèdent; sournoise, haineuse, avare envers ceux qui sont dénués de tout et je la redoutais... Ne croyez pas que ce fût l'effet de la terreur irraisonnée de la jeune fille qui s'élance dans l'inconnu; non, à l'école de l'épreuve, maman nous avait formées et nous avait armées pour la lutte et je la connaissais, la vie qui, depuis l'âge de dix ans, avait entrepris de briser mes illusions comme le vent de mars détruit les floraisons printanières.

Embusquée au coin de la route à parcourir, sans vouloir retourner la tête vers le passé si plein de deuil, n'apercevant que des ruines ou des ronces, vers le futur je me suis élancée en me défendant les regrets et pour' cela l'esprit tendu vers mon but, sacrifiant les fleurs, rognant les ailes au rêve... Mais si je vous disais que je n'eus jamais de découragement, ce serait vous mentir... Car j'avais une illusion qui grandissait, je crois, d'autant plus vite que disparaissaient les autres ; une illusion commune à la jeunesse, mais développée chez moi, je crois, à l'excès...

Je croyais qu'il suffisait d'avoir de l'habileté naturelle dans les doigts, une bonne volonté inlassable, une conscience scrupuleuse pour prouver que je savais travailler !... J'avais oublié ou du moins je ne soupçonnais pas que j'avais un immense défaut... celui d'être jeune ! Et surtout de paraître encore plus jeune que je ne l'étais...

Pour des raisons personnelles, j'avais choisi le métier de couturière...

Oh ! certes, cela avait fait ouvrir des yeux étonnés, scandalisés même, aux personnes bienveillantes qui m'assuraient que je pourrais me faire une belle situation dans le dessin, les arts ; mais elles ne connaissaient pas le motif qui me faisait choisir ce métier et je ne voulais pas le leur révéler...

Bref ! ce métier, je l'aimais comme je l'aime encore, car on peut créer, réaliser des merveilles, pour peu... que la cliente y consente !

Et lorsqu'on s'est donné un but, on travaille de toute son ardeur, on observe, on s'applique, on désire tout de suite aborder les difficultés ; mais voilà, on est jeune !

Je travaillais dans une grande maison de la rive gauche, en plein quartier Latin : déjà, en me rendant à mon travail journalier, je commençais d'apprendre à maudire la jeunesse !...

Vous, dont l'adolescence fut sans doute bien calme, vous ne connaissez pas l'irritation, le dégoût, la révolte, qui nous secouent lorsque nous passons dans les rues... Oh ! les étudiants, comme je les déteste !... C'est une « race » qui se croit tout permis !...

« A nous les femmes ! » se disent-ils, et alors ils aguichent, ils poursuivent toutes celles qu'ils rencontrent et l'on dirait qu'ils redoublent d'importunités en raison même du sérieux de celles qui passent !

Songez donc ! Quel honneur d'être le premier auteur d'une chute ! C'est un titre de gloire pour celui qui réussit un aussi bel exploit !... Ah ! les étudiants, à quoi emploient-ils leur jeunesse !...

Et combien parmi eux croient fermement qu'une ouvrière ne peut rester honnête !...

Donc, j'avais appris à maudire ma jeunesse ; mais je redoublais mes efforts à l'atelier parmi de bonnes et sérieuses compagnes ; je remplaçais avec empressement les « premières mains » absentes, espérant toujours être appréciée en conséquence de mes efforts... Ah ! bien oui !...

« Elle est bien jeune, dit la patronne à la première qui demandait pour moi une augmentation, et puis, elle n'est allée nulle part. »

J'avais débuté comme « petite main » dans cette maison. Alors un jour, lasse de faire le travail d'ouvrières plus âgées et mieux rétribuées, je suis partie vers la rive droite.

« Vous pouvez facilement demander 4 francs, m'avait dit la « première », vous savez assez travailler pour cela... » Et munie de la recommandation d'un puissant personnage, me voici tremblante un peu (j'étais extrêmement timide), me voici devant le chef d'une sérieuse et réputée maison du faubourg Saint-Honoré...

« Vous êtes ouvrière, me dit-il, m'examinat d'un œil sévère; vous êtes bien jeune !

— J'ai dix-neuf ans, répondis-je, essayant de paraître assurée. — C'est bien, je vais vous envoyer ma première. — Vous êtes ouvrière? me dit celle-ci d'un ton ironique. — Mais oui, répondis-je un peu « démontée »... — Venez demain matin, je vous ferai désigner votre atelier. »

Combien plus tremblante j'arrivai le lendemain !... J'avais rêvé toute la nuit que j'étais en retard... Enfin parut la « manutentionnaire », petite, désagréable, et, d'un ton malveillant :

« Vous êtes première main ? — Oui, madame. — Vous ! vous, une première main !... Jamais de la vie !... » Et du coup, complètement démoralisée : « Vous verrez, madame, ce que je sais faire !... — Ah ! bon, comme cela, je comprends... »

Mon savoir-faire, comment le prouver, puisque le premier jour, on me mit entre les mains... une balayeuse à froncer !...

Oh ! l'hostilité des « anciennes » envers les « nouvelles », nous la connaissons toutes, surtout les « petites mains ».

Quel désarroi de se sentir comme une épave renvoyée d'une table à l'autre dans un grand atelier où les « anciennes » ont vingt-cinq ans de présence, comment faire sa trouée, comment prouver que l'on serait capable de conduire, d'achever un travail, lorsqu'on sent que personne ne se soucie d'être remplacée et que le « but » recule, loin, loin, et quand la fatigue physique accroît la lassitude morale... C'est l'isolement complet, car on sent si bien l'indifférence, voire la jalousie... Alors, il faut paraître enjouée... Mieux vaut faire envie que pitié...

Mais le salaire est en rapport avec l'âge et le travail confié... Au lieu des 4 francs espérés, je reçus 3 fr. 25.

Quinze sous d'écart, cela vous fait sourire !... Mais c'est le prix d'un repas...

Et mes débuts encore dans le restaurant féminin de la place du Marché-Saint-Honoré !... Je souris en pensant à l' « air bête » que je devais avoir ce jour-là... J'ouvris la porte, et vite, je me glissai sur la chaise la plus rapprochée, au coin d'une table, et rouge, hors d'haleine à cause des battements de mon cœur, je demandai « un bouillon » (c'était le premier nom inscrit sur l'ardoise...)

Le temps « d'avaler » ce bouillon, j'avais repris un semblant d'aplomb qui me permit de commander mon menu en rapport... avec mon budget...

Enfin je commençai à m'habituer à l'atelier ; quelques « anciennes » prirent ma défense contre certaines autres qui voulaient empêcher « mon associée » de me confier tel travail. « Pensez-vous, c'est une gosse » !...

Certes, ce n'était pas encore à ces ouvrières-là que j'aurais confié mes pensées, mes désirs, non plus qu'à toutes mes anciennes compagnes à qui j'avais soigneusement caché mes désillusions et qui se disaient : « Tiens, on ne voit plus X... depuis qu'elle travaille dans les grands quartiers ; elle suit peut-être le chemin de tant d'autres !... »

Puis ce fut la « morte-saison » ; vacances, disent les heureux ! morte-saison si longue pour les jeunes, les nouvelles rentrées, d'autant plus redoutable que l'on est moins avancée dans son métier, que l'on est moins nécessaire, que le gain étant moins fort, les économies sont plus maigres et qu'elles « fondent » vite, vite, malgré les privations.

Oh ! je vous assure que les « midinettes » ne sont pas toujours les jeunes filles légères, futiles ou vicieuses, qu'on représente si souvent !... Certes, il y en a beaucoup de ces pauvres écervelées légères comme des papillons...

Les abeilles sont plus nombreuses que les papillons, mais on les remarque moins : telles les ouvrières sérieuses, réfléchies, qui abordent la vie avec courage sans doute, mais avec méfiance...

Mes pensées n'étaient pas toujours riantes ! Je pourrais vous donner à deviner qui j'enviais à dix-neuf ans... vous n'y réussiriez pas !...

Chaque matin, je rencontrais, place de la Concorde, une « brave balayeuse » lavant son ruisseau et je pensais : « Elle est heureuse ! Elle est sûre de ne pas mal faire son ouvrage, elle a 4 francs par jour et pas de morte-saison !... » Quel beau rêve, n'est-ce pas ?...

Que de fois, penchée sur le parapet du pont, je regardais la Seine suivre son cours, escalader les marches de l'escalier du quai pour retomber plus bas encore et recommencer toujours : « Voilà ta vie, pensais-je, lutte, tente l'assaut contre le mauvais sort, monte, retombe, mais lutte quand même !... »

Et me voici à la recherche d'un nouvel atelier :
« Tu vas te présenter hardiment, pensai-je, et te
dire « première main. » J'avise une petite affiche, rue Saint-Honoré et, d'un air conquérant,
je me présente. La patronne, une « grosse mère »,
me toise avec mépris : « Vous ! une ouvrière ! ça
m'étonnerait bien !... » Ah ! maudite jeunesse !...

Quelques jours après, la première : « Voici un
faux ourlet difficile à mettre ; saurez-vous le poser ?
— Oh ! sûrement, madame, fis-je d'un air indi-
gné !... — C'est vrai, reprend-elle, vous vous
prétendez une « première main » !...

Allez donc encore le prouver !... Je passai mes
heures à coudre des rubans froncés sur des volants de voile et de mousseline de soie !... Heureusement encore que les ouvrières daignaient décla-
rer que la « petite blonde » travaillait bien !... Là,
je connus mes premiers dégoûts et la souffrance
des promiscuités dans un atelier mal surveillé...
Et lorsque le dégoût m'accablait, lorsque j'étais
lassée d'une lutte qui me semblait sans issue,
quand les difficultés matérielles paraissaient riva-
liser avec les difficultés professionnelles j'allais
parfois, le samedi soir, me réfugier dans le sanctuaire, tout en haut de la montagne Sainte-Gene-
viève. Là, aux pieds de la belle madone de marbre
blanc, placée sous le vocable de *Mater misericor-
diæ*, dans le silence et l'obscurité, devant Celui
qui veillait dans le tabernacle, je pouvais déchar-
ger mon cœur, exposer mes désirs, caresser mes
rêves, apaiser mes douleurs... Dites-moi : ceux
qui sont acharnés à détruire les sanctuaires, ont-
ils jamais connu la souffrance ?...

Était-ce là ma seule détente ?... Non, quelle que soit l'âpreté de la lutte, il faut des distractions ; il ne faut pas que l'esprit se reporte sans cesse aux difficultés de l'heure présente, aux chagrins du passé, cela ne sert qu'à affaiblir le courage... Mais comme, d'autre part, on ne peut être à l'unisson de la joie des amies plus heureuses, et qu'il serait mal de les attrister par un front soucieux ; comme les promenades en commun entraînent toujours à de petites dépenses et que l'on ne peut vraiment pas montrer à ses amies le fond de sa bourse plate, on se compose une personnalité pour expliquer ses refus. On se fait « ours, hérisson, sauvage », on se rit de soi-même, ce qui fait cesser les railleries des autres... Ce que je faisais alors les dimanches, quand maman était retenue par son travail ? Eh bien, j'allais au caprice de ma fantaisie, dans les musées que j'aime et que je connaissais assez bien pour retrouver la place des toiles célèbres ; ou bien au hasard des vieilles rues du vieux Paris, à la découverte des vestiges du passé, des vieilles églises. A vingt ans, j'aurais pu en remontrer à de vieux Parisiens !... Je n'ai jamais connu l'ennui au cours de mes promenades solitaires et j'ai joui de toutes les richesses entassées, j'ai joui d'être pauvre et si riche !...

Vous faites des yeux étonnés ? Mais pourtant le plus pauvre est très riche ! Les chefs-d'œuvre des musées, les précieuses dentelles, les émaux uniques, les églises merveilleuses, les jardins magnifiques, tout cela, c'est à lui !... Tout est entretenu, gardé, mis en valeur sans qu'il lui en coûte un sou !... En jouit-il moins que le plus grand milliardaire ?...

Et voilà le secret du bonheur... jouir de tout ce que l'on voit comme si tout vous appartenait !

Jours, semaines et mois passent bien vite malgré l'impatience !...

Je ne vous conterai pas les péripéties de mon retour dans le petit atelier du quartier Latin; plus vieille de six mois, mais surtout plus vieille du prestige d'avoir travaillé dans les « grandes maisons ». Je m'étais bien gardée de dire que je n'y avais fait que peu de choses en dehors des rabats, des ruches et des volants !... J'obtenais le même prix, 3 fr. 50, avantage appréciable puisque je n'avais plus l'obligation des repas au dehors et la fatigue du chemin... Et je pouvais faire toute la robe complète, ce qui m'avançait vers mon « but ».

Il faut bien se garder de dire dans les grandes maisons que l'on sait tout faire ! C'est un brevet d'incapacité !... Car, selon l'organisation des ateliers et la conception des occupantes, il ne faut savoir exécuter qu'une seule partie pour la bien faire... pour le « rendement », peut-être !...

Il est vrai que j'avais obtenu l'autorisation de m'absenter deux heures par semaine pour suivre un cours de coupe dans une école professionnelle, grâce à la recommandation de la personne qui m'avait fait entrer dans la maison du faubourg Saint-Honoré; puis j'avais continué à suivre ces cours durant la morte-saison, chez le professeur qui, très gracieusement m'avait autorisée à prendre place parmi ses élèves.

Ensuite, ce fut encore la morte-saison, les courses aux petites affiches, rue Lobau, à Saint-Eustache, à Saint-Sulpice, à la mairie du Louvre; les démarches, les étages, le néant; le changement d'ate-

lier, les mille et une difficultés sans cesse renais-
santes ; puis le dégoût qui me saisit dans un nouvel
atelier où les ouvrières, filles perdues échappées de
leur province pour se mieux cacher à Paris, me
firent presque regretter... d'être femme !...

Ensuite, grâce à d'humbles économies, le premier et timide essai de notre installation ; les nouvelles courses dans le « Sentier », à la recherche
des commandes dans les « maisons de gros » ;
l'effarement d'un « patron », regrettant presque de
m'avoir confié du travail et disant à sa première :
« Comment le rapportera-t-elle ? C'est une « ga-
mine. »

Enfin, les premières clientes, dont l'une extrêmement bienveillante et nous connaissant depuis
longtemps, se met en campagne pour faire notre
clientèle, et l'autre nous aidant de ses conseils
pour l'établissement des prix. Les hésitations des
nouvelles venues, étonnées à notre première entre-
vue, et me disant : « Vous êtes établie avec votre
sœur, elle est plus plus âgée que vous, n'est-ce
pas ? » Oh ! confiance !...

Puis enfin, la sécurité matérielle assurée, grâce
à l'obtention du legs Barbet-Batifol, qui non seulement nous permit d'agrandir le cercle de nos
affaires, de prendre du personnel, mais aussi me
donna le prestige qui fit que l'on me pardonna
« ma jeunesse ! »

Et maintenant que je ne crains plus de m'entendre reprocher ce défaut dont je me guéris chaque
jour, je ris des étonnements de ceux et de celles
que nous côtoyons dans l'accomplissement de la
tâche que nous nous sommes donnée de tendre
a main à ceux qui luttent. Mais pour cette en-

quête, je vais m'entendre reprocher pour la première fois de n'être plus assez jeune ; et quand j'aurai des cheveux blancs, si je dis à quelque cliente qu'une mode ridicule est laide, elle pensera : « Elle est trop vieille, cette couturière, elle n'a plus de goût !... »

A...

II

« Monsieur le Directeur,

« Nous voudrions savoir, me dites-vous, ce que pense la jeunesse sur le choix de son métier, ses difficultés et ses joies ; puis connaître l'état d'esprit où vous vous trouvez, vos conclusions sur votre vie, tant au point de vue technique qu'au point de vue moral. » Je suis très effrayée de la tâche que vous me confiez ; n'ayant aucune aptitude pour ce genre de travail, je pense que ma sincérité m'attirera votre indulgence et celle de vos lecteurs.

Un métier ne se choisit que rarement. Des circonstances indépendantes de la volonté précipitent l'entrée à l'atelier. L'inconduite du père, la maladie de la mère, une famille nombreuse, obligent à travailler dès l'âge de treize ans, et pour peu que l'on connaisse quelques amis dans une profession, on décide d'y envoyer ses enfants. L'essentiel est d'alléger la charge familiale. Tant pis si cette hâte provoque des conséquences désastreuses pour l'enfant. Les nécessités immédiates de la vie, comme le logement, la nourriture, l'entretien, etc., sont trop impérieuses pour que l'on voie au delà.

Les aînés sont sacrifiés, les autres suivent.

Il faut de l'argent pour payer le propriétaire qui n'accorde pas de sursis pour le terme ; il faut de l'argent pour payer le boulanger, le boucher et aussi le médecin. C'est ainsi que généralement on prend le métier qui permet de rapporter le plus possible par mois à la maison, sans qu'il soit question de goût, d'aptitudes particulières.

Je n'ai pas choisi mon métier. Nous sommes le plus grand nombre dans ce cas.

Si j'avais pu suivre mon désir, j'eusse préféré la carrière de l'enseignement.

Le maître, s'il comprend son rôle, peut exercer une action décisive sur les jeunes cerveaux qui lui sont confiés, leur ouvrir des horizons, leur faire comprendre que les connaissances n'ont de valeur que par le bien qu'elles engendrent, et que le progrès ne consiste pas tant à élever pour soi des fortunes de plus en plus considérables, qu'à améliorer sans cesse les conditions d'existence de ses semblables.

Ce ne fut, hélas ! qu'un rêve. Ma mère étant veuve, toujours épuisée par de longues privations et des veillées pour nous élever mon frère et moi, il me fallut donc quitter l'école à treize ans. Comme elle était plumassière, je le devins.

Mon apprentissage se fit dans la maison qui employait le travail de ma mère. Mon premier patron n'était pas méchant, un peu bizarre. Son personnel était quelconque, travailleur, fêtard à l'occasion. Mon début à l'atelier fut terne comme il est actuellement pour la plupart des apprenties.

Voici un résultat de l'atelier moderne : la spécialisation de l'ouvrière, qui au lieu de connaître son métier en entier, afin de réclamer un salaire raisonnable, n'en connaît qu'une partie, et encore bien imparfaitement ; ce système est une des grandes faiblesses de notre corporation et permet à nos employeurs sans scrupule de monter des maisons de fabrication colossales, alors même qu'ils condamnent ceux qu'ils emploient à chercher ailleurs ce que leur journée de travail devrait leur rapporter.

Ma première préoccupation fut de me mettre le plus vivement possible au courant de tout ce qui concernait mon métier, afin d'acquérir toute ma valeur, pour me tenir en dehors des intrigues d'atelier.

J'eus le bonheur d'y réussir et ce fut à peu près la seule satisfaction que me procurèrent les efforts que je fis durant mon apprentissage.

L'existence d'une ouvrière est dépourvue de joies saillantes ; heureuse est-elle quand elle parvient à donner plus d'aisance au logis par le fruit de son travail honnête. Il faut dire, à la louange de ma mère, qu'elle m'élevait dans des idées très hautes qui me conduisirent à juger la vie, non comme une fin en soi, mais comme un moyen pour atteindre une autre fin plus lointaine, où la justice donne à chacun la part de bonheur qui lui revient, suivant l'usage qu'il aura fait de la vie.

C'est près d'elle que j'appris la valeur du devoir, de la vertu, et c'est à elle que je dois d'estimer au plus haut point la grandeur d'agir toujours suivant sa conscience, ses convictions.

Dans nos ateliers de mode, plus peut-être que

dans les usines, le travail est usant, les méthodes pour le produire sont déplorables, les locaux qui nous abritent sont exigus, mal éclairés, peu aérés. La concurrence y sévit, et non seulement entre nous, mais les étrangères qui s'offrent à vil prix font baisser nos salaires. Pour parvenir à gagner une journée raisonnable, qui devrait être comptée de dix heures, on nous force à emporter de très grosses veillées, et cela dure des mois, puis, ensuite le chômage vient nous contraindre au travail de l'usine, en attendant que la saison revienne. Aussi ne peut-on s'étonner que le vice et la tuberculose ravagent nos ateliers féminins.

Notre vie est difficile, pénible surtout pour celles qui ont un idéal d'honnêteté, car la tentation guette la dépression physique et le découragement.

Toujours lutter, toujours travailler, toujours subir les railleries des compagnes qui se sont abandonnées au plaisir facile, et qui, n'ayant pas pas écouté vos conseils, le regrettent, vous jalousent et voudraient enfin vous voir souillées. C'est dur. Et cependant ne faut-il pas tenir ferme à son idéal ?

Lui seul console, il semble qu'il se fortifie de toutes les défaillances, de toutes les douleurs, et qu'il s'affirme comme uniquement vrai. A considérer le regret des autres, on se prémunit contre les désemparements absolus, et l'on se sent le besoin de propager sans cesse les principes mêmes qui nous maintiennent dans le droit chemin.

Jamais je n'ai plus de joie que quand je parviens à retirer quelque petite-main du désordre dans lequel elle se fourvoie, mais combien c'est rare ; et cependant, si le travail était plus rémunéré, les mœurs seraient moins frivoles. Car la plupart des jeunes filles qui cherchent aventure ont l'idée de trouver un protecteur qui leur donnera plus d'aisance afin de pouvoir créer une famille.

Ce n'est pas ainsi qu'elles obtiendront l'augmentation du salaire. Les ouvrières feraient bien mieux de se grouper et de se syndiquer, mais, hélas ! le mot syndicat épouvante. On préfère à cette tâche d'organisation le cinéma, le bar et surtout le roman.

Il nous faudra bien de la persévérance pour changer cette mentalité qui fait la faiblesse des travailleuses de la mode, et qui constitue du même coup la principale force des employeurs sans scrupules. Les ouvrières de la mode restent en retard sur le mouvement social. Pour sortir de cette impasse, il faudrait qu'elles soient englobées dans la masse des travailleurs et qu'elles arrivent à participer aux progrès économiques réalisés par ceux-ci, pour comprendre l'intérêt qu'elles auraient à se grouper pour obtenir les transformations auxquelles elles ont droit pour mieux vivre.

Si ces conceptions sociales passent au-dessus d'elles, l'idée de patrie laisse moins indifférent leur cerveau, parce qu'elles la confondent avec l'idée de famille.

Il y a encore dans certains cerveaux féminins cette vieille haine allemande. Celle-ci enverrait facilement les siens vaincre les Prussiens ; d'autres souffrent de la concurrence faite par les Allemands à notre corporation comme à bien d'autres, et cette idée prendrait facilement allure de vengeance.

La pensée religieuse, il n'y en a pas, dans notre milieu. Cependant, ce n'est pas de l'indifférence, mais du sectarisme qui prévaudrait, par une sorte de vague instinct qui fait voir dans la religion, le catholicisme particulièrement, un tribunal perpétuel des mœurs. Alors le cri « à bas la calotte » est accueilli avec enthousiasme, et les histoires les plus misérables sur le clergé sont largement propagées, inventées surtout. Dans l'atelier, une catholique, c'est une hypocrite qui se cache sous des dehors bien pensants. Voilà notre position au milieu de ces préjugés et malheureusement ils sont confirmés par l'exemple que donnent certaines chrétiennes.

Le mariage est vu chez nous avec défiance, l'union libre et le divorce sont acceptés avec facilité. Peu de nos ouvrières acceptent les enfants, les thèmes malthusiens sont courants chez nous.

En ce qui me concerne, je considère que l'idée de mariage doit être sacrifiée par toute femme qui travaille.

J'estime que la femme mariée doit rester chez elle à s'oocuper du ménage et de ses enfants, elle suffira à peine à sa tâche. Dans ce cas, il faudra relever le salaire de l'ouvrier; mais cela ne suffit pas ; il faudrait aussi relever la conception morale que l'ouvrier se fait de la femme. Il la considère comme trop inférieure à lui quand elle reste au logis, parce qu'il est imbu de l'idée que la valeur d'une femme se mesure au gain qu'elle rapporte par son travail au dehors et qu'il ne voit pas au contraire tout le bien qu'une mère de famille sérieuse, réfléchie, appliquée à ses devoirs peut réaliser chez elle au milieu de ses enfants. Mais si l'ouvrier ne le voit pas, il faut dire aussi que beaucoup d'intellectuels ont des idées très médiocres sur la valeur de la femme au milieu de l'humanité. Pourtant une jeunesse sera ce que la mère l'aura faite. N'est-ce pas pourtant de cette jeunesse que dépend l'avenir d'un pays ?

La jeune ouvrière qui a un idéal et se sent assez sûre d'elle-même fera mieux, à mon sens, de se prononcer volontairement pour le célibat que d'accepter un mariage où l'union des esprits ne serait pas la première base du foyer familial, et de se dévouer alors à l'éducation de ses compagnes ! Cette tâche est non seulement intéressante mais bienfaisante pour le cœur. Je ne suis pas seule de ma corporation à choisir cette voie, et je pense que c'est le meilleur usage que je puisse faire de ma jeunesse ; c'est aussi celui qui répondra le mieux à ce que je peux attendre de la vie.

Ce sera pour moi le moyen d'obtenir le meilleur rendement de ma vie, car, pour qui réfléchit un peu, rien ne vaut les satisfactions de conscience, les seules qui ne soient point sujettes aux désillusions.

FERNANDE LEDRU,
Fleuriste-plumassière.

LES ŒUVRES

I

Monsieur le Directeur,

Vous m'avez demandé de donner aux lecteurs de *la Revue hebdomadaire* une analyse de la mentalité des jeunes filles modernes qui s'occupent d'œuvres.

Certes, le sujet est intéressant autant que vaste, si l'on songe à l'étonnante évolution de l'esprit de la jeune fille, en France, depuis quelques années.

Pour répondre à cette enquête... j'ai enquêté moi-même, afin de m'appuyer sur des documents vécus... J'ai feuilleté aussi toute une correspondance recueillie depuis plusieurs mois et dans laquelle nombre de jeunes filles qui s'occupent d'œuvres sociales m'exposent leurs efforts, leurs difficultés, leurs succès.

Enfin, j'ai regardé autour de moi, dans le cercle trop restreint de mon champ d'action, et j'y ai puisé quelques remarques intéressantes.

De ces documents réunis j'ai pu former le court exposé qui va suivre et dans lequel j'ai essayé de retracer aussi fidèlement que possible l'état d'esprit des jeunes filles modernes qui remplissent un apostolat social.

. . . .

Les temps nouveaux créent des besoins nouveaux :

« *On ne vit pas en restant attaché, par opinion personnelle, à un passé qui est mort, mais on vit, et doublement, en tenant compte des leçons de ce passé pour mieux s'adapter à celles du présent* [1]. »

C'est ce qu'a compris la jeunesse moderne : la jeunesse qui veut « vivre » dans le vrai sens du mot, c'est-à-dire faire donner à son intelligence, à son esprit, à son cœur tout ce qu'ils peuvent donner.

Il semble que, depuis une quinzaine d'années, ce mouvement des jeunes ait pris une extension considérable... Et les causes de cette extension sont évidemment les modifications... ou, pour mieux dire : les complications survenues dans la vie.

Qu'il s'agisse de la lutte entre le patron et l'ouvrier ; de la progression de la criminalité juvénile ; des ravages de l'alcoolisme ou de l'injustice des « salaires de famine », partout la question sociale se dresse, inévitable.

Certes, il en est qui essayent de nier l'imminence du péril... Il en est même qui ferment

____

1. P. GILLET, *l'Éducation du caractère*, p. 266.

obstinément les yeux pour ne pas apercevoir l'effort à accomplir et conserver ainsi une condamnable quiétude.

Mais à côté de ces inconscients ou de ces lâches, un bataillon de jeunesse ardente et généreuse qui, après avoir étudié la situation et pris conscience de ses devoirs, est entré résolument dans la lutte pour arracher à toutes les influences perverses le salut du pays.

Je ne m'occuperai ici, bien entendu, que de la jeunesse féminine, les jeunes gens ayant déjà, dans une précédente enquête, parlé de leurs efforts et des résultats obtenus.

« *Le sol de la France* — écrivait Mme Lucie Félix-Faure-Goyau — ressemble à celui du rivage où Dante aborda pour visiter le Purgatoire : certaines plantes y repoussent toujours, ce sont les floraisons spontanées du dévouement [1]. »

Certes, le dévouement n'a jamais manqué parmi la jeunesse française ; il ne manquera jamais... Mais, en face des difficultés de l'heure présente, la question était surtout de savoir employer le dévouement et de l'adapter d'une manière utile aux besoins du moment.

Quelle doit donc être, à notre époque, la mentalité d'une jeune fille qui s'occupe d'œuvres ? Et comment ces œuvres doivent-elles être comprises ?

Il est bien évident que le mot « œuvres » ne peut plus posséder le sens restreint qu'il avait autrefois... Le temps n'est plus où la sœur de Charité, la vieille fille et la femme veuve avaient, dans l'esprit populaire, le monopole des œuvres...

1. *Françaises*, collection de l'A. P., 266.

Notre jeunesse moderne a senti germer au plus profond d'elle-même la vocation des « œuvres », non plus seulement des œuvres paroissiales isolées, mais de toutes les œuvres sociales qui peuvent contribuer à améliorer l'esprit de notre pays et à rendre moins pénible la condition des travailleurs.

Et chacune de nous s'est rendu compte qu'elle pouvait être, dans sa sphère d'action — si restreinte fût-elle — un élément de salut et de relèvement : la parcelle de levain qui fait lever toute la pâte.

Ah ! certes, le champ est vaste pour les critiques!... Les sceptiques et les découragées ne nous ménagent point leurs moqueries... mais qu'importe ? L'idéal que nous poursuivons est tellement au-dessus de ces mesquines attaques ! Et d'ailleurs ces critiques ne sont-elles pas l'épreuve obligatoire par laquelle doit passer toute œuvre grande et bien assise ?

QU'EST-CE QUE L'APOSTOLAT SOCIAL ?

Mais d'abord : qu'est-ce que l'apostolat social ?

L'apostolat social est l'effort que nous devons accomplir pour faire régner autour de nous plus de justice et de bonheur.

L'apostolat social peut se manifester dans les grandes choses comme dans les petits détails : la jeune fille, isolée dans une ville de province le remplit, par exemple, en favorisant le petit commerce de cette ville, en ne faisant pas ses achats le dimanche, comme la jeune fille qui habite Paris

l'exerce en encourageant le « syndicat de l'aiguille » ou en s'enrôlant dans « la ligue sociale
d'acheteurs ».

Il est vraiment consolant de constater les résultats obtenus, tant à Paris qu'en province, par
les jeunes filles soucieuses d'accomplir un apostolat
social.

Combien d'œuvres merveilleuses dont elles ont
eu l'initiative !

Combien d'obstacles surmontés pour féconder
ces œuvres !

Que l'on ouvre un petit livre de la collection de
l'Action populaire, intitulé *Jeunes filles de France*
et l'on se rendra compte de l'effort de la jeunesse
française pour travailler au relèvement de son
pays.

OBSTACLES A L'APOSTOLAT

Cependant, les obstacles qu'a rencontrés — et
que rencontre — l'apostolat social sont nombreux.

Je n'en citerai que quelques-uns.

Combien de jeunes filles, désireuses de se dévouer, ont été découragées par l'hostilité de leurs
familles envers les œuvres ?

Je ne parle point ici de la raillerie d'un grand
frère ou des sarcasmes d'un oncle sceptique, mais
de la totale incompréhension de certains milieux
vis-à-vis des œuvres sociales.

Nos grand'mères et nos mères n'envisageaient
nullement l'apostolat social comme nous l'envisageons aujourd'hui. Et cela se comprend aisément
si l'on songe à la prodigieuse transformation de

la vie depuis seulement quinze ou vingt ans.

Quel besoin nos aïeules auraient-elles eu d'étudier les syndicats, les coopératives ou les jardins ouvriers, puisque « de leur temps », ces questions n'étaient point agitées ?...

Aussi, comme l'étude de ces questions ne leur a pas été nécessaire pour remplir leur devoir, facilement nos mères et nos grand'mères ont cru que nous pourrions aussi nous en passer... Et lorsque nombre de jeunes filles parlent chez elles de « questions sociales », volontiers on les traite de pédantes... voire même de socialistes.

A ces attaques journalières, les caractères très fermes résistent. Mais les natures craintives ou indécises ne savent pas toujours faire triompher leurs idées, et comme la goutte d'eau use lentement le roc, la critique répétée finit par avoir raison des volontés ébranlées. Je signalerai encore, dans les obstacles que rencontre l'apostolat social, le manque d'organisation de certaines œuvres.

Je ne parle ici que des œuvres de province... A Paris, toutes les bonnes volontés trouvent leur emploi, et il est rare qu'une œuvre périclite par défaut d'organisation. Il n'en est pas de même dans nos petites villes de province. Voici, je suppose, un pays de deux ou trois mille âmes. Le mouvement des idées sociales n'y a point encore pénétré. Les œuvres — essentiellement confessionnelles — se composent d'une confrérie de Mères chrétiennes visitant les pauvres, d'un ouvroir et d'un groupement d'Enfants de Marie... Les habitants de X... ne sentent aucunement la nécessité de se mettre au courant du mouvement social... Cependant une jeune fille a étudié ce mouvement : une jeune fille de la classe moyenne, sans grandes ressources pécuniaires, mais qui possède des trésors de dévouement et une ardeur qu'elle voudrait dépenser.

A X... elle ne peut faire partager ses idées à personne... le curé est un saint prêtre, mais qui n'entend rien aux questions sociales... et craint avant tout les « idées nouvelles »... La société se compose de petits bourgeois égoïstes et d'esprit étroit.

Il y a bien la femme du notaire, une Parisienne toute jeune, qui s'est occupée d'œuvres et ne demanderait qu'à continuer... seulement (il y a presque toujours des « seulement » en province !), seulement son mari est conseiller municipal... et dame ! la femme d'un conseiller municipal peut craindre... peut redouter... Bref, notre jeune fille ne peut compter sur personne ! Alors, elle se met à l'œuvre, toute seule... Elle essaye d'organiser un patronage, mais elle n'a pas le local et doit bientôt y renoncer... Elle commence une œuvre du trousseau pour les enfants sortant de l'école... Chaque semaine, elle les réunit chez elle, mais il faut acheter des étoffes, et les ressources s'épuisent vite... Alors, elle quête autour d'elle... mais les habitants de X... sont hostiles à cette initiative, et l'œuvre meurt bientôt, faute d'argent.

Après s'être dépensée en efforts stériles, la jeune fille s'avoue vaincue. Bientôt elle se mariera, elle quittera le pays, et peut-être alors pourra-t-elle se rendre utile... Mais surtout, que son mari ne soit ni conseiller municipal !... ni adjoint !... ni juge de paix !... qu'il ne soit rien !...

Je n'exagère rien. Pour écrire ces lignes, je

me base sur des faits : je sais une petite ville de l'Oise où un cercle d'études est mort, faute de recrutement, malgré tous les efforts faits par une jeune fille pour l'organiser. Et cet exemple n'est point isolé. Que ce soit cercles d'études, syndicats, coopératives, caisses dotales ou trousseaux, nombre d'œuvres ont avorté, en province, par manque d'organisation, de ressources ou de personnel.

Je ne dirai qu'un mot d'un troisième obstacle que rencontre le développement des œuvres et qui se nomme l'esprit de rivalité ou, pour mieux dire : de jalousie. Comme la nature humaine est loin d'être parfaite et que l'amour du « moi » se retrouve au fond de toute entreprise, le but de chacun doit être nécessairement le triomphe de « ses » idées, la réussite de « ses » œuvres... Et parfois, pour arriver à ce but, l'on fait preuve d'une inconcevable mesquinerie.

Il n'est pas rare de trouver, dans certaines villes de province, deux œuvres similaires, qui poursuivent exactement le même but, dirigées par des personnes qui ont les mêmes opinions... et se font tort, l'une à l'autre, pour essayer chacune de dominer.

J'ajoute vite, cependant, que cet état d'esprit est rare parmi la jeunesse.

En général, les jeunes filles ne s'arrêtent pas à ces sottes considérations personnelles, et comme elles sont enthousiastes, elles se mettent carrément à l'ouvrage.

Au moment où je croyais en avoir fini avec les obstacles que rencontre l'apostolat social féminin, il me vient à l'esprit une objection que j'ai parfois entendu émettre; bien rarement il est vrai — par certaines jeunes filles : « Nous ne demanderions pas mieux que de nous occuper d'œuvres, disent-elles, nous en reconnaissons même très bien la nécessité, seulement, voilà : nous craignons qu'on ne se moque nous, qu'on ne nous traite de « vieilles filles »... et que ça ne nous fasse du tort pour nous marier ! »

Pour employer une expression vulgaire, cette objection « ne tient pas debout »... Car, à l'heure actuelle, le désir de l'apostolat social tourmente l'esprit des jeunes gens à l'égal de celui des jeunes filles, et, à moins de rencontrer un jouisseur, un sot ou un rustre, une jeune fille ne manquera pas un mariage parce qu'elle s'intéresse aux questions sociales et cherche à utiliser ses ressources de dévouement.

Malgré les quelques obstacles que je viens d'énumérer et qui entravent l'apostolat social, beaucoup de jeunes filles, même en province, arrivent à d'étonnants résultats.

Influence réciproque des idées sur la mentalité des jeunes filles et de la nouvelle mentalité des jeunes filles sur le mouvement social.

On a posé la question de savoir si le service militaire était, pour les séminaristes, une bonne ou une mauvaise chose, et beaucoup se sont accordés à répondre que le service obligatoire des séminaristes effectue une sélection, un choix ; que les jeunes gens qui sortent intacts de l'épreuve de la caserne sont sûrs de leur vocation, inébranlables.

On pourrait presque faire la même réflexion à propos des jeunes filles qui, en province, veulent s'occuper d'œuvres... Celles qui résistent aux influences décourageantes ; celles qui surmontent tous les obstacles aux prix d'efforts parfois surprenants, celles-là sont l'élite : l'élite généreuse et vaillante qui possède la foi en le but à atteindre, et qui, ayant cru — selon le mot de l'Évangile — que *la foi transportait les montagnes*, n'a compté ni avec les difficultés, ni avec les épreuves.

Au moment où je trace ces lignes, j'ai sous les yeux des documents fort intéressants, écrits au courant de la plume par des jeunes filles de France qui comprennent l'apostolat social.

Ici, c'est une jeune fille ardente, généreuse, qui a compris la nécessité de l'enseignement libre et qui, de plein cœur, quitte sa petite ville de L*** dans l'Ardèche pour aller instruire les enfants en Algérie : *Je pars pour l'Algérie le 26 septembre, — m'écrivait-elle, — on s'attriste ici de ce départ. Je deviens plus gaie en apparence.*

Là, c'est une jeune apôtre qui rêve de se dévouer, son dévouement dût-il rester inconnu :

Nous aurons notre place, modeste peut-être, mais utile, malgré tout, dans l'œuvre qui s'impose. Arrière les considérations d'intérêt personnel, les craintes timorées, les timidités lâches. En avant toujours !... Ayant donné toute notre force d'action, ne nous préoccupons pas des succès.

Et cette jeune fille, grâce à de patients efforts, est arrivée à transformer sa petite ville de P***, dans le Loiret.

Voici encore quelques fragments de la correspondance d'une jeune fille, D. A..., qui, presque seule dans son pays à comprendre le mouvement social, a tout mis en œuvre pour exercer un apostolat autour d'elle.

Il s'agit ici d'un patronage qu'elle vient de fonder à M***, dans l'Oise, et pour lequel elle ne trouve aucune aide.

... Me revoilà seule... Pourtant je ne perds pas courage... Je suis toute disposée à me multiplier le jeudi pour que mes enfants soient aussi peu négligées que possible.

Plus tard, D. A... arrive à fonder un groupement de cercles d'études, et voici quelques lignes extraites du compte rendu qu'elle me faisait de sa première réunion :

Je suis bien heureuse de voir que les membres ont l'air empoignés, — pour me servir d'une expression triviale, mais qui rend bien ma pensée. Pour mon compte, cette réunion a encore augmenté mon ardeur et je brûle de m'instruire davantage, de « vivre » d'une façon plus intense et de communiquer ma « vie » aux autres...

Et plus loin :

« Je vous tiendrai au courant de nos essais, mais je ne me dissimule pas les difficultés de cette entreprise, bien que je compte y mettre toute mon ardeur. »

Que nous sommes loin de la jeunesse égoïste, névrosée ou frivole ! Que nous sommes loin de ces femmes-poupées qui ne pensent qu'à leurs chiffons et à leurs flirts !...

Et ne trouve-t-on pas que de ces quelques lignes — prises au hasard d'une volumineuse correspondance — se dégage un souffle généreux qui peut nous donner de grandes espérances ?

Il est à remarquer que. la jeune fille moderne cherche avant tout à se créer une personnalité.

Et cela est une importante constatation si l'on songe au peu d'initiative des générations qui nous ont précédées.

Encore une fois, ce manque d'initiative était très naturel puisque le besoin d'apostolat social se faisait infiniment moins sentir qu'à l'heure actuelle, mais — quelles que soient ses causes — la transition n'en est ni moins brusque, ni moins remarquable.

Si nous nous plaçons, par exemple, au point de vue moral, nous sommes forcés de voir la transformation... je dirai presque l'émancipation de la jeune fille contemporaine.

A l'étonnement, au scandale même de sa famille, la jeune fille moderne revendique la liberté de penser, de juger, d'agir, à sa guise.

Dans telle famille qu'une longue suite de générations et une situation de fortune engageaient à la vie mondaine, une jeune fille rompt avec toutes les traditions, et, malgré les objurgations et les prières, s'en va, *de son plein gré*, remplir son apostolat social en enseignant la couture dans une école ménagère qui manque de personnel.

Dans tel autre milieu de petits bourgeois, soucieux avant tout de leur bien-être et de leurs aises, une jeune fille qui a senti la nécessité de l'action refuse un riche mariage parce que le jeune homme qu'on lui propose ne lui laissera aucune liberté de se dévouer aux œuvres sociales.

Je connais une jeune fille qui, élevée dans un milieu antireligieux, est arrivée, par le seul effort

de sa volonté, à la connaissance des idées sociales
et à la pratique religieuse... Et cette même jeune
fille, à l'insu de son père, athée et révolutionnaire,
écrivait dans les journaux cléricaux de sa région.
Ce petit fait donnera un aperçu de la mentalité
de la jeunesse moderne, qui n'épouse pas forcément les opinions de son milieu et de sa famille,
mais qui fait un choix parmi les idées qu'elle étudie pour s'en former une personnalité originale et
vivante. Il en est de même dans le domaine purement social; les jeunes filles modernes ont merveilleusement su comprendre les besoins de leur
temps; elles ont su devenir des « sociales ». Avoir
le sens social, c'est « mortifier au profit du bien
d'autrui, et sous l'impression du souvenir d'autrui, l'absolutisme de la volonté individuelle. Le
sens social est une mortification [1] ».

Et les jeunes filles qui veulent vraiment remplir un apostolat social n'ont pas craint de devenir
des « mortifiées ». Je donne, bien entendu, à ce
mot toute la largeur qu'il est capable d'avoir, mais
je tiens à dire que sans mortification, sans sacrifice personnel volontaire, il n'est pas d'apostolat
social véritable.

N'est-ce point accomplir une mortification que
de s'astreindre à ne jamais acheter ni faire travailler le dimanche? N'en est-ce point une autre
que de dépenser son temps, son argent, sa personne pour fonder des œuvres sociales et veiller à
leur fonctionnement?

Et la recherche du bien-être des autres, au détriment de ses fantaisies et de ses caprices, ne

1. G. Goyau, *Autour du catholicisme social*, 2ᵉ série, p. 301.

constitue-t-elle pas cet acte contre nature que l'on nomme un sacrifice ?

L'APOSTOLAT SOCIAL DOIT-IL ÊTRE RELIGIEUX ?

Il me reste à parler de la préoccupation religieuse que, jusqu'à présent, j'ai paru laisser de côté... bien qu'elle soit, à mon avis, à la base de l'action sociale de la jeune fille.

Certes je suis loin de prétendre que le parti purement laïque soit resté étranger aux œuvres sociales. De nombreux efforts, au contraire, ont été tentés par la jeunesse laïque, et les résultats obtenus ne sont point à dédaigner. Mais nous devons quand même reconnaître que le catholicisme est le grand initiateur du progrès social... parce que lui seul apporte une solution aux angoissants problèmes que nous cherchons à résoudre.

Un collaborateur du *Radical* a dit : *Les femmes laïques par foi sociale, ne sont-elles pas capables d'accomplir les mêmes actes de dévouement que les femmes catholiques par foi religieuse ?* A cette question, beaucoup de jeunes filles — et je suis du nombre — donnent une réponse négative... Car, en définitive, qu'est-ce que la « foi sociale » ?

Et sur quels principes immuables est-elle basée ?... On me répondra : « La base de la foi sociale est l'amour des autres; le désir de faire régner plus de justice... » Sans doute, mais qui donc nous oblige à aimer notre prochain, et à désirer pour lui la justice, sinon la loi de l'Évangile ? Et quelle voix a mieux prêché la Fraternité (non celle qui s'affiche seulement sur les monuments publics !) mais la véritable fraternité, que celle qui prononça ces paroles : *Aimez votre prochain comme vous-même ?*

C'est pourquoi un grand nombre de jeunes filles cherchent dans l'Évangile le principe de leur apostolat social, comprenant que, sans principes religieux, il est à peu près chimérique de compter renouveler la mentalité populaire.

Brunetière l'a, d'ailleurs, clairement prouvé dans son volume de *l'Utilisation du positivisme*, et nous devons reconnaître avec lui que *la question sociale est une question morale et la question morale une question religieuse.*

Seulement, la jeunesse moderne n'accepte plus d'idées religieuses « toutes faites »... Elle éprouve le besoin de les étudier, de les comprendre, de les discuter même parfois.

Et si les timorés et les retardataires crient au scandale en voyant les jeunes filles approfondir des questions d'exégèse, les gens raisonnables reconnaissent qu'elles se créent ainsi une personnalité plus intense et une science religieuse très solide, qui leur permettra de répondre aux objections qu'elles entendront proposer par le monde.

. . . .

Voilà quelques particularités propres au caractère de la jeunesse française qui s'occupe d'œuvres.

Je n'ai pu, dans ce rapide exposé, détailler tout ce qui a été fait de bon, de grand, de généreux, grâce à l'initiative des jeunes filles apôtres.

J'ai simplement voulu signaler un mouvement qui s'accentue chaque jour et qui donne les plus sérieuses espérances pour l'avenir de notre pays.

J'ai essayé de montrer que les jeunes filles « sociales » étaient enthousiastes ; qu'elles se mettaient au-dessus des critiques et ne craignaient pas les initiatives généreuses.

Je voudrais convaincre les sceptiques, ceux qui, en voyant l'effort de la jeunesse moderne, sourient avec pitié ou lèvent les épaules avec indifférence... Je voudrais leur dire : « Regardez autour de vous dans vos familles, dans vos relations, et cherchez une jeune fille qui remplisse vraiment un apostolat social... Puis, quand vous l'aurez découverte, au lieu de lui faire sentir votre mépris ou votre doute, étudiez-la... Étudiez-la consciencieusement ; cherchez à voir pour quel but elle agit, quel idéal elle poursuit, quels efforts elle accomplit... Et si vous êtes loyal, vous devrez revenir de vos idées toutes faites et vous serez forcé d'admirer. »

C'est si bon, dans notre siècle de blasés et de médiocres, cette ardeur et cette « vie » !

Et c'est si rassurant d'apercevoir dans l'avenir, dans la génération qui monte, des éléments de rachat et de salut... *L'illusion est de croire qu'une société se transforme à coups de lois, de violences ou de subites catastrophes ; qu'il suffit, par exemple, d'édicter la paix ou la solidarité pour les faire pénétrer dans les masses humaines* [1].

Et cette illusion, volontaire parfois, et coupable, dispense aisément de l'effort.

La jeunesse qui veut vraiment « vivre » a compris la nécessité du « don de soi », et loin de se laisser abattre par les obstacles, elle sait que les idées dont elle est l'apôtre se feront jour, peu à

1. A. LUGAN, *l'Enseignement social de Jésus*, p. 2

peu, et seront l'héritage naturel de la génération qui suivra : c'est pourquoi elle travaille avec confiance. Je dirai en terminant que la jeunesse moderne — du moins celle dont j'ai étudié la mentalité — a transposé, dans le domaine social, la pratique, des trois vertus théologales et s'en est fait une base inébranlable.

La Foi, tout d'abord, la Foi ardente en l'œuvre à accomplir, qui suscite les dévouements et surmonte les obstacles, parce qu'elle est sûre de l'utilité des efforts et de la fécondité des sacrifices.

L'Espérance est le phare qui illumine la route, parfois sombre, de l'apostolat social... Ce sont les promesses des récoltes de demain qui donnent le courage de jeter la semence.

Avec l'espoir de cette moisson magnifique et prochaine, les critiques et les railleries se supportent aisément. Qu'on en juge par ces quelques lignes extraites de la correspondance d'une jeune fille sociale.

L'avenir est tout proche. Déjà les idées sociales sont plus reçues, plus étudiées qu'il y a dix ans. Seulement, c'est notre génération, c'est nous qui préparons cet avenir, et par conséquent nous paraissons bizarres et inexplicables.

Et par-dessus tout la Charité rayonne... Les mots de fraternité, de solidarité, de justice, ne sont que des mots creux et sonores s'ils n'ont pas pour complément et perfectionnement celui de Charité.

La justice n'est que le commencement de la solidarité qui ne s'achève que dans la charité[1].

---

1. BRUNETIÈRE, *Discours de combat*, dernière série, p. 153.

Car pour accomplir un apostolat social, il faut
avant tout aimer son œuvre. Il faut l'aimer non
pour soi-même, non pour les satisfactions qu'elle
procure, mais l'aimer d'un amour désintéressé et
complet.

Nos jeunes filles de France aiment véritablement; elles aiment jusqu'au dévouement; elles
aiment jusqu'au sacrifice... Je dirai même : elles
aiment parfois jusqu'à l'héroïsme. Et c'est parce
qu'elles croient, parce qu'elles espèrent et surtout
parce qu'elles aiment, que Dieu fécondera leur
apostolat en permettant qu'il soit un commencement de solution à la question sociale.

MADELEINE GABALDA.

II

« Oh ! reines que vous êtes — ô reines ! — dans
les collines et dans les calmes forêts vertes de ce
pays qui est le vôtre, les renards auront-ils des ta-
nières et les oiseaux de l'air des nids, et dans vos
cités faudra-t-il que les pierres aient à crier contre
vous qu'elles sont les seuls oreillers où le Fils de
l'Homme peut reposer sa tête ?... Les âmes vous
attendent, ces douces fleurs vivantes : ne descen-
drez-vous pas parmi elles ?... Vous penseriez que
c'est une magie plaisante que de pouvoir par un
simple regard de bonté hâter la floraison des fleurs...
et ne pensez-vous pas que vous puissiez faire une
œuvre plus grande, pour des fleurs plus belles que
celles-là, des fleurs qui béniraient pour les avoir

bénies et qui vous aimeraient pour les avoir aimées, des fleurs qui ont des pensées comme les vôtres, des vies comme les vôtres, et qui, une fois sauvées, seraient sauvées pour toujours [1] ? »

Cet éloquent appel que Ruskin adressait aux jeunes filles d'Angleterre, il y a une cinquantaine d'années, les jeunes filles de notre siècle l'ont entendu ; elles ont renversé les barrières qui les séparaient de leurs sœurs moins heureuses ; la porte du parc bien clos que Ruskin voulait ouvrir, elles l'ont franchie ; elles n'ont plus peur de la misère, elles veulent la soulager.

Les raisons qui nous ont amenées à aller vers les humbles et les déshérités sont complexes ; peut-être pourrons-nous cependant en démêler quelques-unes. C'est généralement l'amour des petits, des souffrants, des vaincus de la vie, une soif d'aimer jointe à un besoin de dévouement, dévouement qui semble si naturel à la femme chrétienne. C'est surtout le désir d'être utiles. Entre notre sortie de pension et le mariage, problématique pour quelques-unes, lointain pour beaucoup, s'écoule une période où nous disposons de tout notre temps ou du moins d'une grande partie de notre temps. Celles que la tasse de thé, le flirt ou le sport n'absorbent pas trop sentent le vide de leur vie et cherchent à la remplir d'une façon moins frivole et veulent employer au moins quelques heures utilement.

C'est le sentiment du devoir qui porte la plupart d'entre nous vers les pauvres.

Devoir humain : nous sommes les privilégiées

____

1. RUSKIN, *Sésame et les Lys.*

de la société, mais nous ne voulons pas en être les parasites, nous sentons que nous devons une partie de notre temps à nos sœurs moins heureuses. Si nos institutrices et nos éducatrices se sont donné tant de peine pour former notre âme, notre jugement, notre esprit, ce n'est pas uniquement pour que nous brillions dans les salons, mais pour qu'ayant nettement conscience de notre devoir, nous élevions nos enfants comme nous avons été élevées nous-mêmes, dans la bonne tradition française de foi, de dévouement et de patriotisme. Pour le moment, nous n'avons pas d'enfants à élever : allons vers les enfants du peuple que leurs parents pris par l'usine sont forcés d'abandonner à toutes les tentations de la rue et faisons-nous leurs institutrices bénévoles. Un dimanche, dans un patronage de faubourg, une petite apprentie avec qui je causais des difficultés de la vie d'atelier, me demanda à brûle-pourpoint quel pouvait bien être mon métier, semblant ne pas concevoir, dans l'innocence de ses quinze ans, que je pusse vivre sans rien faire ; honteuse de mon inutilité, et aussi un peu pour conserver mon influence sur ma petite amie, qui m'aurait méprisée en apprenant que je n'étais qu'une mondaine et n'aurait plus osé, peut-être, me confier ses soucis aussi franchement, me jugeant trop loin d'elle pour les comprendre, je lui dis que je préparais mes examens afin de pouvoir être institutrice. La première partie de la réponse était vraie, la seconde était fausse au sens absolu du mot... mais, au sens large, ne sommes-nous donc pas les institutrices toutes désignées des enfants de la classe ouvrière dans les patronages, les catéchismes, les garderies, les cercles d'études ?

Devoir rigoureux : pour nous autres catholiques, notre cœur ne nous y pousserait-il pas, c'est une pressante obligation que de soulager la misère, car nous serons responsables devant Dieu de tout le bien que nous aurions pu faire et que nous aurons négligé d'accomplir.

.·.

Nos mères et nos grand'mères étaient mues par les mêmes sentiments, guidées par les mêmes raisons, elles allaient aux pauvres, à tous les pauvres : et pour nous, nous cherchons moins à atteindre le pauvre profondément déchu que celui qui est capable de relèvement, l'ouvrier chargé de famille, l'ouvrière insuffisamment rémunérée, la midinette que guettent les tentations de la rue. Nous sommes, mieux que nos mères ne l'étaient à notre âge, renseignées sur ces professionnels de la charité, qui mènent une existence souvent large et commode grâce aux aumônes qu'ils ont réussi à extorquer aux âmes sensibles ; l'abbé Mény ne nous signale-t-il pas des « individus qui passent leur temps et dépensent toute leur activité à écrire des lettres aux personnes dont les noms se trouvent sur un Bottin spécial et qui sont réputées pour leur cœur tendre et leur âme généreuse. Ils se présenteront chez vous comme des victimes des lois de séparation ou de celles édictées contre les congrégations religieuses et demain, passant de l'autre côté de la barricade avec une agilité merveilleuse, iront se donner comme de malheureuses épaves de l'intolérance cléricale [1] ».

1. L'abbé MÉNY, *les Enquêtes sociales féminines*.

Vis-à-vis de ces pauvres, nous sentons notre charité désarmée, inutile, sans objet, notre temps et notre activité mal employés; ce n'est pas aux pauvres qui étalent leur misère, font parade de leur pauvreté, que doit aller notre dévouement, c'est à l'ouvrier qui peine et qui lutte, qui voudrait se suffire à lui-même, mais que les circonstances placent pour un temps dans une situation pénible. Cet ouvrier malheureux est difficile à connaître, plus difficile encore à secourir en raison de sa fierté parfois facilement blessée.

Les obstacles qui nous empêchent de pénétrer jusqu'à lui augmentent chaque jour en raison de la centralisation excessive dans les grandes villes et de l'extension des faubourgs. Il n'habite plus comme autrefois le sixième étage des maisons; il vit dans les quartiers éloignés, misérables faubourgs où toutes les maisons sont pareillement lépreuses et misérables, où les enfants vivent dans le ruisseau, où la misère, l'alcoolisme et le vice s'étalent dans la rue et tendent chaque à jour contaminer davantage les honnêtes familles ouvrières.

*
* *

Aucune science n'est nécessaire pour faire tomber une piécette blanche dans la main du mendiant qui nous implore, mais se transformera-t-elle en pain qui soutient la vie ou en alcool qui la mine? C'est ce que nous ne savons pas.

Par contre, il faut une science véritable pour relever une famille ouvrière, pour rendre le goût du travail à celui qui l'a perdu, pour enseigner l'économie, l'ordre et la prévoyance à la ménagère qui abandonne trop volontiers la tenue de son ménage, pour diriger dans la vie la petite ouvrière qui nous demande conseil, pour former les enfants qu'on nous confie dans les patronages.

Cette science qui doit nous mettre à même de venir en aide efficacement aux malheureux, de faire produire le maximum de résultat au minimum d'efforts, il nous faut l'acquérir. Une initiation est nécessaire, non pas, certes, à la charité, mais à l'action charitable. Certaines se lancent dans les œuvres sans préparation aucune, se rendent rapidement compte de leur impuissance ou tout au moins de leur moindre puissance et cherchent alors à se donner une formation doctrinale.

Cette éducation qui nous est si nécessaire, nous allons la chercher dans de nombreuses publications, dans des conférences, des visites d'œuvres, mais surtout dans les cercles d'études. La lecture des brochures de l'*Action populaire*, des comptes rendus des *Semaines sociales* ou d'autres ouvrages sociaux peut sans doute nous donner une certaine formation, mais celle que nous procure un cercle d'études bien organisé sera certainement très supérieure. Un livre peut être mal adapté, trop savant ou trop théorique : un cercle sera ce que nous le ferons. Ces cercles, encore trop peu connus et trop peu fréquentés, ont beaucoup influence sur les jeunes filles qui en font partie, par l'effort de réflexion qu'ils exigent d'elles, les obligeant à préciser les idées qu'elles auront plus tard à défendre, leur apprenant à les étager sur des preuves solides. Le développement de ces cercles a été grand dans ces dernières années ; tendent à devenir une véritable école de formation religieuse, morale et sociale; en disciplinant nos bonnes volontés, ils donneront plus d'ensemble, de continuité et de cohésion à nos efforts.

Ces études nous amèneront à une conception très élevée, très noble, de l'ordre social chrétien, dans lequel chacun a un devoir à remplir, un rôle à jouer, où chacun doit travailler à son rang, pour promouvoir la société tout entière vers une destinée meilleure. Nous mettrons chaque chose à sa place et chaque œuvre à son rang, nous verrons le rôle très modeste que joue dans l'économie générale de la charité telle œuvre que nous croyions essentielle, alors qu'une autre que nous jugions négligeable a une importance capitale. Nous serons préservées du découragement par la constatation de tous les efforts qui entourent et soutiennent le nôtre, de l'orgueil en voyant combien ont fait plus et mieux que nous. Mais comme, en général, nous voulons, non élaborer de belles théories, mais faire du bien, nous ne resterons pas au cercle d'études des membres passifs qui reçoivent simplement une formation. Le cercle est pour nous non un but, mais un moyen; aussi corrigerons-nous ce que sa formation pourrait avoir de trop théorique par des études pratiques : lecture des enquêtes si vécues de l'*Assistance éducative* et des *Ligues sociales d'acheteurs*, enquêtes personnelles, visites des pauvres dans les faubourgs, organisées avec tant de dévouement par l'*Union populaire catholique*, étude des œuvres déjà existantes à Paris, en province ou à l'étranger. Nous acquerrons ainsi une juste idée de la charité et de notre devoir social. La charité ne sera

plus un moment dans notre vie, c'en sera l'essence même. Toute action peut être faite en esprit de charité, tout geste est gros de conséquences sociales, tout acte engendre de nombreuses responsabilités. Cette conclusion, qui peut sembler paradoxale, se dégagera naturellement de nos études : à savoir qu'on peut remplir admirablement son devoir social et être éminemment charitable sans s'occuper d'aucune œuvre, alors qu'en surchargeant son existence d'œuvres multiples, on risque parfois d'oublier des devoirs essentiels.

Nous ne négligerons pas nos proches, ceux qui sont sous nos ordres, par conséquent sous notre protection, frères et sœurs, domestiques, fournisseurs, ceux qui ont droit à notre sollicitude, ceux que non seulement nous pouvons, mais que nous devons protéger, pour aller dans les faubourgs à la recherche de devoirs imaginaires, sauver des âmes dans les paroisses populaires, pendant que celles dont nous avons la garde se perdent par notre faute. Nous n'imiterons jamais celles qui, avec un zèle mal entendu, abandonnent leurs enfant à des domestiques plus ou moins fidèles et s'en vont faire loin de chez elles le catéchisme ou la classe aux enfants pauvres, laissant ainsi leur place vide au foyer, elles qui souhaitent tant d'y voir rester la femme du peuple, et accomplissant chez elles une action démoralisatrice analogue à celle qu'elles déplorent ailleurs. Ces femmes méritent de s'attirer la réflexion si pleine de bon sens qu'un enfant du peuple fit à une dame qu'il voyait venir tous les jours à la garderie : « Alors, c'est vrai que t'as un petit garçon de mon âge ? — Mais oui, et plus sage que toi, il fait ses devoirs mieux que toi. — Pauv'petit, il les fait tout seul, alors, pourquoi qu'vous les lui faites pas faire? »

Ces études nous feront sortir de notre indolence. Elles nous forceront à ouvrir les yeux sur les souffrances, les misères et les aspirations du monde du travail; elles nous feront connaître notre puissance pour le bien, mais hélas! aussi pour le mal et la répercussion de nos actes les plus simples. Nous serons imprégnées de cette idée que ce sont les acheteurs, plus particulièrement les femmes et, parmi elles, nous, les jeunes filles, comme les plus coquettes et les plus à l'affût de la mode, qui faisons les conditions si dures du travail féminin. Aussi allons-nous en grand nombre à la *Ligue sociale d'acheteurs*, pour qu'elle nous enseigne notre puissance et notre devoir. Nous apprendrons par elle les prix dérisoires (rarement plus de 0 fr. 50) que touche l'ouvrière pour la confection des blouses qui nous charment à certaines devantures; les dangers physiques et moraux de la veillée, et comment nous sommes responsables de son maintien partiel par nos commandes tardives; la misère des petits pâtissiers, « deux par lit sous les combles ». Nous comprendrons combien notre influence de consommateurs peut être utile pour obtenir l'application de lois comme celle du repos hedomadaire. Avant de secourir les ouvrières tombées dans la misère, nous voudrons que celles qui travaillent pour nous puissent gagner honnêtement leur vie. Il faut que les terribles paroles de saint Bernardin de Sienne ne puissent plus s'adresser à nous : « O femmes, femmes, si on prenait une de vos robes et si on la tordait, on en verrait sortir le sang des créatures de Dieu. »

« Le devoir social ne tient pas plus dans les œuvres que la religion ne se renferme dans le culte. L'un et l'autre veulent se répandre dans toute notre conduite, assujettir notre activité quotidienne et s'emparer de nos travaux ordinaires pour en faire un perpétuel acte d'amour de Dieu et de nos frères [1]. » Dans toute vite, si remplie soit-elle, la charité peut et doit trouver sa place. Aussi, après avoir accompli notre devoir, tout notre devoir familial, social et même mondain, nous irons aux œuvres, mais alors de toute notre âme, de toutes nos forces, de tout notre dévouement.

Notre temps et nos ressources n'étant pas inépuisables, nous serons forcées de faire un choix : ce choix ira résolument aux œuvres sociales. Il ne s'agit pas de choisir entre la charité et autre chose que nous appellerions œuvre sociale, mais entre des formes diverses d'un même sentiment et d'une même action. Charité voulant, à proprement parler, signifier amour, et, dans le sens qui nous occupe, amour des pauvres, il ne s'agit pas de savoir si, oui ou non, nous aimerons les pauvres, mais bien comment nous croyons devoir les aimer et les servir. Les œuvres sociales procèdent comme les autres de la charité; ce n'est qu'une charité autrement entendue, peut-être faut-il dire : mieux entendue. « Le devoir n'est pas de donner, mais de faire du bien en donnant et de faire en donnant le plus de bien possible [2]. »

Nous croyons, en effet, que « l'aumône n'est qu'une forme désespérée de la charité. La forme

1. Thellier de Poncheville, *le Rôle social de la femme.*
2. Maurice Deslandres, *Formation du sens social chez la femme.*

pleine d'espérance, c'est l'œuvre qui essaie de pré-
venir le mal pour n'avoir pas à le réparer ; qui ne
sèche pas seulement des larmes, mais suscite des
énergies ; qui est un stimulant à l'effort, non une
prime au malheur ; qui relève l'assisté, le rend
plus apte au travail et moins incliné à la mendicité,
le remet en état de se passer d'un secours artifi-
ciel et de se suffire par l'exercice de ses propres
facultés [1]. »

L'œuvre sociale vit de « dévouements plutôt que
d'argent » ; elle a une action supérieure à l'œuvre
charitable, à l'œuvre d'aumône, à cause de sa perpétuité. Elle trouve des collaborateurs parmi ceux-là
mêmes qu'elle secourt, celui qui aura été relevé
moralement ou matériellement pouvant servir
d'agent au relèvement de plusieurs autres. Mais il
faut peut-être plus de dévouement pour s'occuper
avec suite d'une œuvre sociale que pour faire un
acte de bienfaisance isolé. Quoi de plus naturel,
lorsqu'on rencontre sur son chemin un enfant souf-
frant de la faim ou du froid, que de lui acheter des
vêtements ou de lui donner du pain ? Notre sensibilité est touchée, émue, mais notre bon mouvement
n'aura duré qu'un instant, tandis que pour organiser une caisse dotale, une œuvre du trousseau,
il faut une continuité d'efforts, de petits efforts
sans gloire, qui lassent bien des énergies.

Dans certains cas, si l'amélioration du sort des
travailleurs est le but, ce but n'est que lointain ;
la besogne est alors ingrate ; il faut beaucoup de
volonté, de persévérance pour la mener à bien.
Parfois même, nous sommes sans contact direct

------

1. THELLIER DE PONCHEVILLE, *le Rôle social de la femme.*

avec la misère que nous désirons soulager, par exemple, lorsqu'il s'agit de faire naître un courant d'opinion en faveur d'une œuvre ou d'une réforme sociale. Le rôle des jeunes filles, dans ce cas, est tout indiqué : elles sont les meilleures propagandistes, leur enthousiasme juvénile fera peut-être sourire, il ne scandalisera jamais.

.·.

Avant d'aller aux œuvres il faut avoir l'amour du pauvre, malgré ses tares, malgré ses vices physiques ou moraux.

Cela nous est très facile, à nous autres jeunes filles, qui ne sommes pas encore blasées par la vie et que tout émeut. Combien parmi nous qui ne s'occupent pas d'œuvres, faute de temps, de courage ou de liberté et qui, cependant, ont au cœur l'amour des humbles ! Comme le dit·Péguy, « la charité est toute naturelle, toute jaillissante, toute simple, toute bonne venante. C'est le premier mouvement du cœur, c'est le premier mouvement qui est le bon. Pour ne pas aimer son prochain, il faudrait se boucher les yeux et les oreilles à tant de cris de détresse[1]. »

Nous avons, plus peut-être qu'autrefois, le respect de la liberté et de la dignité du pauvre, ne le traitant nullement comme un inférieur, ne cherchant pas à lui imposer nos idées politiques, notre manière de voir ou de sentir, ne lui forçant pas la main quant à l'éducation et au placement de ses enfants, ne cherchant pas à acheter son adhésion

---

1. PÉGUY, *le Porche du mystère.*

à nos principes religieux par un service matériel.

Je crois que notre succès auprès des malheureux vient souvent de notre gaieté; nous ne sommes pas des vaincues de la vie, elle est tout entière encore devant nous, nous la croyons belle et grande et nous voulons la vivre dans toute son intégrité. Le pauvre a parfois besoin de quelqu'un qui compatisse à ses souffrances, mais aussi et surtout de quelqu'un qui l'égaie, qui ne vienne pas lui raconter ses chagrins personnels — il a bien assez des siens — qui lui redonne la foi dans la vie, l'espérance : — le pauvre a tant besoin d'espérance ! Et c'est parce que nous cherchons à incarner tout cela à ses yeux qu'il nous aime; nous sommes et nous devons viser à être le rayon de soleil, le reflet d'idéal qui s'est posé un moment à son foyer.

. .

Vers quelles œuvres vont de préférence les jeunes filles d'aujourd'hui, il semble difficile de le dire. En effet, si nous avons une certaine unité de doctrine sociale, celle-là même que préconise Léon XIII dans son encyclique sur la condition des ouvriers, nous nous occupons d'œuvres très diverses, selon nos goûts, nos aptitudes et la liberté plus ou moins grande dont nous jouissons.

Beaucoup d'entre nous sont attirées vers la Croix-Rouge et ses dispensaires : soigner, consoler, guérir, n'est-ce pas se donner du bonheur en le rendant aux autres ? Mais la plupart vont vers les œuvres qui s'occupent des enfants et des jeunes

filles, terrain tout indiqué pour notre activité. Ces
œuvres sont très diverses, toutes sollicitant notre
dévouement, presque toutes manquant de personnel : cercles d'études d'ouvrières, jardins d'enfants
catéchismes, garderies post-scolaires, œuvres du
trousseau, écoles ménagères ; patronages, biblio-
thèques, visites des enfants malades dans certains
hôpitaux, organisations de caisses dotales, de
gouttes de lait et de consultations de nourris-
sons.

Mais nous sommes et nous voulons être avant
tout des femmes de foyer : aussi dirigeons-nous
surtout notre effort vers la consolidation de la
famille ouvrière ; dans nos cercles, nous étudie-
rons avec les apprenties « la préparation au mariage », « les devoirs de la ménagère », « l'éducation des enfants ». Nous organiserons partout où
cela sera possible l'œuvre du trousseau, qui consiste à fournir aux enfants et aux jeunes filles,
moyennant une cotisation hebdomadaire, l'étoffe
taillée et préparée nécessaire à la confection de
leur trousseau. La cotisation est faible, l'œuvre
étant de longue durée ; aussi l'enfant s'habituera-
t-elle à cette idée que de petites économies facilement réalisables et souvent répétées peuvent produire à la longue un résultat important, en
contemplant dans l'armoire les piles de torchons
ou de chemises qui sont bien à elle, puisqu'elle les
a doublement gagnées par son économie et par
son travail, mais dont elle n'aura la jouissance
qu'à son mariage ou à sa majorité. La fillette ap-
prendra ainsi volontiers à bien coudre, désirant
voir son trousseau bien fait. Des causeries dont
ce travail sera le prétexte peuvent nous permettre

d'orienter les idées de nos petites protégées vers un mariage sérieux et honnête.

L'école ménagère nous intéresse vivement, mais nous lui voulons un programme très vaste, qui ne tende pas seulement à former de bonnes cuisinières, mais de bonnes ménagères, économes, propres, gaies et dévouées, aptes à bien élever leurs enfants et à retenir au foyer leur mari. C'est un beau rôle, mais une tâche difficile, que celle de maîtresse d'école ménagère. Il s'agit, en effet, non seulement d'apprendre aux enfants la couture, le raccommodage et l'art d'utiliser les vieux vêtements, la cuisine, mais aussi la science de faire a bon marché des repas nourrissants et appétissants, la propreté de l'intérieur et plus encore le goût et l'amour du foyer et de son arrangement. Les mêmes pièces et les mêmes meubles peuvent avoir un aspect si différent, suivant la place que l'on donne à ces derniers et le soin qu'on prend de les entretenir proprement et de les maintenir en ordre.

Le patronage ne consistera pas seulement à faire jouer les enfants sous nos yeux, les préservant ainsi des dangers de la rue; le jeu est excellent en soi, mais nous voulons faire plus et mieux. Nos enfants ne seront pas indéfiniment au patronage, nous ne pourrons pas toujours les préserver du contact avec l'extérieur. Il faut les élever, leur faire une âme assez haute pour qu'ils e gardent eux-mêmes. On doit tendre à leur onner une formation intégrale, non seulement religieuse, mais humaine, les préparer à la vie, non en leur en cachant les réalités, mais en les trempant pour la lutte.

.·.

Il faut avoir vu la détresse physique et morale
de ces pauvres enfants qui viennent dans nos patronages, mal vêtus, mal nourris, souvent battus,
rarement choyés, pour comprendre à la fois combien notre devoir est pressant, combien peu nous
faisons encore, et pour saisir en même temps le
secret de l'influence que nous acquérons si facilement sur nos protégés.

Croirait-on que, malgré toutes les œuvres de
vestiaires, il y a encore à Paris des enfants qui
souffrent du froid au point de risquer d'en périr !
Un jeudi, j'interrogeais une fillette pour savoir la
cause de son absence du jeudi précédent ; elle me
répondit qu'elle avait failli mourir ; qu'elle ne savait pas de quoi, mais que la sœur du dispensaire
le savait. La sœur me dit que la petite avait eu
une congestion due au froid, qu'elle s'était trouvée
mal dans la cour de l'école voisine et qu'on s'était
alors aperçu qu'elle n'avait pour la protéger du
froid, très vif ce jour-là, qu'une mince robe de
toile. Un autre jour, remarquant un bleu qu'une d
« mes filles » avait au bras, je lui demandai si ell
était tombée ; elle me répondit avec calme, comm
si elle me racontait une chose toute naturelle
« Papa est rentré ivre l'autre nuit, et il nous
battus avec le tisonnier. » Quoi d'étonnant qu'aprè
une semblable enfance, le peuple, trouvant l
monde mal fait et la vie trop dure, se laisse séduire
par les doctrines de violence et les théories révolutionnaires, ou sombre dans l'alcoolisme, la dé-
bauche et le crime ?

Pauvres enfants, sevrés de toutes les joies de l'existence, comment ne pas les plaindre, comment ne pas les aimer? Ils sentent merveilleusement qui les aime et rendent au centuple l'affection qu'on leur porte. Qui sait si la petite fille qui se presse contre vous, que vous avez gagnée par quelques témoignages d'affection, qui aime l'une d'entre nous, une « des dames », ne sera pas un jour protégée par l'affection spontanée de sa petite enfance, si, en une heure difficile de sa vie, elle n'aura pas recours à vous pour la conseiller, si au moment de faillir elle ne sera pas retenue par le sentiment qu'elle peinera quelqu'un, quelqu'un d'un autre milieu social qu'elle, qui lui a toujours témoigné de l'affection, qui l'aimait bien quand elle était la « gosse » dépenaillée et sale du patronage ! Et si chacune de nous parvenait ainsi à sauver, fût-ce une seule de ces fillettes de faubourg, ne serions-nous pas amplement payées des fatigues et des ennuis qu'il faut parfois savoir s'imposer à soi et aux siens pour continuer régulièrement l'œuvre entreprise ?

Cette influence, facile à acquérir sur des enfants que nous aimons d'une affection quasi maternelle, il n'est pas aisé de la prendre sur des jeunes filles. L'ouvrière est déjà méfiante et fière ; elle a peur de notre immixtion dans ses affaires ; elle a le sentiment des classes, elle croit que nous voulons l'embrigader ; il n'est pas facile de lui faire sentir que nous ne poursuivons aucun but politique. Il faut beaucoup de persévérance et de tact pour gagner son affection, elle n'accorde sa confiance qu'à celles qui ont su se faire aimer. Mais rien de plus touchant que cette solide amitié qui naît parfois à la longue entre des jeunes filles du même âge et de conditions si différentes.

Nous retirons de nos visites dans les faubourgs une grande leçon de modestie : nous nous apercevons que, malgré les efforts innombrables accomplis chaque jour, il reste toujours des misères à secourir. Mais, si incomplets que soient les résultats obtenus, nous ne désespérons pas et nous croyons à l'efficacité de notre tâche. Comme dit le poète :

> Rien n'est meilleur à l'âme
> Que de faire une âme moins triste.

ANNE-MARIE BERNARD.

LES ISOLÉES

I

Toutes les femmes qui ne sont ni épouses ni mères sont seules; il y a pourtant parmi les solitaires des isolées plus seules encore que les autres : elles ne forment pas un groupe; elles n'appartiennent pas à un genre défini; néanmoins elles sont légion. J'appelle « isolées » les jeunes filles qui, dans la société, essayent de se suffire à elles-mêmes par leur travail, mais qui n'appartiennent à aucune organisation constituée.

Les employées de magasin ont un métier, les ouvrières fréquentent un atelier, les professeurs en titre appartiennent à un établissement: les avocates, les doctoresses ont une fonction; à côté d'elles, il existe des femmes que ne retient aucun lien social, qui demeurent indépendantes, libres, seules : ce sont les ouvrières à la tâche, les professeurs de piano, de dessin, qui donnent des leçons « au cachet »; ce sont les jeunes filles qui promènent une heure ou deux par jour les enfants des

familles aisées ; ce sont enfin les institutrices dites
« libres » qui donnent des leçons particulières. De
celles-là surtout, je parlerai, car elles constituent
un type général qui synthétise assez bien tous les
autres.

*
* *

Le nombre de ces isolées s'accroît chaque jour.
Leur position est très enviée. Il y a, en effet, un
certain attrait, pour une jeune fille douée d'un
peu d'imagination, à pénétrer dans les milieux
riches où elle sera témoin de la vie large et brillante telle qu'on la rêve à vingt ans ; où elle aura
la chance de rencontrer de jeunes ménages dans
lesquels l'amour et la première tendresse maternelle s'épanouissent. D'ailleurs, ne participe-t-elle
pas un peu à l'existence heureuse qui fleurit autour
d'elle ? On lui confie de tout petits enfants qui
l'aiment et qu'elle aime ; dans sa fraîche ardeur,
elle a une conscience très vive de la tâche idéale
qu'on lui propose ; elle est chargée d'ouvrir de
jeunes intelligences, de les initier à la vie douce
qui les attend ; et, comme la jeune mère, elle
cueille les premiers sourires des petits :

Incipe, parve puer, risu cognoscere matrem.

Sur elle retomberont les succès de ses élèves,
elle est un peu la mère de leur âme.

Comme le bonheur rayonne et échauffe tout ce
qui l'entoure, les institutrices sont souvent gâtées
par les parents ; ils voient en elles les collabora-
boratrices de leur félicité. Les petits aussi, ont, à

leur égard, des intentions que, délicatement, le père ou la mère suggèrent quelquefois à leurs enfants. L'été, elles vont à la mer, à la campagne. Si elles ne sont pas de la famille, elles ne sont cependant pas de la domesticité. On les traite apparemment comme des amies, et parfois, la petite institutrice jeune et gaie, qui n'a rien de la vieille fille à lunettes et à robe étriquée de jadis, à laquelle le savoir n'ôte pas nécessairement à son charme naïf puisqu'il n'ajoute rien à son expérience, se laisse aller à rêver peut-être qu'elle trouvera, parmi les jeunes gens qui l'entourent, un mari possible... Ne lui a-t-on pas dit que les rois osaient quelquefois épouser les bergères ?...

Mais ce ne sont là que des rêves ! L'institutrice est vite replacée en présence de la réalité brutale.

Ordinairement elle sort d'une institution libre avec un brevet élémentaire ou supérieur, parfois, maintenant, avec un baccalauréat. Elle est savante ! mais elle ignore tout de son métier ; la science de l'enfant, la pédagogie, est une connaissance peu répandue en France et complètement étrangère à la culture toute décorative qu'on donne aux jeunes filles de la bourgeoisie, particulièrement dans les établissements où elles sont élevées.

Les institutrices libres sont nées de parents qui, souvent, regrettent que leur fille s'éloigne d'eux, à l'appel de la nécessité. Élevées le plus possible comme leurs compagnes plus riches, elles ne savent rien de la vie ; toute leur instruction est en surface : on a bourré leur mémoire d'extraits de bons auteurs, de citations connues, de jugements admis ; on leur a appris à faire des tableaux chronologiques et des analyses de livres qu'elles n'ont pas lus ! Et maintenant qu'elles sont maîtresses, à peine leur tolère-t-on quelque revue innocente où l'on parle de tout, sans idées, sans critique !

On craint de les voir penser, elles qui devront éveiller l'esprit de leurs élèves ! Oh ! les regards méfiants pour la jeune fille qui ose avoir des idées personnelles !

Au moins, trouveront-elles, ces isolées, dans les parents de leurs élèves, leurs auxiliaires naturels ?

Cela arrive, mais il faut bien le dire, les jeunes mamans, en général, pensent plus à leurs joies qu'à leurs devoirs ; elles sont contentes de trouver, à de « bonnes conditions », une « remplaçante spirituelle » qui les décharge de l'âme de leurs enfants quand l'autre les a débarrassées du soin de les nourrir ! Elles n'ont ni culture intellectuelle, ni culture morale bien éprouvée. Les conventions tiennent souvent lieu de toute morale ; aussi elles estiment qu'un léger sacrifice d'argent est de bon ton ; mais elles consentent rarement au sacrifice de leurs plaisirs ou même de leur indifférence. L'institutrice n'est-elle pas là, qui les décharge à leurs yeux, et surtout aux yeux du monde, de scrupules sérieux mais embarrassants ? Souvent même, l'institutrice deviendra bonne à tout faire : elle s'occupera de la toilette des petits, de leurs repas, de la promenade. Toujours absorbée, elle devient ainsi incapable du léger effort intellectuel qu'exigent les heures de leçons. Bientôt elle n'est plus que la gouvernante ; elle a perdu, non seulement ses illusions, mais sa foi dans sa profession...

A côté de ces institutrices-gouvernantes, il y a celles qui donnent des leçons particulières, des répétitions pour préparer les classes du lycée ou des cours. Au moins, ces jeunes filles ont un avantage intellectuel sur les précédentes ; elles peuvent développer leur culture : bien plus, leur tâche quotidienne les y entraîne.

Elles peuvent avoir, le même jour et dans la même famille, à préparer une version latine pour un élève de cinquième, une leçon de physique pour la sœur aînée, en vue du brevet supérieur ; une autre lui aura demandé le plan d'une composition littéraire : elle devra comparer l'*Iphigénie* d'Euripide à celle de Racine ; l'*Avare* de Molière à celui de Plaute. La pauvre institutrice, qui n'a pas toujours lu ces pièces, doit bien consulter les manuels, les feuilleter et se donner au moins l'apparence d'un esprit universel ! Et de fait, de cette dure nécessité elle retire toujours quelque profit : mais elle renonce aussi à l'essentiel, à ce qui faisait, au début, l'attrait de sa profession : le désir de s'élever le cœur et l'esprit par l'étude.

Bientôt, d'ailleurs, elle s'aperçoit de toutes les contradictions sociales au milieu desquelles elle vit ! Sa situation est fausse. Par son éducation, elle est du même rang que les familles qui l'emploient. Souvent elle a été la camarade des mères qu'elle rencontre, parfois leur émule heureuse au cours.

Mêlée à ces familles qui étalent devant elle leur opulence, l'institutrice a quelquefois du mal à accepter sa place et son rôle. Il est si naturel qu'à vingt ans et même à vingt-cinq on sourie à la vie facile ! Par ailleurs elle se souvient, comme on le lui a dit jadis au catéchisme, qu'il y a autour d'elle des « misères imméritées ». Malgré son bon vouloir, son respect des choses établies, elle, dont la réflexion est plus exercée, le sens du juste plus averti, se résigne mal à voir dans l'opulence, même consacrée, une des pierres angulaires de l'édifice social et de la moralité. Puis, si les enfants ont des prévenances naturelles, ils ont parfois aussi leurs ingratitudes, leurs impertinences irréfléchies où s'expriment plus clairement leur jugement réel sur notre situation. Nous n'avons pas l'âme stoïcienne, pour ne pas souffrir, pour ne pas nous aigrir même de ces heurts journaliers ; nous sommes jeunes et nous avons peut-être trop d'amour-propre.

Une autre difficulté vient des exigences matérielles de notre situation. Il serait très agréable, quand on enseigne, de faire de « l'art pour l'art » ; mais le besoin est là, et il faut bien le dire, si nous choisissons cette carrière aléatoire, et sans avenir, c'est souvent parce qu'elle nous permet immédiatement de gagner honorablement notre vie. Pour les professeurs des collèges la question est toute réglée : ils sont appointés à l'année, avec espoir d'une retraite. L'institutrice libre, elle, est souvent obligée de faire un marché qui répugne à sa jeunesse et à son dévouement ; où les parties contractantes ne jugent pas du même point de vue.

On dit qu'elle gagne davantage, qu'elle se fait de « beaux mois ». Songe-t-on qu'il y a les vacances ? les interminables vacances de trois ou quatre mois ? qu'un peu de toilette fait partie du métier ; il faut qu'on « soit bien » ; pense-t-on aux séjours dans le Midi, aux maladies dont l'institutrice n'est pas responsable ? Son modeste budget est difficile à établir, elle est obligée de se refuser les jours de repos dont elle a besoin pour sa santé ou ses études, et de rester en haleine, au plus fort des chaleurs, parce que l'une de ses élèves a eu besoin subitement de prendre l'air de la montagne, ou de prolonger ses vacances de Pâques !

L'institutrice pourrait trouver une compensation dans sa supériorité intellectuelle ; mais cette supériorité même se tourne souvent contre elle.

C'est une honorable tradition, dans la bourgeosie, de ne rien comprendre aux sciences ni aux lettres et on professe un certain mépris pour les femmes qui s'instruisent au lieu de « raccommoder leurs bas »... ou de fréquenter les *tea rooms* à la mode. Molière rend encore de grands services à la paresse intellectuelle de la femme !

Pour se venger de la « jeune savante », on lui montre les points de Venise, les filets compliqués, et on ajoute : « Voilà la science de la femme véritablement femme ! » On nous fait sentir parfois si durement que notre fonction d'institutrice est une diminution de notre valeur de femme ! Un homme du monde me disait un jour en parlant de mon élève paresseuse : « Elle a raison de ne pas travailler ; elle est de ces jeunes filles dont nous aimons à faire nos épouses et les mères de nos enfants. »

Pourtant, aujourd'hui, toutes les jeunes filles riches ne refusent pas de s'instruire. Il semble qu'on ait compris que la femme avait droit à une culture sérieuse, que le développement de l'esprit et du cœur est la seule base solide de la moralité ; on semble avoir compris qu'il était temps de mettre un terme au malentendu qui fait de la jeune fille du monde, trop souvent, une poupée coquette ou une résignée vertueuse. La femme qui se permettrait simplement « des clartés de tout » ou même qui s'instruirait deviendrait-elle nécessairement la rivale de l'homme ? N'y a-t-il pas au contraire, en toute âme de femme, le désir très vif et très tendre d'être seulement, mais très complètement, sa compagne ? Songeons-nous à autre chose qu'à savoir donner appui pour appui et à mieux aimer, quand nous connaîtrons mieux ?

Hélas ! ne nous y trompons pas : l'instruction plus avancée qu'on donne aux jeunes filles de la bourgeoisie est surtout une affaire de mondanité. Le baccalauréat est à la mode, il convient de le passer, d'en passer la première partie du moins, car on a toujours pour la philosophie une terreur sacro-sainte ; la philosophie donne des idées avancées ; il vaut mieux ne pas en avoir et vivre sa vie sur de pieuses et stables habitudes ! Qui nous dira les faillites secrètes et cachées de toutes ces intelligences féminines étouffées par la peur de la vérité !

Donc, on apprend le latin, on va à la Sorbonne, cela fait partie du programme de la parfaite jeune fille : conférences, tennis, danse, latin. Une de mes compagnes, la plus franche, ou tout au moins la plus consciente, me disait une fois : « Si je prépare mon baccalauréat, c'est surtout pour qu'on voie mon dictionnaire latin traîner sur ma table. »

Je félicitais un jeune homme de ce que sa sœur avait entrepris des études classiques. « Oui, répondit-il, ma sœur prend une heure de latin chaque soir, de six à sept ; mais, le plus souvent, elle arrive à six heures et demie, car on a prolongé le cours de danse, et elle part à six heures trois quarts parce qu'elle dîne en ville ! L'essentiel, c'est qu'elle ait un professeur de latin ! »

D'ailleurs, beaucoup de parents encore, et sinon les plus réfléchis, tout au moins ceux qui se piquent le plus de conserver les traditions, n'admettent pas les examens. Comme me le disait sans malice un excellent père de famille : « Nous ne voulons pas faire de nos filles, de ces femmes instruites que les hommes n'épousent pas... »

.·.

Enfin trouvera-t-on dans la foi religieuse un idéal, quelque raison supérieure de notre dévouement ?

En général, toutes, nous avons été élevées chrétiennement. Nous appartenons à des familles catholiques : notre éducation s'est faite au couvent ou bien dans les maisons chrétiennes qui l'ont remplacé. Mais là, comme au foyer, on nous a donné plutôt l'habitude des pratiques que la foi qui vit et qui fait vivre. Je ne suis pas théologienne, je ne veux pas généraliser et pourtant je crois pouvoir affirmer que la culture religieuse de la jeune fille dans la bourgeoisie catholique est bien superficielle, ou tout au moins insuffisante pour asseoir une vie morale profonde et continue. Les femmes du monde qui trouvent l'amour et un foyer peuvent donner à elles-mêmes et aux autres l'illusion de vivre une vie chrétienne; elles ont un langage, des conventions, des attitudes, les œuvres, les ventes de charité, qui leur suffisent et qui suffisent aux « gens de la société » pour les classer dans la catégorie des âmes « bien pensantes ». Rarement elles demandent à la religion un effort moral de réflexion, de discipline, d'élévation spirituelle; c'est au Dieu de leur cœur, au Dieu qu'elles se sont créé insensiblement à leur propre image, non au Dieu de l'Évangile qu'elles offrent l'encens de l'Église et les prières des cantiques, quand toutefois elles savent encore prier.

Nous autres, nous n'avons point trouvé ce Dieu mondain, ce Dieu facile; nous sommes en général trop sincères pour nous en contenter et le Dieu de notre jeunesse ne nous suffit plus. Nous ne sommes plus les enfants qui priaient, sans savoir, devant le Jésus ou la Vierge du couvent; on n'a pas su faire lever en nous la divine semence. Nous n'avons pas le temps de nous instruire et les directeurs que nous pourrions consulter aiment souvent mieux nous absoudre que nous éclairer.

Tous les conseils, toutes les protections dont on nous entoure, cercles d'études, associations pieuses, revues innocentes ne nous apportent pas l'aliment nécessaire. On n'ose pas convenir que nous avons grandi; que nos études — un peu — que l'expérience de la vie réelle — beaucoup — nous ont fait chercher, observer; nous n'avons rien trouvé, mais nous avons beaucoup perdu. « C'est la crise de toute âme jeune et ardente », dira-t-on ; sans doute, mais cette crise chez nous risque de s'éterniser ou de se résoudre dans une indifférence que rien ne légitime et que la vie ne saurait compenser. Liées de tous côtés, nous cherchons dans l'indépendance intellectuelle plus de sincérité, plus de vérité morale. Nous espérons trouver dans l'étude un peu de ce ciel clair dont notre poitrine voudrait respirer l'atmosphère. Cette crise, qu'on n'ose pas avouer, est néanmoins celle d'un grand nombre de jeunes filles enseignantes. Ce n'est pas la négation, c'est quelque chose de pis : c'est l'inquiétude — et le mot de Pascal n'est plus vrai pour nos âmes ; pour avoir la foi, il ne nous suffit pas de prendre de l'eau bénite.

Nous avons la même culture que nos frères, nous aspirons à leur liberté et nous ne pouvons pas toujours nous habituer à certaines légèretés, ni à de faciles compromissions. Devant nous se soulèvent des problèmes intellectuels, moraux que n'ont pas vus ou n'ont pas voulu voir nos parents ; que les conventions religieuses, que la paresse sociale nous interdisent sans raison et que notre métier nous oblige parfois à soumettre à nos élèves. Nous voulons donner des réponses sincères, sinon des réponses définitives. Les solutions qu'on nous proposait au couvent étaient peut-être suffisantes pour nos douze ans. Beaucoup d'entre nous n'ont pas le courage — ou l'indifférence — de les juger définitives pour toute la vie. En tout cas, elles ne sont pas le soutien de notre âme.

Peut-être certains trouveront-ils ce tableau un peu noir. Puisque *la Revue hebdomadaire* fait une enquête sur les jeunes, pourquoi ne pas révéler les déceptions de certaines jeunes filles ? D'ailleurs, nous ne sommes point des pessimistes impénitentes : nous reconnaissons les avantages de notre condition, la beauté de notre œuvre. C'est peut-être parce que nous lui demandons trop que nous estimons ne pas en retirer assez. Et puis le pessimisme n'est pas toujours un mal ; il vaut mieux qu'un optimisme trop confiant. Celui-là qui souffre de la réalité ne montre-t-il pas qu'il a foi dans l'idéal, qu'il l'appelle de tous ses vœux ? La jeune fille mondaine classée, honorée, choyée par la société, qui n'a jamais eu à envisager les réalités de la vie, peut exalter la perfection du monde qui lui sourit. Il lui suffit, si le doute vient, d'étendre sur les misères qui l'entourent le voile léger de ses rêves, des mots appris sans penser, des certitudes faciles, pour que ses yeux se referment aussitôt sur les images aimées. Il y a plus de courage, plus de vertu à regarder en face tous les problèmes. Une certaine inquiétude vaut mieux pour la vie qu'une satisfaction trop aisée, et le croyant qui cherche est plus utile que le croyant qui sommeille. « Tu ne me chercherais pas, dit Dieu à Pascal, si tu ne m'avais déjà trouvé. »

Dans toute société, il y a ce qu'on appelle la « masse », c'est-à-dire des unités qui demeurent indifférentes en face les unes des autres ; des forces que ceux qui les emploient considèrent toujours comme des moyens. Nous ne trouvons pas dans notre situation la possibilité en développant notre fonction, d'affirmer, de développer notre personnalité ; en un mot, nous sommes des isolées : isolées du cœur, isolées de l'esprit, isolées dans le monde, isolées dans la famille, et pourtant c'est nous qui devons chaque jour enseigner, apprendre toutes les vertus d'amour et de concorde, le calme du cœur, les vertus morales, la vérité, le respect des conventions et même des hypocrisies sociales. Voilà uniquement ce dont nous souffrons, et si nous en souffrons, c'est que nous avons foi dans la société, dans la vie.

Bien plus, nous grandissons parfois de notre souffrance même; nous prenons une conscience plus vive de notre valeur morale; et si nous devions vieillir dans notre solitude, nous préférerions encore cette destinée à certaines unions artificielles que nous voyons se faire autour de nous. Nous serions heureuses, en général, de fonder un foyer, d'élever nos propres enfants, mais nous ne voulons pas que le mariage soit pour nous « une fin »; nous voulons qu'il soit une aurore, car, plus réfléchies à cause de notre culture et de notre liberté d'esprit, nous voulons avant tout trouver dans le mariage l'instrument de notre élévation spirituelle.

Le mariage, tel qu'il se pratique trop souvent autour de nous, le mariage qui consiste à unir deux bourses, deux noms, deux groupements d'intérêt, le mariage d'affaires ou de convention nous répugne. Nous voulons être la vraie compagne de l'homme, mais de l'homme vraiment homme, réfléchi, sincère et non simplement « bien élevé ». Nous rêvons le *mariage moral*, celui qui, non seulement unit, mais élève les époux l'un par l'autre et l'un pour l'autre : il répond, seul, à tous nos désirs de femme, et, en définitive, à toutes les raisons profondes de notre vocation.

GERMAINE OLMER.

II

A dix-huit ans, ma vie de jeune fille était douce et facile dans une petite ville de province où je n'avais qu'à m'occuper à loisir des études et des œuvres que j'aimais. Du jour au lendemain, l'épreuve est venue frapper ma famille d'une façon inattendue, et je me vis dans la nécessité de choisir une carrière.

Peu préparée à la lutte, et n'ayant pas reçu de formation qui me permît de faire face aux exigences de ma vie nouvelle, je cherchai un moyen de salut dans la musique, pour laquelle j'avais eu toujours un attrait naturel.

S'imposer comme professeur d'un jour à l'autre, trouver un nombre d'élèves suffisant pour subvenir aux besoins d'une famille et faire face à des charges anciennes, me paraissait être une tâche au-dessus de mes forces.

La mort de mon père et des coups douloureux répétés ayant laissé ma mère affaiblie et impuissante à préparer l'avenir de mon jeune frère, je plaçai toute ma confiance en Dieu seul, une confiance absolue dans sa Providence, et je Lui demandai de ne pas laisser inutile, impuissant mon amour filial et fraternel, de donner à ma jeunesse le courage indispensable à la lutte.

Les premiers mois où il fallut aller presque de porte en porte dans les villes voisines (la nôtre ne pouvant suffire) s'offrir comme professeur furent particulièrement pénibles. Je me souviens surtout d'une séance que j'avais organisée et où l'on venait pour me juger. Le public restait libre de me demander les œuvres de son choix. Impossible donc de préparer un programme ; j'étais à la merci des caprices de chaque auditeur. Mon émotion était d'autant plus grande que je savais quels résultats lamentables pourraient suivre mon échec.

Plusieurs amateurs sérieux se trouvaient dans la salle et une réflexion malveillante ou simplement sévère de l'un d'eux pouvait me perdre. Il ne fallait pas, surtout, laisser paraître de crainte. « Imposez-vous par votre confiance en vous-même, m'avait-on dit ; cette condition est indispensable à votre réussite. » Sur quoi pouvait s'appuyer cette belle confiance dans mes moyens ?

Quelques voyages à Paris et des relations avec de bons amis de ma famille — excellents artistes — m'avaient, c'est vrai, initiée aux beautés de la musique et permis d'entendre et de réaliser moi-même de bonnes exécutions. Mais combien de lacunes encore dans ma formation !

Mes appréhensions n'étaient pas sans fondement : je fus soumise à un examen terrible. On me demanda, tour à tour, de la musique de chant et de piano, on voulut du classique, du moderne, on eut mille exigences : elles étaient naturelles !

N'étais-je pas une *isolée*, sans titre, sans garantie suffisante, sans les chances de succès que donnent et la préparation méthodique d'une école, et l'habitude d'affronter le public.

Après trois heures qui me parurent longues comme des siècles et pendant lesquelles je fus seule à jouer, quelques-unes des meilleures musiciennes de la ville me demandèrent des leçons pour elles et leurs filles. Selon toute probabilité, j'aurais donc des élèves dans ce nouveau centre, puisque j'avais trouvé grâce devant des juges dont la bienveillante influence me serait sûrement favorable. C'était un grand espoir.

Bien des difficultés m'effrayaient encore. Je ne pouvais abandonner complètement d'un jour à l'autre ma petite ville natale où une partie de mon travail m'appelait et où j'étais utile à ma famille. Un voyage long et pénible m'était donc imposé chaque semaine pour aller d'un centre à l'autre.

« Humainement parlant, m'avaient dit des personnes sages et expérimentées, votre projet est fou. Cependant, puisque votre situation est sans issue et que la nécessité vous y force : essayez ! Mais vous êtes bien jeune ! »

Le premier hiver surtout fut redoutable dans notre pays de neige et de montagnes. Je devais quitter la maison avant le jour pour faire un court trajet en chemin de fer. Puis quatre heures de voiture me séparaient encore du point à atteindre, de D...

C'était une dure souffrance que cette perte énorme de temps, cette dépense assez importante pour le voyage. Et il s'y ajoutait la fatigue résultant forcément des cahots de la voiture, du froid qui me pénétrait lentement, de la crainte que m'inspiraient la route accidentée et dangereuse, et parfois aussi l'aspect peu rassurant de certains compagnons de voyage.

Aussitôt arrivée, il fallait penser aux élèves et au labeur. Pour éviter les frais d'installation, je me contentais au début d'une simple mansarde où je me retirais une fois le travail terminé et après être allée de l'une à l'autre de mes élèves.

Ne pas s'appartenir un instant pendant des journées entières, pénétrer sans relâche dans des milieux inconnus et différents, où je me sentais observée et où il fallait, malgré ma grande timidité, m'imposer dans mon rôle nouveau de professeur, me paraissait parfois pénible et décourageant.

Enfin, mes élèves devenant plus nombreuses, il fallut penser à une installation qui me permît de les recevoir. Grande difficulté !

Je m'arrêtai d'abord — pour supprimer tout achat de meubles rendu impossible par notre gêne — à une chambre garnie dans une vieille demeure froide et peu hospitalière.

Habituée aux privations, je n'aurais pas pensé à en sortir si mes élèves ne m'avaient dit à différentes reprises : « Nous n'aimons pas venir dans cette maison triste et délabrée. »

Que de peine pour tout concilier !

De nouvelles recherches s'imposèrent donc. Je finis par découvrir deux petites chambrettes, situées au centre de la ville, mais dont l'exiguïté rendait toute tentative de cours ou de répétitions d'ensemble très difficile.

Là, cependant, de vrais secours m'étaient réservés par l'entourage qui, prenant en pitié ma jeunesse et ma situation malheureuse, chercha à diminuer le plus possible les complications de ma vie solitaire.

Si l'on pense, en effet, aux repas que l'on ne veut pas se faire apporter du restaurant, dans l'espoir de réaliser une petite économie, et que l'on fait en courant, entre deux leçons rapprochées ; à l'entretien de la petite demeure que l'on veut propre et coquette pour en dissimuler la pauvreté, on comprend de quelle aide peuvent être des familles voisines et affectueuses.

De retour au foyer, le samedi soir, on se plaît à tranquilliser sa mère, toujours anxieuse, en lui racontant les gentillesses dont on est l'objet. On trouve près d'elle le réconfort du cœur et l'on y goûte les mille délicatesses de la vie de famille. Mais, hélas ! comme contre-partie surgissent d'autres soucis. L'un des siens est malade, découragé, se désole de laisser reposer tout le poids des charges matérielles sur une seule tête. Et, bien que redoutant soi-même le lendemain, ne sachant s'il réservera le pain aux vies chères, il faut n'apporter que sérénité, confiance et courage.

N'est-ce pas, du reste, grâce à cet effort constant sur soi-même que l'on peut être de quelque utilité autour de soi, à sa famille, et même à ses élèves ? Le professorat s'est révélé à moi presque comme un apostolat.

L'intimité qui se crée entre maîtres et élèves peut provoquer une action salutaire de part et d'autre. Après la leçon, l'élève cause volontiers avec son professeur, lui confiant ses projets, ses désirs, ses espérances, ses déceptions, ses souffrances parfois imaginaires, cherchant un appui dans la maturité que nous donnent la lutte et l'épreuve, malgré notre jeunesse. Notre jeunesse ne renonce pas à sa gaieté, car la gaieté est un élément de force nécessaire. La satisfaction du devoir accompli nous maintient en pleine santé morale.

Et pour nous c'est une joie de faire partager
l'amour du bien en même temps que l'amour du
beau. On communique à ses élèves son enthousiasme
et son admiration pour les chefs-d'œuvre des grands
maîtres qu'il faut arriver à faire comprendre et à
faire interpréter.

Si on lui fait voir sans cesse le but à atteindre,
l'élève a plus de courage pour vaincre les difficultés
du début : celles de la technique et du mécanisme.

Au bout de quelque temps, la leçon est attendue
par l'élève comme un plaisir ou une récompense.

Et pour nous, maîtresses, nous devons proba-
blement aux exigences de notre profession une
culture intellectuelle et artistique qui nous aurait
fait défaut dans la jeunesse facile et quelque peu
futile que nous aurions menée sans l'épreuve.

Et l'on est si heureux de se sentir grandir et de
découvrir en soi des ressources ignorées d'énergie
et de persévérance où il faut puiser chaque jour,
presque à chaque instant, dans notre vie de labeur !

On l'aime, cette vie d'efforts qui rend en bienfaits
les fatigues et les peines. .

Les mois se suivent, les centres d'action se mul-
tiplient dans différentes villes. Des familles nombreuses nous apportent le réconfort du cœur par leur
attachement et leur dévouement délicat. C'est au
moyen de mille attentions qu'elles cherchent à atté-
nuer les fatigues du travail soutenu et des voyages
successifs.

Parfois de touchantes surprises sont réservées
par les élèves-amies qui désirent marquer telle fête
ou tel anniversaire, qu'elles savent nous être chers,
par un souvenir ou par des fleurs.

Et comme le bien a son heureuse contagion, on

obtient quelquefois des résultats qui vont bien au delà de notre action immédiate. C'est ainsi que dans un de mes centres de travail, une joie bien inattendue me fut réservée tout récemment. Il s'agissait de faire admettre des jeunes filles de condition modeste dans un cours d'ensemble de chant suivi par une élite de dames et de jeunes filles de la ville. On y préparait des chœurs de musique profane, faisant bonne part aussi à l'étude et l'exécution de la musique religieuse.

Mettre cette distraction à la portée de toutes les classes sociales répondait bien à mon désir.

Avec l'assentiment de mes élèves, nous fîmes un sympathique accueil aux nouvelles arrivantes. Ma tâche m'effrayait un peu : il fallait intéresser à la fois de très jeunes filles ayant seulement quelques connaissances de solfège et mes anciennes élèves presque toutes plus âgées que moi et déjà bien avancées au point de vue musical. Je m'appliquai à vaincre la difficulté, sans penser que ces rapprochements auraient un autre résultat social inattendu.

A la fin de l'année, une audition et une promenade clôturèrent les séances de travail.

Il y avait plus que bonne entente, il y avait cordialité de part et d'autre. J'étais heureuse du bonheur de nos nouvelles collaboratrices. Leur défiance contre la fierté présumée de ces dames tombait : « Vous ne sauriez croire, me disait une de ces enfants, combien nous reconnaissons maintenant que nous nous étions trompées, et combien nous les aimons. »

A la carrière de professeur, je dois d'autres consolations inappréciables. Il m'a fallu me tenir au courant des progrès actuels en musique. Ce m'est, à la fois, une joie, un devoir et une nécessité de revenir à Paris, pendant les vacances de mes élèves, pour redemander des conseils à mes chers professeurs à qui je suis redevable d'avoir pu réorganiser ma vie et celle des miens.

Et puis, l'étude constante des auteurs préférés n'est-elle pas un des plus forts soutiens ? Telle page d'un maître très admiré, de César Franck, par exemple, m'apporte un apaisement qu'aucune autre chose humaine ne saurait me procurer.

Nombreuses sont les jeunes filles qui, comme moi, luttent chaque jour contre les difficultés du professorat, sans y avoir été préparées par une école ou par des cours spéciaux. J'en connais plusieurs, qui laissent chaque semaine leur famille pour aller au dehors chercher le pain du père et de la mère, vieillis et usés par le malheur, et de jeunes frères et sœurs incapables encore de leur être du moindre secours. Elles vont sacrifiant leurs rêves de jeunesse pour ne songer qu'à la famille dont leurs jeunes forces sont l'unique appui.

Dans les plus petits centres, le nombre des professeurs de piano se développe d'une façon extraordinaire. Comment les plus jeunes arriveront-elles à se faire leur place ? D'autres sont là, parfois sans nécessité matérielle, tenant en quelque sorte un pays en régie et se faisant un point d'honneur de ne laisser échapper aucune leçon. Ainsi s'ouvre une lutte presque impossible où la vaillance de mes amies m'a été révélée et a excité mon admiration.

Je sais que pour certaines d'entre elles, les joies de la famille ne sont pas, comme pour moi, un réconfort. Elles trouvent souvent encore au foyer souffrances, déceptions et luttes, causées par les natures aigries de l'un ou l'autre des leurs.

Cette jeunesse courageuse a sa récompense dans l'idéal du devoir réalisé.

La pensée que l'on fait rendre à sa vie tout ce qu'elle peut donner, que toutes les forces, toutes les énergies de la jeunesse sont ainsi mises chaque jour en pleine activité, — sans s'épuiser encore, Dieu merci ! — nous apporte un bonheur, chèrement acheté, sans doute, mais d'autant plus aimé.

***

LE CLOÎTRE

I

La raison déterminante pour laquelle on embrasse la vie religieuse est que Dieu vous y appelle, que l'on a par conséquent « la vocation ». Bien que ce principe semble difficile à admettre pour des esprits modernes, imbus plus ou moins consciemment de rationalisme, le fait n'en demeure pas moins certain : nul d'entre les religieux ne l'est par son propre choix, mais à chacun d'eux on peut appliquer cette parole de l'Évangile : « Jésus l'ayant regardé l'aima de dilection et lui dit : suivez-moi. » C'est là l'histoire de toutes les vocations. L'invitation divine a pris, suivant les individus, mille formes diverses, parfois un mot du Maître a suffi; parfois au contraire, il y a eu des hésitations, des reculs, quelques-uns se sont refusés, s'en sont allés — tristes peut-être — « parce qu'ils avaient de grands biens ». Mais s'il s'agissait d'une âme spécialement aimée de Dieu, Il a parlé plus fort, plus impérieusement,

15.

jusqu'à ce qu'enfin, lasse de lutter, elle soit tombée
à genoux, disant après Verlaine :

> J'ai la terreur et j'ai l'extase d'être choisi.
> Je suis indigne, mais je sais votre clémence
> ... et me voici,
> Encor qu'un trouble immense
> Brouille l'espoir que votre cœur me révéla.

Cette raison première de toute vie religieuse
pourrait tenir lieu des autres. En principe, Dieu
est le maître de ses créatures. Il les a faites pour
sa gloire, et pour sa gloire Il peut en user de
telle façon que bon lui semble, jusqu'au moment
où Il les retirera de ce monde comme Il les y avait
fait entrer. Dieu donc pourrait ne pas nous consulter sur ce qui concerne notre destinée et, en
fait, Il ne consulte pas toujours. Il y a un cas
cependant où, généralement, Il nous laisse libres,
c'est celui de la correspondance à la vocation religieuse. Cela se conçoit, cette vocation est avant
tout affaire d'amour, elle exige donc la réciprocité.
Dieu dit : *Veni.* Si nous répondons : *Et nunc se-
quor in toto corde*, c'est que nous le voulons bien.
Mais, direz-vous peut-être, pourquoi cette réponse ? Parce que Dieu nous fit entrevoir alors et
très distinctement : d'une part, qu'Il est la beauté
et la perfection uniques, d'autre part, qu'Il suffit
Lui seul et pleinement à ses créatures, « que
l'amour né de Lui ne peut se reposer qu'en Lui,
au-dessus de tout ce qui est créé ».

« Quand on a reconnu le vide des choses visibles, a dit Lacordaire, il n'y a plus que deux re-
mèdes : la mort ou Dieu. » Or, la brièveté et la
fragilité de la vie, les catastrophes qui boulever-

sent en quelques instants les existences les plus comblées, le néant de tous les serments, de toutes les affections humaines, *omnis homo mendax*, car il promet plus qu'il ne peut tenir, tout cela apparaît avec une acuité telle qu'il ne reste plus place dans l'âme que pour un désir : échapper à cette vie mensongère pour retourner au but vrai de toute existence : le Créateur.

Supposez, d'ailleurs, qu'une félicité sans nuage nous eût été proposée et que nous ayons pu en jouir au milieu des agonies morales et des détresses physiques qui sont le lot commun de tous les hommes, nos frères, souffrances que les heureux du monde contribuent peut-être à aiguiser par les désirs qu'ils éveillent, ce bonheur-là, s'il nous eût été offert, pas une de nous n'en eût voulu.

D'autres causes peuvent incliner à la vie religieuse : la pensée de Dieu si gravement offensé par le monde coupable, le désir d'expier dans la mesure possible les péchés du monde et peut-être les siens propres, de venir en aide aux misères soit physiques, soit morales de l'humanité; ces sentiments et d'autres s'imposent plus ou moins, suivant que l'on est appelé à tel ou tel ordre religieux. Mais toute vocation, au fond, repose sur cette donnée si simple : que Dieu est tout, que l'homme en lui-même n'est rien, et que de plus, hélas! il a péché.

.·.

Le but de la vocation monastique est de parvenir par la connaissance et l'amour à la possession de Dieu, à vivre de la vie divine dès ce monde par une union sans cesse plus étroite avec le Christ. Cette union s'opère par les trois vertus théologales : la Foi nous en révèle la possibilité, l'Espérance nous soutient dans l'attente de son épanouissement, et la Charité est le lien mystérieux par lequel elle s'accomplit. Les vertus théologales, base de toute vie chrétienne, étant le patrimoine commun de tous les baptisés, je ne saurais en aucune façon les revendiquer ici comme le bien propre de la vie religieuse. Cependant elles sont d'autant plus indispensables aux religieux que leur vie est dépouillée de tout appui humain ; à chacun d'eux s'applique la parole de l'apôtre : *Demoratus est in terra tanquam in aliena, expectans illam civitatem cujus conditor et artifex Deus.* C'est ainsi que ces vertus qui exigent de nous des actes de volonté formels et souvent renouvelés, deviennent, si nous nous y appliquons, le fondement inébranlable de toute notre vie religieuse. Ceci est surtout vrai de la dernière et plus excellente : la charité. Une vie religieuse sans amour dépasserait tellement les forces humaines qu'il est sans exemple qu'elle ait pu être menée dans ces conditions, durant un temps notable. La charité est l'âme de notre âme, c'est elle qui fait naître la vie religieuse, elle seule qui peut la faire durer ; sans elle, les sacrifices qu'exige notre vocation seraient sans proportion avec les ressorts de la volonté et les longues heures passées au chœur tant en oraison qu'à l'office, exposeraient seulement l'âme à crouler dans un ennui sans fond.

Si l'âme au contraire vit de la charité, l'office divin devient à la fois pour elle le moyen d'épancher son amour et de le développer. L'office est la fonction la plus sacrée de la vie d'une moniale, sa fonction propre ; l'Église au jour de sa profession l'a investie de la charge officielle de la louange divine. Alors que tous ne peuvent pas prier toujours, que beaucoup ne veulent pas prier du tout, et que cependant de la terre doit monter sans cesse vers Dieu cette louange à laquelle Il a droit, parce que c'est pour elle qu'Il a créé le monde, la moniale, s'initiant par avance à ce qui fera sa vie dans l'éternité, prête son âme, son corps, toutes les facultés de son être à l'Esprit-Saint et Celui-ci place alors sur ses lèvres sept fois le jour les accents qu'Il inspira aux prophètes et aux apôtres. Louange parfaite que Dieu se rend à Lui-même, complément du sacrifice offert sur le calvaire qui se continue maintenant au ciel et que les prêtres renouvellent chaque jour parmi nous afin de nous associer d'une façon active à la médiation du Christ. Si le Verbe s'est fait chair, en effet, c'est afin de participer à la nature créée pour la rendre à Dieu ; or Il renouvelle chaque jour son incarnation sur l'autel durant le saint sacrifice, point central vers lequel converge toute la liturgie. Son désir est de s'y unir à l'homme, non seulement spirituellement à l'âme, mais effectivement au corps, afin que toute la création matérielle dont l'homme est solidaire par nature et par nécessité, remonte par lui d'un acte intelligent et libre à son auteur. L'homme en lui-même est à la fois incapable et indigne d'une fonction si haute, le Verbe incarné seul pouvait réaliser ce qu'Il demanda à son Père au moment de mourir : *Ego in eis, et tu in me.*

Le moine ou la moniale qui célèbre l'office divin donne donc une âme à la création, il devient lui-même cette âme qui comprend et qui aime et offre à Dieu la louange dont Il a soif, qu'Il demandait déjà dans les psaumes lorsqu'Il disait : *Psallite sapienter*, protestant contre ces sacrifices sanglants d'animaux sans raison qui ne sauraient lui rendre le culte « en esprit et en vérité ».

Cette louange divine, le premier de nos devoirs, est pour nous la plus ineffable des consolations. Non seulement par l'office nous louons Dieu comme Il a choisi de l'être, mais sous l'influence de l'Esprit-Saint l'âme se purifie, s'illumine, se transforme véritablement « de clarté en clarté ». L'âme qui prie s'identifie sans effort au psalmiste, elle se retrouve dans ce « pauvre » dont parle le prophète, elle s'humilie avec lui sous la puissante main de Dieu pour renaître peu à peu avec lui encore à la joie, à la confiance, à la reconnaissance et à l'amour. Les formules de la liturgie s'adaptent à tous les besoins et « conviennent également aux premiers bégaiements de l'âme qui cherche Dieu et aux effusions ravies de celle qui l'a trouvé ».

Éprise de la beauté de sa mission, l'âme vouée

par état à la louange divine cherchera, en se perfectionnant, à devenir un instrument plus docile au service de l'Esprit de Dieu. Convaincue que la connaissance est le moyen normal d'arriver à l'amour, elle s'efforcera sans cesse d'avancer dans la vérité. Elle s'appliquera donc avec ferveur à cette *lectio divina* tant recommandée par nos Pères, cherchant à agrandir toutes les avenues par où entreront en elle la grâce et la lumière, à se pénétrer d'idées larges et générales, et à échapper ainsi à une piété mièvre et incolore qui replie l'âme sur elle-même au lieu de l'en dégager.

L'histoire glorieuse du monachisme la fera brûler du désir de marcher sur les traces des saints ses devanciers, et les écrits des Pères lui donneront l'intelligence des Écritures, lui apprendront à en vivre comme ils en ont vécu. Dans le même but, elle s'appliquera aux vertus chrétiennes ainsi qu'à la pratique de ses vœux de religion, et c'est également vers la perfection du culte liturgique que seront orientés ses exercices de piété privée. Ici, d'ailleurs, elle sera puissamment aidée par la tradition monastique. La doctrine des Pères de l'Église a toujours été que tout don reçu de Dieu pouvait mener à Lui pourvu qu'on en fît bon usage ; il s'agira donc de discipliner ses facultés, d'en tirer pour Dieu tout le profit possible, jamais de les supprimer ; le christianisme doit élever l'homme au-dessus de lui-même, l'état religieux se distinguera par sa surabondance de vie. Pas de méthode fixe, surtout pas de moule unique, où seront coulés tous les tempéraments, mais chacune ira au Christ avec l'allure qui lui est propre, approuvée naturellement par qui de droit.

Et l'âme enfin, constatant combien, malgré ses efforts, tout ce qu'elle donne est peu de chose, rêvera d'un temps où tous les trésors de l'art seraient au service de l'Église, et où la liturgie s'épanouirait comme une fleur divine dans le parterre de toutes les beautés créées.

. .

L'amour, raison d'être de toute vie religieuse, incite donc la moniale à décupler ses énergies pour s'efforcer de rendre à Dieu un culte moins indigne de Lui. Mais l'amour de Dieu en ce monde a toujours besoin d'un contrôle, et toute spiritualité qui prétendrait s'abstraire du monde extérieur pour aimer le Christ uniquement, serait infailliblement fausse. L'imitation de Notre-Seigneur, fondement de notre vie, consiste pour une grande part à aimer notre prochain du fond du cœur; si nous l'aimons, Lui, nous devons aimer pour Lui chacun de ses membres mystiques et chacune de nos sœurs par conséquent. Cette fraternité, qui est à la fois la raison d'être et le trésor de la vie cénobitique, contribue puissamment à entraîner les âmes vers le but commun auquel elles tendent. Cette fraternité résulte en grande partie de la force de l'exemple et aussi de ce que saint Benoît a appelé *solatio multorum*, et encore *consolatio alterius*. Groupés autour d'un supérieur *qui vices Christi creditur agere*, groupés dans la recherche unique du Bien suprême, Dieu, les cœurs, dès ce monde, tendent à se fondre dans l'unité, *ut sint unum sicut et nos*.

Mais cela ne suffisait pas encore. Le sacrifice du Seigneur s'est composé d'un acte double : un acte d'adoration envers son Père, et un acte d'amour qui le donnait à nous. *Gratias agens*, voilà pour le premier ; *dixit : accipite et manducate*, voici le second. Dom Guéranger l'a dit : « Plus la vie monastique a pour objet de rapprocher l'homme de Dieu par le dévouement et l'amour, plus le moine, s'il entre dans l'esprit de sa vocation, doit être porté au zèle pour le salut du prochain qui est la grande et éternelle préoccupation de Dieu. » Nous n'avons pas le droit en religion de faire de notre perfection le but exclusif de nos prières, de nos œuvres de piété et de pénitence ; ces œuvres et ces prières doivent être présentées à Dieu dans un esprit de zèle et de charité à l'égard du prochain ; nous devons nous souvenir que la fonction de la louange divine nous constitue dans l'état d'intercesseur universel, que la vie religieuse a été instituée pour être dans l'Eglise un bien commun qui, par la reversibilité des mérites et en vertu de la communion des saints, doit retomber sur tous les membres du corps mystique. Nous lisons dans les Actes des martyrs d'Espagne au troisième siècle, ces admirables paroles de l'un d'eux, que tout religieux doit faire siennes : *In mente me habere necesse est Ecclesiam catholicam, ab oriente usque in occidentem diffusam.*

Les moniales, privées des consolations qu'éprouvent les membres des ordres actifs lorsqu'ils constatent leur action bienfaisante sur les misères qu'ils ont mission de soulager, en ont cependant de non moins réelles, quoique exclusivement du domaine de la foi. Lorsque l'on songe à tout le mal qui se commet dans le monde, à cette croix toujours plus lourde que les iniquités des hommes font peser sur les épaules du Sauveur, à cette couronne d'épines qu'à force de coups, comme autrefois les Juifs, ils enfoncent sur sa tête sanglante, c'est une joie austère sans doute, mais profonde, de penser que par des sacrifices volontaires que l'on peut toujours renouveler, on étouffe un peu la clameur impie qui monte sans cesse à nos côtés, que l'on parvient parfois à détourner de ces horreurs l'attention du Maître, et que, pansant doucement ses blessures comme autrefois la Vierge, on redit avec le Christ Lui-même et avec les saints de tous les temps : « Père, pardonnez-leur, car ils ne savent pas ce qu'ils font... »

.·.

La vie religieuse, généreusement menée, procure à l'âme des biens inappréciables qu'elle n'eût pas trouvés dans le monde, ou trouvés partiellement au prix de grandes difficultés. Et tout d'abord la simplicité. En principe, la raison chez l'homme devait obéir à Dieu et toutes les facultés inférieures de l'homme à sa raison; chacun sait par une triste expérience combien, depuis le péché originel, cet ordre a été détruit; que la raison s'est révoltée contre Dieu et que du même coup les facultés inférieures ont secoué le joug de la raison. C'est ce bouleversement qui rend nos âmes si compliquées, et d'autant plus compliquées qu'elles vivent davantage au gré de leurs penchants, qu'elles se laissent successivement dominer par les sentiments divers qui s'agitent confusément en elles. Cet état souvent douloureux pour notre prochain, l'est plus encore pour le patient lui-même, ballotté entre des désirs qui n'ont de commun entre eux que leur vivacité. Je ne prétends pas que la vie religieuse nous arrache entièrement à ces fluctuations, car personne ne sera jamais complètement apaisé que dans l'éternité, mais nous y échappons en grande partie par le but unique qui est assigné à notre existence. La vie religieuse suppose un abandon total à toutes les volontés de Dieu et le jour de notre profession nous jurons de Le prendre pour notre unique partage, de ne plus chercher que Lui. Notre seul bien sera ce qui nous en rapproche, notre mal unique ce qui nous en éloignerait. La simplicité n'est donc pas du tout une sottise comme le monde l'entend parfois, c'est une marche persévérante vers le but suprême de toute vie humaine sans qu'on se laisse détourner par les mille accidents du chemin. Nous voyons Dieu et sa volonté en tout, dans les événements et les circonstances les plus minimes, nous nous efforçons de garder présentes les significations mystiques des cérémonies de la liturgie, de comprendre la portée dans notre vie morale de telle ou telle de nos coutumes monastiques, car nous vivons au milieu de figures et les réalités sont au delà.

La simplicité nous fait voir en chacune de nos sœurs l'être de grâce merveilleusement aimé du Christ, tandis que nous estimons pour peu de chose les misères qui, indépendantes de sa volonté, sont inhérentes à la condition humaine et n'affectent pas l'âme; elle permet enfin que nous reconnaissions facilement nos imperfections personnelles et,

que nous acceptions que les autres s'en aperçoivent
comme nous.

.·.

La simplicité assure à l'âme une paix profonde.
« Celui-là seul avance dans la vie, a écrit Ruskin,
dont le cœur devient plus tendre, le sang plus
chaud, le cerveau plus actif, et dont l'esprit s'en
va entrant dans la vivante paix. » Le progrès dans
l'amour, qui suppose le progrès de l'intelligence,
est pour nous la condition indispensable de toute
croissance morale; la paix est à la fois la condition
et la résultante de cette croissance. Elle en est la
résultante : parce que lorsqu'on n'aime plus que
Dieu et tout le reste en Lui, rien ne saurait plus
vous atteindre; elle en est la condition : parce que
tant que nous serons agités par nos petites passions,
nos âmes ne pourront pas monter. La paix, tous
sont d'accord qu'elle est véritablement le seul
bonheur ici-bas et cependant bien peu la trouvent
parce qu'ils la cherchent là où elle n'est pas; les
êtres les plus heureux, selon le monde, sont peut-
être ceux qui la connaissent le moins, craignant
toujours de voir leur échapper la félicité fragile qui
est entre leurs mains. Lorsque au contraire par la
profession religieuse on a mis un mur infranchissable entre les biens créés et soi et que l'on ne
désire plus qu'une chose, la réalisation aussi parfaite que possible de la volonté de Dieu, *quis est*,
dit alors saint Pierre, *qui vobis noceat?* La volonté de Dieu finalement s'accomplit toujours,
tant sur la terre qu'au ciel et nos craintes ne sauraient se porter sérieusement de ce côté. Sans doute,

l reste toujours la perte possible de ceux qui nous
sont chers, mais nous savons que la séparation sera
de peu de durée; restent aussi forcément les sou-
bresauts de la nature, mais qui ne sauraient atteindre
les profondeurs de l'âme. Nous pouvons donc redire
le défi triomphant de saint Paul : « Qui donc me
séparera de la charité du Christ ? Ni la vie, ni la
mort, ni les anges, ni les puissances, ni le présent,
ni l'avenir, ni la force, ni quelque créature que ce
soit. »

La sécurité dans la paix et la simplification de
notre être produisent en nous la joie. La joie est à
la fois un don de Dieu, une récompense de notre
générosité et une vertu; car nous devons parfois
lutter pour la maintenir en nous, ce qui est d'une
grande importance. La joie est aussi nécessaire à
la croissance de l'âme que le soleil l'est à la plante,
elle est indispensable si l'on veut demeurer en haut,
loin des suggestions malsaines de la partie inférieure. Les saints, au milieu des plus incroyables
tribulations, surabondaient de joie, la nature en
eux était passive sous l'action de la souffrance, et
l'âme planait au-dessus. Tous les religieux ne sont
pas des saints, mais tous ont le désir de le devenir,
et l'on peut dire qu'il y a en chacun une proportion
certaine entre sa ferveur et sa paix, et que la mesure de sa charité sera toujours la somme de joie
qui remplira son âme.

Dans un livre récemment paru : *l'Idéal monastique, les premiers chrétiens et les moines*, l'auteur démontre par une série de rapprochements

heureux que la vie monastique dans ses principes fondamentaux est la continuation de la vie des simples fidèles aux premiers jours du christianisme. La première communauté religieuse fut celle du Collège apostolique, qui eut le Christ pour supérieur; j'omets à dessein les esséniens, thérapeutes et autres de l'*Ancien Testament*. Après la Pentecôte, les nouveaux baptisés, ne pouvant plus suivre Jésus remonté au ciel, se groupèrent étroitement autour de Pierre, son représentant, pour vivre d'obéissance, de labeur, de pénitence et de prière. Tous se contentaient du strict nécessaire parce qu'ils n'avaient qu'un cœur et qu'une âme, que toute inégalité entre eux leur eût été odieuse, et que les riches, spontanément, renonçaient à leurs biens pour soulager les pauvres. Toutefois, lorsque le nombre des fidèles augmenta, cette vie ne demeura pas possible, la ferveur première diminuait, on ne pouvait exiger de tous uniformément de pareils sacrifices que le Christ n'avait pas imposés. Les chrétiens vivant dans le monde s'en tinrent peu à peu aux préceptes et ceux que hantait encore le désir d'une perfection plus haute s'enfoncèrent dans les déserts de la Palestine et de l'Egypte. De l'Orient, le monachisme passa plus tard en Occident où, après quelques essais plus ou moins heureux, il trouva un législateur dans saint Benoît. La vie de l'ordre monastique, si intimement liée à celle de l'Eglise, participe à la jeunesse sans cesse renouvelée de cette épouse du Christ qui traverse les siècles, *sine ruga, sine macula;* la règle très souple de son fondateur lui permettra, selon les temps, de porter spécialement ses énergies vers tel ou tel but d'action ou de prière, mais le type de perfection auquel moines et moniales devront toujours revenir sera cette vie des premiers fidèles, leur idéal sera d'être des chrétiens parfaits. Sans renier indistinctement les manifestations de la piété moderne, leurs regards se tourneront toujours avec un désir vers ce petit coin de Palestine où, pendant quelques années du moins, semblèrent s'être réalisées sur la terre les promesses annoncées dans les Béatitudes.

Qu'y a-t-il enfin à espérer pour l'âme qui aura conformé sa vie aux principes dont j'ai tenté de parler ? S'épurant de plus en plus, elle a crucifié en elle « ce vieil homme et ses convoitises » dont a parlé saint Paul. Les vains bruits de la terre s'éteignent loin d'elle, et à mesure qu'elle s'élève au-dessus d'elle-même, son union avec le Christ devient plus étroite. Dieu, de mieux en mieux connu, est par elle de plus en plus aimé, et de même qu'elle est morte mystiquement à elle-même, elle renaît à une vie nouvelle, mystique aussi mais réelle. Devenue sous le doigt de Dieu, qui est l'Esprit, un instrument entièrement docile et complètement harmonieux, son culte liturgique atteint sa perfection. Il ne s'agit plus chez elle de mettre d'accord pour quelques heures « son âme avec sa voix » : l'office devient l'épanouissement d'un sacrifice de louange qu'elle offre sans cesse sur l'autel intérieur de son cœur, dont elle est à la fois le prêtre et la victime. Ses sentiments se fondent dans ceux des prophètes et s'expriment dans les mêmes termes; l'hymne de la créature qui semblait s'être éteint pour toujours dans l'Eden, renaît dans cette âme identifiée au Christ, l'adorateur parfait. Que reste-t-il alors à désirer pour elle? Elle dirait volontiers avec l'Apôtre : *Cupio dissolvi et esse cum Christo*, et sa prière s'épanche dans des désirs semblables à ceux de la grande moniale saxonne Gertrude : « O amour qui êtes Dieu même, que ma destruction terrestre ouvre à mon âme son asile en vous. Scellez l'heure de mon trépas du sceau de votre tendresse, imprimez-y le caractère de votre éternelle miséricorde. Que votre bénédiction surabondante m'accompagne et me fasse triompher de tous les obstacles jusqu'à mon entrée en vous, jusqu'à l'éternelle jouissance et la possession sans fin. O mon doux soir, lorsque le soir de cette vie sera venu, faites-moi m'endormir en vous d'un sommeil tranquille et goûter cet heureux repos que vous avez préparé à ceux que vous aimez. O amour, soyez pour moi un soir si beau que mon âme transportée dise avec allégresse un doux adieu à son corps et que mon esprit, retournant au Seigneur qui me l'a donné, repose en paix sous votre ombre chérie. »

R. DU TILLEUL,
Moniale de l'ordre de Saint-Benoît.

II

VENI, SPONSA CHRISTI !

C'était hier ma profession religieuse... jour de pures, de douces, de saintes émotions, que je ne puis traduire que par l'enthousiaste *Te Deum*, hymne final de toute cérémonie où s'est fait un élan solennel de l'âme vers Dieu !... Ce fut simple et grand, humble et majestueux ; plus du ciel que de la terre, car tout ce qui était humain : voile noir, anneau d'or, modeste livrée de servante du Christ, prenait un caractère divin sous les paroles sublimes de la grande liturgie catholique qui, en les consacrant, en faisaient autant de symboles pieux et expressifs, me disant à moi, frêle créature, hier encore jeune fille du siècle : « Je t'ai choisie, tu es mon élue ; entre le monde et toi s'élève désormais une barrière qu'à nous deux nous devons rendre infranchissable... Par ta profession apostolique, tu seras forcément en contact avec ce monde que tu as quitté ; mais ton voile doit te dérober aux regards qui ne sont pas les miens, ton anneau est le sceau de notre alliance éternelle, et ta robe d'azur, ton scapulaire aux plis sérieux et sombres, la croix d'ébène que tu verras toujours sur ta poitrine, seront le cloître moral qui te fera vivre, au milieu des agitations humaines, comme dans le « jardin fermé de l'Epoux divin ».

Et si je cherche par quelle voie miséricordieuse je suis arrivée à embrasser cette vocation, si incompréhensible pour ceux qui n'ont pas été « appelés », je vois dans le cortège de mes souvenirs un enchaînement de faits, très simples en apparence, mais certainement voulus par une Providence divine, à laquelle je n'aurais pu me soustraire sans me rendre coupable d'infidélité.

Mon berceau et ma première enfance seuls furent entourés de l'affection maternelle, et combien

elle manqua à mon adolescence et surtout à ma vie
de jeune fille ! Je ne crois pas que jamais mère
fut pleurée plus amèrement que la mienne, que jamais foyer fut plus profondément attristé que le
nôtre, et sentit davantage le vide laissé par le départ de la compagne du père et de l'éducatrice des
enfants. Est-ce ce deuil, que je compris dès l'âge
de raison, et qui alla en agrandissant son cercle et
l'assombrissant toujours davantage à mesure que
mûrissaient mes pensées, qui retint, dans une certaine modération, ma nature extrême ? Entourée
de joie, de plaisirs, absente de soucis, de chagrins,
j'eusse pu donner tout mon feu d'imagination, de
gaieté et peut-être de frivolité, en laissant à l'ar-
rière-plan l'idée du devoir qui m'absorba de bonne
heure. Il est probable que cette épreuve précoce fut
un frein ; et si je ne puis, encore aujourd'hui,
penser sans larmes à mon isolement d'orpheline,
du moins je bénis Dieu d'avoir fait briller, au
plein jour de ma vie, comme compensation aux
tristesses de son aurore, l'étoile si belle de la vocation religieuse.

A quinze ans, je commençai à penser à l'avenir en
cherchant à donner un but sérieux à ma vie. Alors,
dans un pensionnat laïque, où rien n'inclinait les
âmes vers la vie religieuse, mes compagnes, cependant, se plaisaient à me nommer « Sœur de charité ».
Cette idée de couvent, qui pourtant me paraissait
enviable, ne m'arrêtait pas ; dans mon for intérieur
un seul devoir devait être rigoureusement le mien :
rester près de mon père pour remplacer au foyer
celle qu'il nommait, avec tant d'amertume, « sa
compagne disparue ». A dix-sept ans j'étais maîtresse de maison, complètement indépendante,

libre de mes actes, de mes sorties, sans rien
au foyer qui me parlât de piété, sans autre guide
moral que des lectures sans contrôle. Mais Dieu
me voulait; il me conserva la foi en permettant
qu'au milieu de livres de toutes provenances, puisés
indistinctement dans la bibliothèque de mon père,
j'en trouvasse de chrétiens. Une fois subjuguée
par la vie surnaturelle, qui devrait être celle de
toute âme croyante, il me fallut l'état le plus élevé,
le plus parfait : ce ne pouvait être que l'état religieux.

Ce fut, dès lors, un attrait sérieux, persévérant :
attrait de jugement et de conscience, provenant
d'une sûreté prudente prise contre le monde, qui,
vu ma nature, m'aurait fascinée; une justice plus
parfaite à distribuer, une vie employée à de plus
beaux usages, un dévouement naturel, des aptitudes
déployées dans un plus large cercle, et, surtout, le
dirai-je, un joug donné à ma nature fière et indépendante, voilà ce qui me détermina.

J'ai vu depuis, par des épanchements naturels
entre novices, qu'au fond de toute vocation religieuse il y a ces mêmes motifs. Elle peut être in-
fusée petit à petit par une éducation chrétienne ;
mais combien, comme la mienne, sont spontanées,
ne dérivent que d'une piété acquise, raisonnée, et
d'un désir ardent de consacrer tout son être à cet
amour de Dieu d'autant plus senti et plus fort qu'il
est plus étudié, mieux compris et mis en comparaison
avec d'autres affections moins nobles et combien
moins durables ! Et ce qu'il y a de plus éloquent
pour prouver que la vocation est « une touche, un
appel », c'est que des âmes sont touchées, sont appelées dans toutes les situations sociales. Combien

le sont au milieu des plus grandes jouissances, qui pourraient rêver pour l'avenir, avec un établissement déjà offert, toutes les satisfactions mondaines que font naître la fortune, la beauté, la liberté et des relations déjà formées ! Pour briser ces liens dorés et volontairement en accepter d'autres à l'apparence austère, ne faut-il pas un attrait supérieur, un mot divin compris seul de « ceux qui ont des oreilles pour entendre » ? Mais souvent aussi la Providence de Dieu se sert de la nature pour conduire à la grâce, tirant ainsi les âmes par des « lacets humains ». Ce peut être un brisement, une ruine, un accident misérable qui, parfois, sert de passage à la clarté d'en haut et de sol à la semence ; la vocation n'en est pas moins certaine, si la foi et l'amour finissent par dominer. Les raisons purement terrestres ne sauraient avoir la persévérance que donnent les convictions surnaturelles.

Le choix de l'Institut est une seconde vocation. Pour toute vie religieuse, il faut l'esprit de sacrifice, il faut l'amour ; c'est le lot unique de l'élue. Pour les œuvres à choisir, il s'agit de consulter les aptitudes et le genre de piété. Aux âmes qui contemplent, il faut surtout la sainteté ; pour celles qui instruisent, la lumière ; aux cœurs qui s'inclinent vers les misères humaines pour les soulager, c'est la miséricorde. La Congrégation qui m'attira est mixte : aux Supérieures de déchiffrer chaque âme et de la diriger vers l'œuvre où elle pourra donner plus et mieux.

Après mon devoir filial accompli, un devoir fraternel me retint encore un peu dans le monde ; mes derniers liens une fois rompus, je n'avais plus qu'à entrer d'emblée dans une voie où tout m'attirait.

Quand une jeune vie a été, comme la mienne, assombrie par un chagrin pesant, que l'avenir, par le choix de l'état, ne paraît devoir être que sacrifice, abnégation, dévouement de toute heure, et que, le seuil du couvent franchi, on se voit au milieu de l'épanouissement franc, joyeux, débordant, de jeunes novices, au voile blanc, à l'allure vive et résolue, allant, comme de diligentes abeilles, d'une occupation à une autre, suivant que la cloche — pas toujours argentine, celle de mon postulat tintait bien fêlée — que la cloche, dis-je, appelle à l'activité de la besogne, au laborieux repos de l'oraison ou à l'aimable et joyeuse détente de la récréation, on reste surprise et extraordinairement impressionnée. Rien des fêtes mondaines, des conversations de salon, des rapports entre personnes du monde ne peut se comparer à la vie d'un noviciat. Elle est justement dépeinte par ces paroles du *Cantique des cantiques :* « Il n'est pas bon seulement, il est doux, il est délicieux pour des frères d'habiter ensemble ! »

C'est le même esprit religieux, la même formation spirituelle qui, à l'oratoire, agit sur les âmes ; la même soif d'activité et de désir de bien faire qui conduit aux occupations désignées ; le même empressement à rendre service, à aller au plus difficile, au plus bas, qui fait agir dans les charges communes ; le même idéal enfin qui plane sur toutes choses ! Perd-on pour cela son individualité, sa vie propre, son originalité ? Non, car la grâce perfectionne la nature, mais ne la détruit pas : et ce qui fait justement la beauté, la fécondité et la durée des maisons religieuses, c'est que chaque religieuse apporte son appoint dont bénéficient les autres ; chacune met, dans le concert général, sa note particulière d'esprit, de cœur, d'éducation même, et l'esprit de Dieu, qui est l'esprit de foi, en soufflant sur ces cordes réunies, leur donne l'entente et l'harmonie.

Faut-il parler de « l'austérité du cloître » ? Assurément, il y a lutte et souvent déchirement. Lutte avec soi-même : la lumière intérieure, devenue plus intense, est comme le rayon de soleil qui, pénétrant dans un appartement, fait découvrir les poussières insoupçonnées avant son irruption ; il faut combattre des imperfections ignorées jusqu'alors, il faut faire des ascensions vers le mieux, et la montée est quelquefois rude. Déchirement du cœur, ressouvenir des adieux : on aimait sa famille — les cœurs indifférents ne sont pas ceux qui entrent en religion, — on l'aime encore et on sent qu'on l'aimera toujours ; on a fait saigner des cœurs, et les blessures données font plus souffrir que les blessures reçues !... De plus, la vie religieuse, par quelques côtés, a ses privations, ses peines obligées. Mais que cette apparence austère comporte de compensations ! Lutter avec soi-même, c'est acquérir la véritable liberté, c'est assurer pour l'avenir la facilité du combat, présage de victoire ; les larmes versées sur les absents se changent en prières, aussi douces que les épanchements du toit paternel ; la mort des satisfactions sensibles donne à l'esprit une vie plus intense, elle le dégage de la matière pour lui faire chercher plus haut des aspirations plus nobles ! Et tout cela est dans l'intime de l'âme, dans ses profondeurs ; mais ce qui flotte, ce qui émerge de la vie religieuse, c'est la joie, c'est l'abandon qui produit la paix; non pas le calme de l'indifférence, de l'absence de soucis — que de sollicitudes, de déboires dans une carrière religieuse ! — mais la liberté de l'âme qui se sent à sa place et va droit à son but. Être joyeux, n'est-ce pas rendre justice à Dieu ? N'est-ce pas publier que son joug est doux ? N'est-ce pas prouver que l'on possède le mystérieux centuple promis par Dieu à quiconque laisse tout pour le suivre ?

A toute âme qui veut s'élever, il faut une force. La prière sera cette force, non pas seulement la prière — qui déjà est divinement réconfortante — mais aussi « l'esprit de prière », qui ne soulève pas seulement par instants l'âme au-dessus d'elle-même, mais qui l'établit d'une façon stable à un niveau supérieur aux choses de la terre.

Et cet élan vers Dieu est sublime, qu'il se traduise par l'oraison proprement dite ou par la vie rendue surnaturelle ! Pour la prière formulée, que de richesses déjà l'on puise dans son propre cœur, alors que faisant le tour des nécessiteux — dont on ne se retire pas — on demande pour chacun lumière, force, courage ou résignation ! Mais quelle richesse, quelle variété d'expressions contenues dans le saint office, où d'une manière merveilleuse sont traduits les plus beaux sentiments du cœur humain s'inclinant devant Dieu : action de grâces, adoration, demande, repentir. Chaque parole du texte sacré est une vérité divine énoncée en langue humaine, un rayon créé du soleil éternel; chaque état d'âme trouve, dans quelque psaume, son expression exacte et complète avec la prière propre qui y correspond. Que l'on souffre ou jubile, que l'on implore ou remercie, que l'on soit à la crainte ou à l'espérance, la sainte liturgie prie avec nous et pour nous.

Cette prière formulée n'a qu'un moment, forcément restreint dans la vie active, mais « l'esprit » demeure. Cet esprit est comme l'atmosphère où se meut la religieuse ; il lui est une habitude contractée de vie surnaturelle, qui donne, même à son insu, à toutes ses pensées, à toutes ses actions, un caractère divin ; il lui est devenu aussi familier que l'harmonie à l'artiste, l'idéal au poète, le patriotisme au soldat. Cette vue de foi est l'âme de l'apostolat ; elle est aussi un trésor de vertu, aussi bien que de paix et de joie. Quoi de plus doux, en effet, que de croire au Créateur, d'abandonner son âme à Dieu en échange de sa sainte promesse, de dormir en rêvant du réveil éternel sur le sein de la vérité absolue ? C'est une vie sublime, épurée, dilatée et déjà bienheureuse.

Est-ce à dire que la religieuse ne vit plus sur la terre, qu'elle ne sent plus les aspérités du sol ? Non. A vrai dire, elle est sur la montagne, plus près des pures et chaudes clartés du firmament, mais ses pieds connaissent encore les ombres tristes et glaciales de la vallée terrestre. Elle sait gémir avec ceux qui gémissent, pleurer même, dans l'intime de son cœur, de ses propres souffrances, car « la croix est plantée sur tous les chemins où passent les serviteurs de Dieu », mais toujours dans son ciel se trouve le coin lumineux qui attire ses regards.

Pour nous, fraîches élues d'hier, encore toutes parfumées des douces impressions du noviciat, tout imprégnées de l'enthousiasme de la jeunesse, prêtes à nous donner tout entières aux œuvres diverses de notre Institut, quelle sera « l'obédience » de demain ? Qui pourra jamais retenir l'imagination ? Rien, non pas même les murs d'un couvent ! Aussi que de voyages en esprit, que de projets choisis, rejetés et finalement remis entre les mains de la Providence, qui dirigera notre barque du côté où notre besogne sera plus fructueuse, où nos aptitudes se développeront plus à l'aise. Que ce soit dans les œuvres d'éducation et d'instruction, dans celles de charité et de miséricorde, de mission et d'apostolat, notre ambition est de donner notre temps, nos forces, notre liberté — j'entends celle qui nous affranchit du monde — au plus grand profit des hommes et de la société.

Ici, je dois me servir des impressions communiquées par nos aînées, revenues sous le même toit que le nôtre, soit pour refaire leurs forces épuisées par les climats des colonies lointaines, soit pour jouir, au soir de leur vie, du repos justement dû aux fatigants labeurs de la longue journée. Aux récits des premières, que de mirages devant nos yeux ! Vaisseau flottant sur des mers d'azur ou d'encre, de calme ou de tempête ; puis ciel d'Orient aux teintes pures, aux horizons magiques où les svleltes palmiers se dressent majestueux, où les élégants bambous ondoient et murmurent avec des grâces infinies ; où s'étale, dans un printemps toujours renouvelé, toute une flore, exubérante de vie et de parfums, enivrante de forme et de coloris, enfantée par les puissants rayons d'un soleil magnifiquement radieux, où tout chante et fait chanter : « Gloire à Dieu dans ses œuvres ! »

Est-ce, cependant, cette poésie des choses qui nous fascine, qui nous attire ? Nous ne savons que trop, par la longue liste des victimes tropicales, que ce riant décor enveloppe tout un cortège de misères : tempête en cours de route : le récent naufrage du *Salazie* faisait échouer, presque au port, plusieurs de nos Sœurs missionnaires envoyées à Madagascar ; fièvres malignes, maladie du sommeil, guettant, dès l'arrivée, le jeune sang européen ; ciel, tout à l'heure d'azur, déchaînant toutes les haines de ses terribles cyclones et mettant des ruines sur la plus riche nature, du sang sur bien des victimes ; bouleversements sismiques répandant la frayeur, la consternation, souvent aussi le désastre presque au milieu du calme des éléments ; affreux cataclysme du mont Pelé engloutissant trente-deux de nos compagnes restées au champ d'honneur, malgré des offres de fuite, pour ne pas abandonner des familles dans l'épouvante ! Plus triste encore est l'image des saintes, des martyres portant sur leur visage labouré, dans leurs membres mutilés les glorieuses marques de leur dévouement près des malades les plus repoussants : lépreux ou déshonorés de la terre !

Cependant, comme nos devancières, nous irons là-bas, sans crainte et sans hésitation si l'obéissance nous y envoie ; nous irons, ou porter la parole divine aux peuplades des brousses africaines rachetées de l'esclavage et ne demandant qu'à vivre sous la douce morale des baptisés en Jésus-Christ ; ou panser, avec des mains, oh ! que nous ferons bien douces et bien légères, les plaies hideuses des contrées tropicales ; ou tâcher de transformer, avec nos cœurs que nous sentons, à l'avance, pleins de miséricorde, les âmes ulcérées ou dévoyées des femmes détenues de la Guyane ou de la Nouvelle-Calédonie : et partout nous voulons consoler, avec des paroles dans lesquelles nous mettrons tout le feu de la compassion, toute créature qui souffre, qui pleure ou se désespère et celle qui va mourir !

Et si l'œuvre de l'éducation est notre lot, nous irons, avec des sentiments de mères, vers les enfants, blanches ou noires, riches ou pauvres, dans les pensionnats ou les écoles, sous les toits où il est encore permis d'étendre les divins bras du Christ sur les têtes enfantines ou adolescentes ; nous irons leur donner, avec l'amour du travail, l'amour de la vertu et l'amour de la France !

Du labeur, des insuccès, de l'ingratitude, des lassitudes morales et physiques, nous connaîtrons tout cela, on ne nous le cache pas ; mais aussi nous espérons du ciel la consolation divine, et, de la terre, comme dédommagements des non-réussites, de ces correspondances dans les cœurs ou dans les esprits qui redoublent l'énergie de la marche en avant ; et, pour compenser les ingratitudes, un peu de cette reconnaissance qui paye si largement !

Dans les souvenirs de nos « anciennes », que d'épisodes touchants, que de traits ou de mots charmants montrent que partout se trouvent, même parmi les races moins privilégiées ou dans des cœurs malades, la délicatesse des sentiments, le souvenir du bien reçu ou l'intelligence des devoirs inculqués ! Je ne relève que deux faits moins impressionnants que bien d'autres, peut-être, mais significatifs ; le premier montre ce que fait éprouver au loin le nom de la patrie, et le second témoigne comment, un jour, le secours est venu d'où on ne l'attendait pas.

Un auteur a dit : « Pour aimer votre pays, quittez-le. » Quiconque vit à l'étranger comprend ce que cette parole, un peu brutale peut-être, renferme de vérité. La religieuse, qui pourtant a fait abnégation de tout, est loin d'être étrangère à ce sentiment patriotique ; il est même en elle si fort, si débordant, que les enfants noirs de nos colonies françaises, qui, vraisemblablement, ne devraient aimer que leur ciel natal, que ce qui encadre le misérable réduit qu'ils appellent si tendrement leur « case », se passionnent, au contact de leurs maîtresses européennes, pour tout ce qui vient de la « mère patrie », pour tout ce qui en rappelle le souvenir. C'est avec émotion que l'une de ces maîtresses, revenue de la Réunion, me disait son impression au cri spontané de ses petites négresses, quand, au milieu du silence de l'étude, retentissait le coup de canon annonçant l'arrivée du paquebot français porteur du courrier : « La malle de France ! » Et ce cri n'était pas banal !... Souvent ces enfants se trouvaient instinctivement debout, et dans leurs petits membres de créoles, frêles et minces, dans leurs petits yeux expressifs, semblait passer une onde électrique qui allait toucher le cœur français dont les leçons avaient fait naître cet élan de patriotisme ! Pour l'Européenne, « la malle » c'étaient les lettres du pays, les nouvelles de ceux que la distance rend plus chers, un parfum du ciel natal, un quelque chose d'émotionnant seul connu dans l'exil !... Mais le geste de ces enfants qui, elles, n'attendaient rien, n'est-il pas éloquent ?

La même Sœur me parlait de sa profonde impression de retour en France, quand, après avoir laissé les vagues toujours tourmentées et sombres de l'océan Indien, elle revoyait, dès sa sortie de Port-Saïd, les flots bleus et calmes de la Méditerranée. Déjà c'était la patrie ! Ces même flots d'azur ne caressent-ils pas aussi les rives françaises ? Et aux vibrations de toute son âme émue jusqu'aux larmes, elle sentait combien avait raison le poète qui a dit :

Oui, à tout cœur bien né que la patrie est chère !

Mais arrivons au second trait. Un jour, une de nos Sœurs, en course dans un quartier de Paris qu'elle connaissait peu, s'égare et se trouve, au débouché d'une place, presque au milieu d'un groupe nombreux et tumultueux de femmes du peuple. Leurs figures animées, leurs gestes expressifs disent assez qu'elles sortent d'une réunion agitée. Le mouvement d'effroi et de recul de la religieuse est remarqué par une de ces énergumènes, celle qui paraissait avoir l'ascendant sur les autres et être, sans doute, leur porte-parole. S'avançant vers la Sœur, elle lui dit : « Ma Sœur, ne craignez rien, je vous prends sous ma protection et vais vous reconduire chez vous. Je sais où. » En cours de route, la parole de cette femme est facile, correcte et respectueuse ; et quand l'obligée, remise sur sa voie, veut remercier son guide, celle-ci l'interrompant : « Ne me remerciez pas, ma Sœur ; je suis trop heureuse, quand je rencontre votre costume, de le saluer ou de lui donner, comme en ce moment, un témoignage de reconnaissance. J'ai été soignée par vos Sœurs, à Nouméa, et si j'ai retrouvé un peu de foi, au fond de mon cœur, c'est à elles que je le dois. Je m'appelle Louise Michel. »

Mais ces pays d'outre-mer où m'entraînent mes aspirations, seront-ils mon partage ? Peut-être resterai-je sur le sol natal. S'il en est ainsi, je bénirai encore mon sort, car en France que d'œuvres intéressantes aussi ! Soins des aliénés : il faut alors la patience, le dévouement dans toute son obscurité et son ingratitude, mais surtout la douceur, car souvent ce n'est que cette aimable et puissante vertu qui dompte la force brutale de ces inconscients ; c'est elle aussi qui fait renaître en l'âme à peine vivante, une lueur d'intelligence, elle qui console aux heures de pleine lucidité, qui charme souvent et toujours compatit ! Hôpitaux parisiens : là le travail est aussi rude qu'en pays de mission, les mêmes dangers de contamination existent que dans les salles communes ou dans les boxes d'isolement des malades contagieux, c'est aussi le même labeur de moralisation avec, souvent, moins de succès, l'âme neuve du païen étant plus propre à recevoir la bonne semence que le cœur dépravé dans les bas-fonds de notre société civilisée. Mais, quand même, que de douleurs physiques soulagées, que de plaies morales cicatrisées, que de bonnes paroles remuant des esprits endurcis ou enlisés dans le cynisme et la dégradante grossièreté, pourraient raconter les murs de ces asiles, refuges de bien des misères ! Et combien de fois de jeunes religieuses, au cœur pur, n'ayant jamais connu du monde que les saintes affections, ayant encore élevé leurs sentiments, blanchi leur âme dans les suaves épurations de leur formation religieuse, ne doivent-elles pas, après un premier moment de surprise et de stupeur, descendre jusqu'aux plus basses passions de la terre, pour y porter remède et guérison, sans jamais y souiller leur pureté virginale !

Pouvoir, dans les hospices, consoler les dernières années de pauvres vieillards, remplacer près d'un cœur qui, lui, ne vieillit pas, la famille disparue ou indifférente; leur adoucir, par les vues de la foi, l'annonce amère de leur fin prochaine ; leur fermer les yeux avec des paroles d'espérance, n'est-ce pas encore donner beaucoup de son amour ?

A qui demandera quelle part est donnée, dans cette vie de labeur, aux belles facultés de l'esprit que Dieu prodigue souvent aux natures d'élite — et dans les communautés religieuses, si toutes n'appartiennent pas à cette élite (car Dieu se plaît à appeler à lui des âmes simples, pourvu qu'elles soient dociles et droites), elles ont du moins, en grand nombre, une certaine aptitude à l'élévation — on peut répondre que dans cette vie intense, où se succèdent, sans laisser place à l'oisiveté, la prière et l'action, l'esprit trouve partout son aliment. Que de poésie, de lyrisme dans le saint office, soit que, avec le chantre inspiré, on convoque toutes les créatures, « terre et cieux, abîmes et dragons, montagnes et collines, étoile et lumière, neige et glace, vents et tempête », à bénir le Seigneur, dans l'immense harmonie de l'univers, « sur le luth et sur l'orgue, sur les cymbales sonores et sur les cymbales de jubilation » ; ou que, le suivant dans ses inspirations de foi, d'amour, de gratitude ou de crainte suppliante, soutenues par le sublime *Te Deum*, on aille, comme par bonds, de l'enthousiasme le plus ardent à la charité la plus suave !

Et si c'est en soi-même que souffle l'inspiration, qu'elle anime la plume, le pinceau, la lyre ou l'aiguille, n'avons-nous pas les fêtes chrétiennes, celles plus intimes de communauté ; les séances récréatives, les travaux d'art, dans nos pensionnats, qui deviennent autant d'occasions de cultiver ces talents, en en faisant bénéficier les autres ? Pour avancer que la vie de couvent est un « éteignoir », il faut ne la point connaître. Que de lumières, au contraire, elle met sur le chandelier, qui dans le monde seraient restées sous le boisseau !

Pour terminer, je veux encore me tourner vers les « anciennes », nos devancières, nos modèles et nos excitatrices. Ont-elles réalisé leur idéal ? Leur vie d'action est-elle la vie de leur rêve ? Je ne sais ; mais à voir leur sérénité, leur calme, leur recueillement ; à les contempler s'acheminant avec tant de simplicité et de confiance vers la mort, il nous semble qu'elles ont atteint leur but, qui, d'ailleurs, est le nôtre : présenter au Souverain Maître, que nous servons et vers qui nous allons, une âme qui s'est laissé docilement buriner par sa main !

Peuvent-elles dire qu'elles ont été et qu'elles sont les heureuses de la terre ? Oui, elles le peuvent. Ne sont-elles pas restées sur la montagne — et nous ferons comme elles — et n'est-ce pas de là, que sont tombées sur le monde les divines Béatitudes ? Heureux les pauvres volontaires ! Le vœu qui nous place parmi ces pauvres et nous assure la possession du royaume des cieux, ne nous pro-

cure-t-il pas déjà le centuple de la terre ? Heureux
les cœurs purs, car ils verront Dieu ! Porter dans
son âme, sous les livrées de la virginité, la paix
de la conscience, et pouvoir obéir, sans entrave,
à l'élan de la prière, n'est-ce pas déjà voir Dieu et
en jouir ? Heureux ceux qui ont soif de la justice,
faim de la sagesse divine ! Les obéissants ne
sont-ils pas ces affamés ? Et vraiment ils jubi-
lent « en racontant leurs victoires ». Heureux les
doux, les pacifiques, les miséricordieux, car ils
possèdent la terre ! N'est-ce pas, en effet, la bonté
qui libère le cœur humain ? Et n'est-ce pas sou-
verainement consolant de se savoir bénies par
beaucoup de ceux qui ont participé de notre douceur, de notre mansuétude ? Heureux aussi ceux
qui pleurent, ceux qui souffrent persécution pour
la justice ! Que dire de cette béatitude ? Rien, si
ce n'est que celles qui pleurent encore sur des
séparations, sur des délaissements, sur des ruines,
se vengent en priant pour ceux qui n'ont plus
voulu d'elles !... Car elles seront consolées... Cette
consolation, nous l'attendons de la parole divine
promise pour le grand jour : *Veni, sponsa Christi !*
Viens, épouse du Christ, reçois la couronne qui
t'est préparée de toute éternité !

***

Religieuse de Saint-Joseph de Cluny.

TABLE

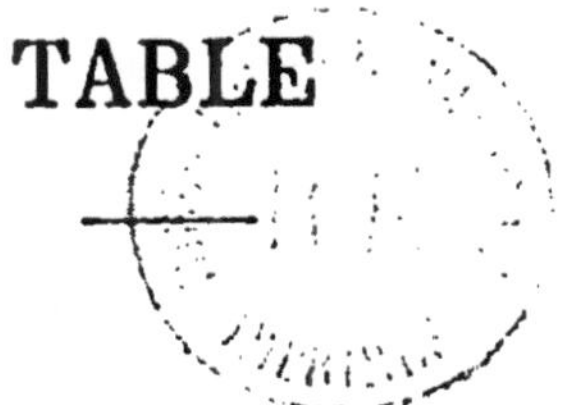

3711. — Imprimerie spéciale de la maison BLOUD et GAY.